김명호 | 중국인 이야기 **❼**

김명호 | 중국인 이야기 ❼

한길사

중국인 이야기 ❼

지은이 김명호
펴낸이 김언호

펴낸곳 (주)도서출판 한길사
등록 1976년 12월 24일 제74호
주소 10881 경기도 파주시 광인사길 37
홈페이지 www.hangilsa.co.kr
전자우편 hangilsa@hangilsa.co.kr
전화 031-955-2000~3 **팩스** 031-955-2005

부사장 박관순 **총괄이사** 김서영 **관리이사** 곽명호
영업이사 이경호 **경영이사** 김관영 **편집주간** 백은숙
편집 박희진 노유연 최현경 이한민 김영길
관리 이주환 문주상 이희문 원선아 이진아 **마케팅** 정아린
디자인 창포 031-955-2097
CTP출력 및 인쇄제책 예림

제1판 제1쇄 2019년 7월 26일
제1판 제2쇄 2022년 11월 10일

값 18,000원
ISBN 978-89-356-6326-2 04900
ISBN 978-89-356-6212-8 (세트)

"뭇 승려들의 간 곳은 알 길이 없고,
무너진 벽 바라보며 서풍(西風)을 비웃는다.
샘에서 솟는 물은 변함이 없건만,
산에서 비 내리니 청탁을 분간하기 힘들다."

■평수화

중국인 이야기 ❼

일러두기

중국어 인명·지명 등 고유명사는 외래어표기법 '주음부호와 한글대조표', 중국어 사전의 '병음·주음 자모대조표'에 근거해 표기했다. 20세기 이전 생물의 인명, 잡지와 신문명, 좀더 친숙하거나 뜻을 잘 드러내는 일부 용어는 우리말 한자 독음으로 읽었다.

예) 쩡궈판 → 증국번, 런민르바오 → 인민일보, 이허위안 → 이화원,
    톈안먼 → 천안문, 쯔진청 → 자금성, 타이허뎬 → 태화전

영원한 퍼스트레이디 *1*

"화려한 삶이었지만 애환도
그치지 않았다.
저마다 잠룡(潛龍)으로 착각하는,
잡룡(雜龍)들의 유희에 익숙한
우리가 이해하기에는 버거울 정도로
복잡하기가 이루 말할 수 없다."

쑹칭링과 천유런을 둘러싼 소문

"나를 국부와 같은 반열에 놓지 마라.
나는 그럴 자격이 없는 사람이다."

"나는 평생 이 땅을 떠나지 않겠다"

문혁 초기, 장칭(江靑)이 상하이 조반파(造反派)에게 지시했다.

"쑹칭링(宋慶齡)의 부모는 자산계급이다. 무덤을 없애버려라."

쑹칭링에게도 크고 작은 박해가 그치지 않았다. 마오쩌둥(毛澤東)과 저우언라이(周恩來)의 보호 덕에 봉변은 면했지만 상처가 컸다. 국가 지도자나 지인들에게 말로 표현하기 힘든 고민을 편지로 털어놨다. 서신 중 한 편을 소개한다.

"혁명 앞에 문화가 붙은 이유가 뭔지 이해를 못 하겠다. 소설, 정치 모두가 독버섯이나 다름없다. 동지들이 하룻밤 사이에 주자파(走資派), 반당집단(反黨集團), 야심가로 변했다. 당 중앙은 내게 류사오치(劉少奇) 비판을 요구했다. 나는 할 수 없다. 류사오치 주석은 당 중앙 공작을 수십 년간 수행했다. 그가 반역자라니 믿을 수 없다. 반역자가 7년간 국가주석직에 있었단 말인가? 함부로 사람을 잡아가고, 구타하고, 결국은 죽음으로 몰아넣었다. 헌법이 유효한지 의문이다. 당 중앙의 의견을 듣고 싶다. 무

법천지를 만들어 자신의 동지들에게 상처를 입히는 것은 죄악이
다. 국민당과의 투쟁으로 일관한 우리의 우수한 간부들이 한 울
타리 안에서 죽어나가는 원인이 무엇인가?"

보고를 받은 마오쩌둥이 저우언라이를 불렀다.
"쑹칭링은 지금의 변화를 보기 싫어한다. 싫으면 떠나는 것도 한
방법이다. 홍콩이건 어디건, 가고 싶은 곳이 있으면 말리지 않겠다.
대만도 상관없다. 내 뜻을 전해라."
저우언라이가 쑹칭링을 찾아갔다. 어렵게 입을 열었다.
"심정을 안 주석이 좌불안석이다. 해외에 나가 마음 달래며 휴식
하기를 건의하라며 나를 보냈다."
쑹칭링은 냉담했다.
"내가 있는 것이 불편한가? 나는 평생 이 땅을 떠나지 않겠다. 앞
으로 국경일 행사나 연회에 들러리 서고 싶지 않다. 회의도 마찬가
지다. 참석하면 마음만 상해 병원 신세를 진다. 앞으로 정치와는 거
리를 두겠다."
사망 6개월 전인 1980년 11월에도 당 중앙에 편지를 보냈다. 문
혁이 끝난 다음이라 그런지 종전에 보낸 것들과 다른 내용이었다.

"국가가 더 발전해야 한다. 원기를 회복했으니 좋은 기회다.
건국 이래 벌여온 정치적 운동들이 국가와 국민들에게 큰 상처
를 입혔다."

군사정변을 일으킨 장제스(蔣介石)가
쑨원의 친소정책을 파기하기 2개월 전, 국민당 부녀당무
훈련반 개학식에 참석한 쑹칭링(앞줄 왼쪽 여덟째)과
후베이(湖北) 성 공산당 대표 둥비우(董必武, 앞줄 오른쪽 다섯째),
1927년 2월 12일, 후베이 성 우한(武漢).

끝으로 55년 전 세상을 떠난 남편 쑨원(孫文)을 거론했다.

"부탁이 있다. 나를 국부와 같은 반열에 놓지 마라. 나는 그럴 자격이 없는 사람이다."

임종을 앞둔 쑹칭링은 당원이 되기를 희망했다. 당 총서기 후야 오방(胡耀邦)과 국가주석 리셴녠(李先念)이 병실을 방문했다.
"정치국이 입당 요청을 정식으로 승인했다."
쑹칭링은 가볍게 웃었다.
"억지로 하지 마라. 31년간 내 심장은 얼음덩어리였다. 인생은 하나의 길이다. 종착점에 다 왔다."
후야오방과 리셴녠이 "그대로 따르겠다"며 요구사항을 물었다. 쑹칭링은 두 가지를 요청했다.
"나를 쑨원과 합장(合葬)하지 마라. 상하이에 있는 부모 무덤 동쪽에 묻히고 싶다. 약간의 저축이 있다. 복지기금으로 써라."
중공이 국가 명예주석에 추대했다는 말을 듣고도 별 반응을 보이지 않았다. 일주일 후 마지막 숨을 내쉬었다.

바람도 틈이 있어야 들어온다
쑨원과 합장이 당연하다고 여기다 보니 묘한 소문이 나돌았다.
"쑹칭링은 진작부터 쑨원의 부인이기를 포기했다."
추측에 불과했지만, 뒷말이 그치지 않았다. 가깝게 지내던 사람들이 머리를 맞댔다. 어릴 때부터 쑹칭링을 잘 알았던 전국대표자

쑨원 사망 2년 후, 장제스가 군사 정변을 일으키기 1개월 전,
국민당 전체 회의에 참석한 쑹칭링(앞줄 왼쪽 다섯째),
천유런(앞줄 왼쪽 셋째), 마오쩌둥(가운데 줄 왼쪽 셋째).
1927년 3월, 후베이 성 한커우(漢口).

대회(全人代) 부위원장 랴오청즈(廖承志)가 결론을 냈다.

"이런 일일수록 소문이 맞는 법이다. 죽어서 부모 옆에 있기를 바라는 것은 쑨원의 부인이라는 호칭을 대수롭게 여기지 않아서가 아니다. 소문의 사실 여부는 중요하지 않다. 자신의 결점을 누구보다 잘 알고 인정한 것만으로도 국모로서 손색이 없다."

평소 쑹칭링이 자주했다는 말도 해줬다.

"나를 쑨원의 부인이 아니라고 해도 할 말이 없다. 단, 내가 우리 어머니 아버지의 딸이 아니라고 부인할 사람은 없다."

쑨원이 세상을 떠났을 때, 쑹칭링은 서른두 살이었다. 미모도 그럴듯하다 보니 "장제스가 쑨원의 부인을 어떻게 해보려다 망신당했다"는 등 온갖 구설이 난무했다. 과부소리 듣기에 황당한 나이다 보니 어쩔 수 없었다. 남자와 악수만 나눠도 요상한 소문이 나돌았다. '공혈래풍'(空穴來風, 바람도 틈이 있어야 들어온다)이라는 사자성어가 유행할 정도였다. 사실이라면 뻔뻔하게 부인이라도 하겠지만 쑹칭링은 얼굴이 두껍지 못했다. 허구한 날 한 귀로 흘려버렸다.

군사 정변을 일으킨 장제스가 공산당과 결별하자 쑹칭링은 발끈했다. 쑨원이 제창한 "소련과 공산당과의 제휴"를 배신했다며 혁명 외교관 천유런(陳友仁)과 함께 소련행 화물선에 몸을 실었다. 천유런은 쑨원이 신임하던 국민당 좌파였다. 두 사람이 중국을 떠나자 좌파 영수 덩옌다(鄧演達)도 모스크바로 달려갔다.

『뉴욕 타임스』가 쑹칭링과 천유런의 결혼설을 보도했다. 중국의 언론매체들이 팔을 걷어붙였다. 상대가 천유런이다 보니 그럴 만도 했다. 풍파가 컸다. 쑨원의 친소(親蘇)정책을 못마땅해하던 국민당 우파는 두 사람을 싸잡아 비난했다.

"쑨원 선생이 소련과 가까워진 것은 천유런 때문이다. 쑹칭링은 천유런을 무조건 지지했다. 과부와 홀아비가 외국에서 붙어 다녔으니, 안 봐도 알겠다."

쑨원의 정책을 반대하던 당내 보수 세력은 인신공격도 서슴지 않았다. 쑨원과의 결혼이 비합법적이었다며 쑹칭링을 매도했다.

"국민당과 전통사회는 쑹칭링을 쑨원 선생의 부인으로 인정하지 않았다. 선생은 조강지처와 법률에 의거한 이혼 수속을 밟지 않았다. 종이 한 장에 두 사람이 결혼을 자원한다는 서명이 다였다. 오죽 가관이었으면, 각자가 다니던 교회에서조차 혼례를 거부할 정도였다. 쑹칭링의 아버지는 존경받던 감리교 목사였다. 모친도 경건하고 성실했다. 아버지가 갑자기 사망한 것은 회복이 불가능할 정도로 체면이 손상됐기 때문이다. 부모 얼굴에 먹칠했다."

생긴 것도 도마에 올랐다.

"큰 키에 시원하고 보기에는 좋다. 단, 광대뼈가 너무 불룩하고, 턱도 지나치게 평평하다. 중국인들은 달처럼 동그랗거나 계란형 얼굴을 좋아한다. 쑹칭링은 일찍 상부(喪夫)할 상이다. 쑨원 선생의 증세가 날로 악화된 이유를 알겠다. 천유런도 오래 살기는 틀렸다."

천유런은 자타가 인정하는 지식인이며 대(大)문필가였다. 인품

쑨원의 혁명원칙을 견지하겠다며 소련을 방문한 쑹칭링은
각계 대표들의 열렬한 환영을 받았다.
1927년 9월 6일, 모스크바 역전.

소련이 쑨원을 기념하고, 중국 혁명가를 양성하기 위해 설립한
모스크바 중산(中山)대학을 방문한 쑹칭링과 천유런.
1927년 10월, 모스크바.

도 나무랄 데가 없었다. 쑹씨 자매는 물론이고 가족들과도 친했다. 쑹칭링은 천유런이 추천하는 책은 무조건 읽고 동생 쑹메이링(宋美齡)에게 권했다. 쑹메이링도 친구들에게 천유런에 관한 말을 자주 했다.

"중국어를 한마디도 못하는 중국인이다. 그 사람 말을 듣고 있노라면 황홀해진다. 격렬한 내용을 어쩌면 그렇게 서정적으로 표현하는지 경이롭기까지 하다. 격하거나 남을 비난할 때도 거친 용어를 쓰는 법이 없었다. 작은언니를 좋아하는 듯했다. 내가 예쁘게 화장한 모습을 보더니 언니의 내재적인 우아함을 배우라고 했다. 딴사람이 그랬으면 기분이 상했겠지만, 그렇지 않았다."

쑹메이링에게 넋을 잃은 장제스도 천유런의 박학(博學)에 고개를 숙였다. 형형한 눈빛에 지혜가 넘치던 장제스였지만, 천유런이 한마디도 알아듣지 못할 영어로 쑹씨 일가와 온갖 얘기를 나눌 때마다 주눅이 들었다.

태평천국군에게서 태어난 천유런

천유런의 가계(家系)는 한 편의 소설이었다. 할아버지는 중국 어디서나 볼 수 있는 광둥(廣東)의 가난한 농부였다. 아버지 천구이신(陳桂新)은 왜소했지만 손놀림이 민첩했다.

1840년, 아편전쟁이 발발했다. 인간이 일으킨 전쟁 중 가장 지저분하고 더러운 전쟁이었다. 대영제국은 식민지 인도에서 재배한 다량의 아편을 중국에 풀어놓고 전쟁까지 일으켰다. 약탈과 방화가 줄을 이었다. 영국군이 한바탕 휘젓고 가면 강도와 비적들이 몰려왔다. 다음은 관병(官兵) 차례였다. 촌민 보호는 말뿐, 하는 짓들은 서양 귀신이나 중국 강도들이나 그게 그거였다.

천구이신도 아버지를 따라 피란길에 나섰다. 무작정 몰려가는 대로 가다 보니 강변이었다. 사람들에게 밀려 다리를 건너던 중 발을 헛디뎠다. 아버지는 강물에서 허우적거리며 살려달라는 아들의 비명에 황급히 몸을 돌렸다. 손을 뻗어 끌어올리는 순간 난간이 부서지며 강으로 떨어졌다. 어린 천구이신은 인파에 밀려 멀리 떠내려가는 아버지를 바라만 볼 뿐 방법이 없었다. 엉엉 울며 삼촌 집으로 갔다. 삼촌도 어렵기는 마찬가지였다.

궁핍한 집 애들은 빨리 성숙한다. 천구이신도 순식간에 소년티가 났다. 이 집 저 집 다니며 일을 거들었다. 운 좋은 날은 배불리 먹고, 나쁜 날은 굶었다. 그러다 보니 세상을 흘겨보는 습관이 생겼다. 부잣집 아들 두들겨 팼다가 마을에서 쫓겨났다.

천구이신은 손재주가 뛰어났다. 목공 일이라면 자신 있었다. 공구상자를 메고 유랑길에 나섰다. 일거리도 많고, 소문도 빨랐다. 아줌마 고객들 머리도 손봐줬다. 말재주도 좋아서 작은 의자에 앉아 머리 손질받던 여인들은 배꼽을 잡았다.

하루는 단골 아줌마가 어디서 귀동냥한 얘기를 해줬다.

"홍수전(洪秀全)이라는 사람이 꿈에서 하늘에 있는 상제(上帝)를 만났다. 상제는 황금색 수염에 흑색 용포(龍袍)를 입고 있었다. 이런저런 얘기 나누더니 배짱이 맞는다며 반가워했다. 양자로 삼겠다며 예수 그리스도와 같은 권한을 줬다."

과거에 연달아 낙방한 홍수전은 반역의 길로 나섰다. 야인(野人)

22

들이 세운 청(淸)나라를 엎어버리고 평화가 만발한 하늘의 제국을 세우겠다며 깃발을 날렸다. 태평천국(太平天國), 가난에 허덕이던 농민들은 속이 후끈거렸다. 쇠로 만든 농기구를 들고 천국으로 향했다.

천구이신은 이것저것 생각할 필요도 없었다. 제 발로 태평군(太平軍)에 합세했다. 임기응변에 능했던지, 1년 후 태평천국의 2인자 동왕(東王) 양수청(楊秀淸)의 경호원으로 발탁됐다. 홍수전의 뜻을 계승하겠다며 혁명의 길로 들어선 것은 쑨원 탄생 16년 전, '철완(鐵腕)의 외교관' 천유런이 태어나기 24년 전이었다.

양수청은 태평군의 실질적인 수령이었다. 숯장수 출신이었지만, 대담하고 모략에도 뛰어났다. 부하들에게 엄하고 까다로웠다. 경호원 천구이신은 직책에 불만이 많았다. 전쟁터에 나가 공을 세우고 싶었다.

양수청은 막료들과 우한 공격을 준비했다. 이 일대는 양쯔강 지류가 많은 지역이었다. 교량이 없으면 진입과 주변 도시와의 연결이 불가능했다. 한때 목수일을 했던 천구이신은 양수청에게 참전을 허락해달라고 간청했다. 양수청은 천구이신을 목공 관련 지휘관에 임명했다. 우한은 중국의 배꼽이었다. 자고로 천하에 군림하려면 쟁취해야 하는 '병가필쟁지지'(兵家必爭之地)였다.

천구이신은 태평군의 우한 점령에 공을 세웠다. 부교(浮橋) 건조에 초인적인 능력과 속도를 과시했다. 1만 명에서 시작해 50만 명으로 불어난 태평군의 기세는 하늘을 찔렀다. 2개월 후 고도(古都) 난징(南京)에 입성했다.

성탄절을 기해 청 황실 타도를 위한 반란을 결의하는 배상제회(拜上帝會,
태평천국운동의 바탕이 된 조직)의 모습을 그린 상상도.
1851년 12월 25일, 광시(廣西) 성 진톈(金田).

양쯔강 이남을 장악한 태평군은 '천국'(天國) 수립을 선포했다. 난징도 '천경'(天京)이라 부르게 했다. 권력은 사람을 부식(腐蝕)시켰다. 종교성이 강한, 살짝 간 사람들이 세운 정권이다 보니 썩는 속도가 빨랐다. 천왕 홍수전과 동왕 양수청 간의 권력 투쟁이 그치지 않았다. 여자를 두고 뺏고 뺏기는 추태도 서슴지 않았다. 태평군의 기율도 산만해졌다.

홍수전이 선수를 쳤다. 달 밝은 가을밤, 정예군 3,000명을 동원해 동왕의 관저를 급습했다. 동왕 일가와 부하들을 몰살시켰다. 기회를 엿보던 청나라 정부는 반격을 서둘렀다. 천구이신은 천경 보위전에서 발목에 관통상을 입었다. 상처가 악화되자 제 손으로 발목을 잘라버렸다. 한 쪽 발에 의지해 영국 식민지 홍콩에 잠입했다.

홍콩에는 보석상으로 위장한 태평군 지하조직이 있었다. 귀향을 준비하던 태평군 패잔병들이 몰려들었다. 비밀이 누설되자 홍콩당국은 계엄령을 선포했다. 천구이신은 아무 배나 올라탔다. 일손이 필요했던 선원들은 천구이신을 숨겨줬다. 요리 솜씨에 감탄했다.

천구이신은 카리브해를 떠돌았다. 자메이카를 거쳐 마르티니크에 정착했다. 이발사 노릇을 하며 끼니를 때웠다. 사윗감을 구하던 화교 상인의 눈에 들 줄은 상상도 못했다. 약간의 저축과 이발도구가 전 재산인 천구이신은 현지인들이 '마리'라고 부르는 키 크고 예쁜 여자와 부부가 됐다. 나이도 스무 살이나 어렸다.

마르티니크는 살 곳이 못됐다. 장인의 권유로 트리니다드로 이주했다. 1878년 봄, 아들이 태어났다. 유진(尤金)이라는 이름을 지어줬다. 안 먹고 안 쓰며 모은 돈으로 땅도 구입했다. 망고·사탕수

수·고구마·야자수 등 닥치는 대로 농작물을 심었다. 온 가족의 소변을 먹고 열린 감귤은 맛있고 향기로웠다.

천구이신은 틈만 나면 유진에게 태평천국의 영웅들에 관한 얘기를 해줬다.

"숭고함을 추구하는 것이 유일한 목표였던 사람들이다. 나는 이곳에 와서 열심히 일했다. 풍족을 느끼자, 젊은 시절에 상실한 천국의 꿈을 보상받았다는 생각이 들었다. 천당이야말로 노예들의 지옥이라는 것을 비로소 알겠다. 서구인들에게 중국은 천당이나 마찬가지다. 일가를 이루면 조국으로 돌아가라."

계약과 조정에 능했던 변호사 천유런

유진이 열두 살 때 천구이신이 세상을 떠났다. 유진은 농장 일을 거들며 학업에 열중했다. 스무 살 때 변호사 시험에 합격하자 혼처가 줄을 이었다. 동갑내기 혼혈아와 결혼했다. 대농장주인 아버지는 프랑스인이고 엄마는 농장의 노예였다. 사생아(私生兒)였지만 아버지의 사랑을 독차지한 덕에 좋은 교육을 받았다. 마리는 유진의 결혼을 반대했다.

"너는 순수한 중국인이다. 게다가 장남이다. 혈통을 유지할 책임이 있다."

이런 말도 했다.

"무식한 여자라야 덕(德)이 있다. 온종일 일하고 돌아온 남편에게 온갖 아는 소리 해대며 종알거리면 너만 불행해진다."

유진은 엄마 몰래 결혼식을 올렸다. 이후 화교와 혼혈아들의 사건을 도맡아 처리했다. 변호사 사무실은 허구한 날 문전성시였다. 25년 후 천유런이 혁명정부 외교부장으로 명성을 떨칠 때 베이징 주재 영국 대사관이 본국에 보낸 보고서를 간략히 소개한다.

"트리니다드에서 태어나고 성장한 중국 혁명가. 본명은 유진. 하얼빈(哈尔滨)에 창궐했던 폐 페스트를 박멸시킨 예방학의 권위자 우롄더(吳連德)와 함께 귀국했다. 천유런이라는 이름도 우롄더가 지어줬다고 한다. 변호사 시절, 남편 멱살 끌고 찾아온 여인도 나갈 때는 깔깔거린다는 소문이 돌 정도로 계약과 조정에 능숙했다. 고객들에게 사실을 말하기를 요구했고, 그럴 때만 수임했다. 성공한 법관들은 성실한 사기꾼이라는 공통점이 있다. 변호사 천유런은 성실하고 사기성이 없었다. 돈 때문에 법률을 우롱하지도 않았다. 재기 넘치는 학자이며 성공한 변호사이기 전에 정직한 사람이다."

비서였던 린위탕(林語堂)은 천유런을 한마디로 정의했다.
"결정적인 시기마다 남들은 감히 엄두도 못 낼 길을 선택했던 사람."
정확한 표현이었다.
트리니다드에서 유진의 법률사무소는 모르는 사람이 없었다. 천유런은 훗날 저우언라이에게 변호사 시절 얘기를 하던 중 이런 말을 했다.

"성공의 재미는 한때였다. 남들은 나를 성공한 변호사라며 부러워했다. 그런 말 들을 때마다 환멸을 느꼈다. 천한 직업을 택했다는 생각이 들자 허전함을 달랠 방법이 없었다. 혼자 있는 시간이 많아졌다. 광활한 세계에서 인생의 가치를 찾고 싶었다."

저우언라이가 "그게 바로 갈망(渴望)"이라고 하자 "맞다"고 했다.

유진은 독서에 열중했다. 일단 시작하자 게걸들린 사람 같았다. 읽으면 읽을수록 모르는 것투성이였다. 하루걸러 한 번씩 책을 주문했다. 아들의 구술을 소개한다.

"세계에 명성을 떨친 아버지의 글들은 엄청난 독서에서 비롯됐다. 영국과 프랑스 작가의 작품들을 많이 읽었다. 급진적인 사회주의자나 공산주의자, 무정부주의자의 책들은 늙어서나 읽겠다며 가까이하지 않았다. 온화한 사회주의자 윌리엄 모리스(William Morris) 정도가 고작이었다. 서재에 아시아나 중국 관련 서적은 단 한 권도 없었다."

화교들은 자녀가 태어나면 모국어부터 가르치는 습관이 있었다. 유진은 영국의 지식인이나 다름없었다. 독서도 서구의 저작에 편중했다. 일반 화교들처럼 중국어 교육을 받은 적이 없다 보니 읽고 쓸 줄 모르고 중국 상황에도 관심이 없었다. 게다가 트리니다드는 작은 섬이었다. 중국에 관한 영문서적이 있을 리 없었다.

유진은 법률사무소를 걷어치웠다. 스페인항(Port of Spain)의 지식인들과 어울렸다. 공공도서관과 대학이 주관하는 토론회에 빠지지 않았다. 참석자들은 유진의 유창하고 세련된 영어와 해박한 역사 지식에 주눅이 들었다.

스페인항의 지식인들은 유진의 욕구를 충족시키지 못했다. 한결같이 사람은 좋았지만 대화를 나누면 나눌수록 복장이 터질 지경이었다. 런던을 출입하기 시작했다. 런던에는 중국인이 많았다. 화교 단체와 접촉했다.

국제도시는 뭐가 달라도 달랐다. 신문마다 중국 관련 기사가 빠지는 날이 없었다. 화교 모임에 가도 마찬가지였다. 중국 혁명에 관한 얘기로 날 새는 줄 몰랐다. 유진은 1년에 한 번씩 런던을 방문했다. 신년 모임에서 한 청년이 귀국 결심을 토로했다. 그날 밤 유진은 잠을 설쳤다. 날이 밝기가 무섭게 서점으로 달려갔다. 영문으로 된 중국역사 서적을 닥치는 대로 구입했다.

1911년 초, 유진은 가족을 데리고 런던으로 이사했다. 상류층 주거지역에 집 한 채를 마련했다. 런던대학 철학과에 입학원서를 냈다. 법학을 전공하라는 면접관의 요청은 한마디로 거절했다. 부인 마리는 뭐 하는 짓이냐며 난리를 떨었다.

런던에서 혁명성인과 만나다

1911년 10월 10일 후베이 성 우한, 정부군이 혁명군으로 돌변했다. 런던의 언론 매체들이 중국의 혁명을 대서특필했다. 10월 말, 혁명의 상징인 쑨원이 런던을 방문했다. 화교 모임에 참석해 "새로 성립된 공화국을 위해 봉사할 때가 왔다"며 귀국을 권했다.

유진은 안락한 런던생활을 접어버렸다. 시베리아를 경유해 베이징까지 가는 열차표를 구입했다. 부인은 귀국을 포기했다.

"혼자 가라. 나는 혼혈이다. 자식들도 혼혈이다. 혼혈아는 어딜 가도 무시당한다. 중국은 더 심하다고 들었다. 우리 때문에 제약받을 이유가 없다. 편안한 생활 버리고, 단 한 명의 친구도 없는 곳에 가려는 사람의 슬픈 용기를 막을 힘이 내게는 없다."

귀국 도중 파리에 며칠 머물며 중국 정세에 관한 정보를 수집했다. 중국의 혁명성인(革命聖人) 장징장(張靜江)이 파리에 와 있다는 『르 몽드』 기사를 보고 호기심이 발동했다. 어떤 사람이기에 그런 괴상한 별명이 붙었는지 얼굴이라도 보고 싶었다. 만나보니 나이도 두 살 어린 사람이 온갖 어른 흉내는 다 냈다. 불어도 잘하고 영어도 잘했다.

"조국으로 돌아갈 생각을 했다니 가상하다. 쑨원 선생의 연설을 듣고 결심했다는 말을 들었다."

유진은 반만 인정했다.

"연설에 감동은 받았다. 결심은 스스로 했다."

장징장은 말을 돌렸다.

"변호사라고 들었다. 법관이라는 사람들이 상식적이지 못하다 보니 생겨난 직업이다. 그만두기 잘했다."

유진은 공감했다. 장징장은 사람 욕심이 많았다.

"중국에 가면 쑨원 선생을 만나봐라. 소개장 써주마."

유진은 거절했다.

혁명성인이라 불리던 국민당 원로
장징장과 조강지처 야오후이(姚蕙).

쑨원 사망 후 혁명성인 장징장은 불문에 귀의했다.
1929년 가을, 황산(黃山).

"날 찾으면 가겠지만, 내 발로 갈 생각은 없다."

혁명성인은 대담했다.

"맞는 말이다. 제 발로 찾아와 입바른 소리 하는 사람치고 쓸 만한 사람 못 봤다. 혁명은 열정과 손발이 맞아야 한다. 귀와 입으로하는 게 아니다."

유진 36세, 장징장 34세, 두 사람 모두 20년 후 사위와 장인 사이가 되리라곤 상상도 못 할 때였다.

시베리아 횡단열차에서 유진은 귀국 중인 우렌더와 조우했다. 우렌더가 건의했다.

"유진은 중국에서 사용하기에 적합한 이름이 아니다. 원래 성이뭐냐?"

천(陳)이라고 하자 이름까지 지어줬다. 천유런(陳友仁), 듣기도좋고 쓰기도 쉬웠다.

"중국 혁명도 종지부를 찍었다"

혁명으로 탄생한 중화민국의 군사력은 형편없었다. 임시 대총통에 추대된 쑨원은 북양신군(北洋新軍) 설립자 위안스카이(袁世凱)의 상대가 못 됐다. 반대 세력도 만만치 않았다.

"쑨원은 외국만 떠돌던 사람이다. 통치 경험이 전혀 없다. 당장총통직에서 내려와라. 거부하면 국가에 엄청난 재앙만 초래할 것이다. 위안스카이는 군 통솔과 정부기관 관리에 탁월한 능력을 발휘했다."

쑨원은 "공화제를 옹호한다"는 위안스카이의 보장을 수용하는

장징장은 딸만 열이었다.
뒷줄 왼쪽 첫째가 천유런의 두 번째 부인.

것 외에는 방법이 없었다.

짐도 미처 풀지 못한 천유런은 쑨원의 총통직 사직에 당황했다. 천유런은 중국 혁명도 종지부를 찍었다며 일자리를 찾아 나섰다. 우렌더가 위안스카이 정부 교통부장 스자오지(施肇基)를 소개했다. 코넬(Cornell)대학에서 경제학을 공부한 스자오지는 천유런을 첫눈에 알아봤다. 대외관계 전담 비서로 기용했다.

중년에 들어선 천유런은 우렌더에게 호소했다.

"내 앞날이 낙관적이지 못하다. 경력이 보잘것없고 나이도 많다. 중국의 고귀한 집안 출신들은 나보다 어린 사람들도 미국의 일류 대학을 나오고 친척들이 도처에 깔려 있다. 내가 변호사였다는 것을 알자 대놓고 무시한다. 돈만 주면 지옥에 떨어진 사람도 데려올 수 있다고 큰소리쳐야 하는 직업이다 보니 어쩔 수 없다. 혁명은커녕 평생 말단 관리 노릇이나 할 것 같다. 나보다 우수한 친구를 사귈 기회도 없다."

천유런은 직업을 바꾸기로 결심했다. 하와이 출신 화교가 세운 신문사를 찾아갔다. 보기 좋게 거절당했다. 외교부에서 운영하는 영자신문사에서 기자를 모집하자 응모했다. 발행인이 지원 이유를 묻자 간단히 대답했다.

"중국은 가난하고 약한 나라다. 외교는 자국의 이익이 우선이다. 중국 외교는 외국의 이익에 치중하는 경향이 있다. 그 이유를 모르겠다. 영자신문들을 보니 영어가 엉망이다. 그런 문장으로는 외국인들을 감동시킬 수 없다. 월급은 없어도 된다. 생활은 곤란해도 보람 있는 일을 하고 싶다."

영국 대사로 나가게 된 스자오지가 천유런을 만류했다.

"나와 함께 런던으로 가자. 영국인에게 중국 문제를 설득시킬 사람은 너밖에 없다. 중국이 안정되면 그때 돌아오자."

천유런은 한마디로 거절했다.

"중국이 이렇게 복잡한 나라인 줄 몰랐다. 얽힌 것 푸는 재미를 느끼고 싶다."

베이징 생활은 순탄치 않았다. 화려한 문필로 명성을 떨쳤지만 투옥과 경제난에 시달렸다. 쑨원에 대한 비판도 서슴지 않았다.

"쑨원은 선교사가 됐으면 좋았을 사람이다. 설교와 선전에 뛰어나 중국 역사상 최대 규모의 혁명을 촉발시켰다. 강연을 통해 모금한 돈으로 여러 차례의 거사 자금을 지원한 것이 공헌이라면 공헌이었다. 혁명이 성공하자 장점이 단점으로 변했다. 뛰어난 언변은 치국(治國)에 도움이 못 됐다. 군사력이나 관료사회에 기반도 없는 사람이 군벌들에게 농락당하는 민국(民國)을 구해야 한다며 큰소리만 쳤다. 과장이 심하다 보니 '대포'라며 조롱당해 싸다."

위안스카이 타도에 실패한 쑨원은 중국을 떠났다. 망명지 일본에서 쑹칭링과 결혼했다. 소식을 접한 천유런은 쑹칭링이 어떤 여자인지 궁금했다.

쑹칭링과 경호원 쑤이쉐팡

"편하게 살기 위해 조국을 찾지 않았다."

천유런, 쑨원의 편에 서다

위안스카이가 죽자 쑨원은 쑹칭링과 함께 귀국했다. 천유런은 혁명성인 장징장을 통해 상하이에 있는 쑨원에게 면담을 요청했다. 쑨원이 천유런을 직접 영접했다. 천유런이 기록을 남겼다.

"5관(五官)이 단정했다. 서구의 세련된 신사를 대하는 느낌이었다. 기구한 길을 선택한 24세의 젊은 부인은 미국 남부의 대갓집 딸 같았다. 쑨원은 '대군벌 위안스카이가 죽자 조무래기 군벌들이 창궐했다'며 중국의 현실을 원망했다."

천유런은 쑨원 방문 소감을 신문사에 보내지 않았다. 대신 프랑스에 유학 중인 아들에게 편지를 썼다.

"쑨원은 군벌들이 번갈아 가며 베이징을 접수하고 쫓겨나는 것에 분노를 감추지 못했다. 총통은 자신이 맡는 것이 마땅하다고 생각했다. 중화민국은 자신의 아들이나 진배없었다. 성인이

될 때까지 제 손으로 키워야 한다는 생각이 강했다. 군벌들이 지배하는 북양정부를 소멸시키기 위해 전쟁을 준비 중이라며 주먹을 불끈 쥐었다. 서구열강에 협조를 요청했지만 미국과 영국은 군벌과 별 차이 없는 사람이라며 쑨원에게 관심이 없다. 무슨 일이건 군벌정부와 협상했다."

마지막 내용이 인상적이다.

"중국의 혁명가 중 극소수만이 쑨원을 이해한다는 것을 비로소 알았다. 나도 그런 소수 중 한 사람이 됐다."

쑨원은 천유런의 글을 좋아했다. 사람 욕심 많은 쑨원이 눈독을 들일 만했다. 측근들에게 극찬을 아끼지 않았다.

"영어 문장이 유려하고 막힘이 없다. 총리 돤치루이(段祺瑞)의 매국 외교를 비판하는 글을 읽어봐라. 국제 문제에 정통하고 화약 냄새가 물씬 풍긴다. 감옥에 있을 때도 비통함을 드러내지 않았다고 들었다. 매사에 낙관적이고 게다가 애국자다."

한때 쑨원을 비판했다는 말을 듣고도 "간 큰 사람은 원래 그런 법"이라며 재미있어했다.

1917년 봄부터 천유런은 자신이 경영자나 다름없는 영자신문 『징바오』(京報)에 사론(社論)을 직접 썼다. 국가 이익을 도외시하는 정객들의 추태를 연이어 폭로했다. 돤치루이는 눈만 뜨면 신문을 집어 던졌다. "이게 선전포고지 무슨 놈의 사론이냐? 나를 향한

왕징웨이(汪精衛, 왼쪽 둘째) 등과 반 장제스 운동을 벌이던 시절의
천유런(오른쪽 둘째)과 국부 쑨원의 아들 쑨커(孫科, 오른쪽 셋째).
1931년 5월, 광저우(廣州).

조준사격이나 다름없다"고 노발대발했다.

천유런은 생명의 위협을 느꼈지만 동요하지 않았다. 조심하라는 주변의 권고도 한 귀로 흘렀다.

"편하게 살기 위해 조국을 찾지 않았다."

투옥된 후에도 표정을 바꾸지 않았다. 경찰총장과 참모총장을 겸한 쉬수정(徐樹錚)이 돤치루이에게 의견을 냈다.

"천유런은 영국 국적이다. 경고로 그치자."

돤치루이는 고집불통이 아니었다. 최측근의 건의를 무시하지 않았다.

감옥에서 구사일생한 천유런, 혁명세력에 투신

감옥 면회실에서 쉬수정은 생면부지의 천유런에게 사정했다.

"확인되지 않은 사실을 발표해 유감이라는 성명서 한 장이면 된다."

천유런은 한마디로 거절했다.

"이 안에 있겠다. 정식으로 재판에 회부해라."

쉬수정은 난감했다. 결심이 서자 돤치루이에게 보고했다.

"처형하면 영국이 가만있을 리 없고, 풀어줘도 고마워할 사람이 아니다. 그럴 바에야 관용을 베풀자."

쉬수정은 천유런과 가까운 사람이 누구인지 수소문했다.

쉬수정이 돌아간 지 몇 시간 후, 간수가 천유런의 감방 문을 열었다. 야릇한 미소를 지으며 한마디 했다.

"좋은 곳으로 가자."

천유런은 죽음을 직감했다. 가보니 또 면회실이었다. 절친한 친구가 묘책을 제시했다.

"베이징의 정치판은 복잡하다. 몇 년간 씻지 않은 엉덩이보다 더 지저분하다. 너는 태상황(太上皇)의 아픈 곳을 건드렸다. 살아날 방법이 없다."

이어서 국적 문제를 거론했다.

"너는 영국 국민이다. 돤치루이에게 압박을 가해달라고 영국 공사관에 도움을 청하겠다."

듣기를 마친 천유런은 고개를 가로저었다.

"설사 된다 해도 그런 방법은 쓸 수 없다. 베이징에 도착했을 때 나는 영국 국민이었다. 영국 부영사를 찾아가 중국 수도에 거주하는 영국인으로 등기했다. 2년 후 연장 수속 밟으라는 통보를 받았을 때 거절했다. 현재 내 신분은 베이징에 사는 중국 국민이다. 영국에 보호를 요구할 수 없고, 영국도 나에게 사법권을 행사할 자격이 없다. 책 읽으며 고독을 즐기겠다."

친구가 홍콩과 상하이의 일류 변호사와 의논하겠다고 하자 그것도 거절했다.

"그 사람들에게 내 속을 이해시킬 방법이 없다. 변호사가 나설 문제가 아니다."

국선 변호사들이 런던에 있는 부인의 편지를 들고 왔다. 남편의 처지를 걱정하는 내용은 한 줄도 없었다.

"나는 별일 없고, 애들도 잘 자란다. 집안에 웃음이 그칠 날이

천유런의 목숨을 구해준 쉬수정(앞줄 왼쪽 일곱째)은
돤치루이 내각의 실력자였다.
참모총장 시절 몽골을 방문한 쉬수정.

없다. 혼자 양육할 자신 있다."

천유런은 마음이 놓였다.

중국의 영자신문들이 천유런의 구금을 대대적으로 보도했다. 모른 체하는 영국 공사관을 이구동성으로 비난했다. 일이 이쯤 되자 주판알만 튀기던 미국 공사관이 영국 공사에게 입장 표명을 요구하고 나섰다. 그럴 만한 이유가 있었다. 제1차 세계대전을 치르며 영국과 프랑스는 기력을 소진했다. 같은 동맹국이었지만 전쟁터에서 떨어져 있던 미국과 일본은 멀쩡했다. 영·프 양국이 누리던 국제적 지위를 대신하기에 충분했다. 미국과 일본의 경쟁은 필연적이었다. 미국이 친일 정객인 돤치루이의 반대편에 서는 것이 전혀 이상하지 않았다.

영국 외교부가 베이징 주재 공사에게 지시했다.

"천유런의 석방을 위해 전력을 다해라. 국적이나 논조 따위는 거론할 필요 없다. 언론의 자유를 위해서라는 말만 강조해라."

베이징의 정세는 한치 앞을 예측하기 힘들 정도였다. 이 와중에 돤치루이가 실각했다. 얼떨결에 감옥 문을 나선 천유런은 베이징이라면 넌덜머리가 났다.

"예상은 했지만, 뭐 이런 나라가 다 있느냐. 서태후인지 뭔지, 맹꽁이 같은 아녀자가 휘저어놓은 여파가 너무 가혹하다. 모든 게 서구 열강과 체결한 불평등 조약 때문이다. 한차례 뒤집어엎지 않으면 중국은 희망이 없다."

천유런은 남쪽의 혁명세력에 투신하기로 작정했다.

쑨원은 제 발로 찾아온 천유런을 파리 강화회의 남방 측 대표로 파견했다. 한 미국 역사가의 글을 소개한다.

"천유런은 국제법의 대가였다. 1919년 베르사유에서 조계(租界) 회수를 천명하며, 중국인 관할하에 외국인이 참여하는 조계 운영을 주장했다. 내용이 어찌나 명쾌하고 선명한지, 서구 열강은 외국인이 누리던 치외법권 취소의 전 단계인 줄 알면서도 반대할 명분이 없었다."

중국 외교에 천유런 시대가 열리는 듯했다.

"공산주의는 마르크스의 창조물이 아니다"

신해혁명으로 청나라 황실은 무너졌지만 혁명을 상징하던 쑨원은 군벌들에게 이리 차이고 저리 차였다. 소련에서 10월 혁명이 발발했을 때도 관심을 보이지 않았다.

외교 관계를 담당하던 천유런이 쑨원에게 건의했다.

"레닌에게 집권 축하 서신을 보내자. 소련 외교부 장관과 안면이 있다. 관계 정립을 타진해보겠다."

쑨원은 알았다며 입맛을 다셨다.

천유런은 레닌에게 보내는 편지를 조수에게 건넸다.

"프랑스 조계에 가서 우체통에 넣고 와라."

소련 외교부 장관에게 보낼 편지는 직접 들고 미국으로 갔다. 믿을 만한 화교 거상 한 사람이 샌프란시스코에 살고 있었다.

1919년 쑨원의 천거로 남방의 혁명정부를 대표해
파리 강화회의에 참가한 천유런(앞줄 오른쪽 둘째)은 이듬해에 열린
국제연맹 창설에도 중국 대표로 참석했다.
1920년 1월, 제네바.

"이 편지가 안전하게 모스크바에 도달할 수 있는 방법을 찾아
봐라."

소련은 반응이 없었다. 파리 강화회의에 혁명정부 대표로 참석
한 천유런은 소련과의 접촉을 시도했다. 어찌나 음흉한지 속내를
알 길이 없었다. 귀국길에 가족을 만나러 런던으로 갔다. 트리니
다드에 있는 부동산을 처분하고 독서에 매달렸다. 마르크스(Karl
Marx)의 저술과 영국 노동운동사, 러시아 혁명에 관한 책들을 끼고
살았다. 머릿속이 정리되자 결론을 내렸다.

"영국 노동당이 하원에서 의석을 차지한 것은 의회민주주의
의 유구한 역사가 있기 때문이다. 서구식 민주주의는 중국에 적
합하지 않다. 중국은 지도자의 역량이 중요하다. 탁월한 지도자
를 만나면 힘들어도 보람이 있다. 무능하고 고집만 센 지도자는
국민을 피곤하게 한다. 중국의 농민과 노동자들은 성취감을 느
끼게 해주는 지도자를 선호한다. 현재 중국은 국가의 이익이 개
인의 이익보다 중요하다. 개명(開明)한 독재자가 필요한 시점
이다."

옥스퍼드대학에서 열린 기자 간담회에서도 비슷한 발언을 했다.
하루는 영국 노동운동 지도자가 천유런을 찾아왔다. 신문 한 장을
내밀었다. 소련 외교부 차관 카라한(Lev Karakhan)이 소련 공산당
기관지『프라우다』에 발표한「중국 인민에게 고하는 선언문」이 실
려 있었다.

중국인의 뇌리에는 천유런의
이 모습이 박혀 있다.

"소련은 중국의 진정한 친구가 되기를 갈망한다. 중국 인민이 소련 인민처럼 파리 강화회의 협약국들의 지배를 거부하고, 제2의 조선인이나 인도인처럼 식민지 전략을 반대하고 자유를 쟁취하기 위해 투쟁한다면 소련의 노동자와 농민, 붉은 군대는 그들의 유일한 맹우와 형제가 될 것이다. 제정러시아 시절 중국을 협박해서 얻어낸 이익을 포기하는 것은 말할 필요도 없다."

천유런은 "볼셰비키와의 합작이 가능하다"며 흥분했다. 영문으로 번역한 카라한 선언문을 쑨원에게 보냈다. 귀국도 서둘렀다. 쑨원은 거부의사를 밝혔다.

"마르크스주의자들은 중국의 경제 문제를 해결할 수 없다. 농업이건 공업이건 자본이 필요하다. 우리가 필요한 자본은 서구 쪽에서 찾아야 한다. 소련과 합작하려면 사상적 준비도 중요하다."

천유런은 쑨원이 제창한 민족·민권·민생, 삼민주의(三民主義) 중 민생주의를 새롭게 해석했다.

"공산주의는 마르크스의 창조물이 아니다. 인류의 원시사회는 공산사회였다. 민생주의의 최종 목표는 공자(孔子)가 꿈꾸던 대동세계(大同世界)의 실현이다. 링컨(Abraham Lincoln)이나 마르크스의 생각이 공자와 별 차이가 없는 것처럼, 쑨원 선생의 민생주의도 공산주의와 다를 바 없다."

쑨원은 미소를 지었다.

"그럴듯하다. 내가 바라던 내용이다. 정치는 말장난이다. 소련과 연합하면서 서구열강과 대립할 필요가 없다. 두리뭉실하게 누구나 기대를 갖도록 하는 것이 노련한 정치가다."

쑨원과 소련의 관계가 밀접해지기 시작했다. 쑨원은 소련이 제의한 중국 공산당과의 합작도 받아들였다. 모든 문건은 영문으로 주고받았다. 영어는 천유런의 모국어였다. 밤낮으로 쑨원을 대하다 보니 쑹칭링과 만나는 횟수도 늘어났다. 어른이건 애건, 남녀가 자주 만나다 보면 은원(恩怨)이 싹트기 마련이다.

쑨원이 세상을 떠나자 장제스가 부상했다. 공산당과 결별하고 당원들 숙청에 나섰다. 천유런은 쑹칭링과 연명으로 쑨원의 유지를 배신한 장제스를 성토했다. 쑹칭링이 소련행을 택했을 때도 동행을 자청했다. 쑹칭링과 쑨원을 분리시키려는 국민당 우파에겐 이런 호재가 없었다. 결혼설이 전국에 파다했다. 스탈린도 천유런을 실망시켰다. "중국에 돌아가서 장제스와 합작하라"는 말만 되풀이했다.

천유런은 모스크바에 머물 이유가 없었다. 프랑스로 발길을 돌렸다. 배웅 나온 쑹칭링이 천유런에게 당부했다.

"장징장은 슬하에 딸만 열 명이다. 넷째 딸 리잉(荔英)이 제일 예쁘다. 지금 파리에 있으니 만나봐라. 나는 독일로 가겠다."

천유런을 만난 리잉은 한눈에 반해버렸다. 아버지에게 천유런과 결혼하겠다는 편지를 보냈다. 장징장은 노발대발했다.

"천유런이 몇 살인지 알고나 하는 소리냐. 너보다 31년 전에 태어난 놈이다."

장징장의 딸들은 개성이 강했다. 단 한 명도 아버지가 점찍은 청년과 결혼하지 않았다. 정부 주석 왕징웨이가 키득거리며 장징장을 진정시켰다.

"너나 나나, 따지고 보면 반역자다. 딸들이 너 닮은 게 뭐가 잘못이냐. 네 부인이 한눈팔지 않았다는 증거다."

"비서와 정분이 났다"

1927년 7월 14일, 쑹칭링은 국민당과 결별했다. 국민당은 쑹칭링을 다시 끌어들이기 위해 애를 썼다. 쑹칭링은 고집이 셌다. 장제스가 부인 쑹메이링에게 "네 언니 정말 못됐다"며 짜증을 부릴 정도였다. 항일전쟁 시절, 전시수도 충칭(重慶)에 왔을 때도 쌀쌀맞기는 마찬가지였다.

국·공내전 말기 국민당은 잔국(殘局)을 수습하고 변수(變數)를 만들어낼 시간이 필요했다. 명의상 정부 수뇌로 내세우기에 적합한 인물을 물색했다. 쑹칭링 외에는 대안이 없었다. 공작을 폈다. 주니카라과(Nicaragua) 대사에게 비밀전문을 보냈다.

니카라과 주재 외교관이 국제사회에 소문을 퍼뜨렸다.

"패색이 짙은 중국 국민당이 국부 쑨원의 부인 쑹칭링을 옹립하

장리잉에게 천유런의 나이는 중요하지 않았다.
1930년 가을, 프랑스 파리 교외.

천유런은 여성의 마음을 사로잡는
재주도 뛰어났다.
부인이 세상을 뜨자 31세 연하인
장징장의 딸과 재혼했다.
1931년, 프랑스 파리.

기로 했다. 수락할 가능성이 크다."

쑨원의 사망과 장제스의 배신, 장제스에게 살해당한 국민당 좌
파 영수 덩옌다, 홍콩에서 일본인 치과의사에게 암살당한 천유런
의 비극을 경험한 쑹칭링은 어설픈 장난질에 동요하지 않았다.

쑹칭링 대신 중국복리기금회(中國福利基金會)가 성명을 발표
했다.

"쑨원 선생의 부인이 정부의 직책을 맡기로 했다는 소문은 근
거 없는 낭설이다. 부인은 중국복리기금회가 벌이는 구제업무와
아동복리 외에는 관심이 없다."

베이핑(北平) 입성을 앞둔 중공도 쑹칭링을 탐냈다. 마오쩌둥과
저우언라이가 연명으로 편지를 보냈다.

"중국 혁명의 승리가 임박했다. 상하이의 정세가 어떤지 염려
된다. 쑨원 선생의 유지를 실현할 날이 멀지 않았다. 북상해서 신
중국 건설을 지도해주기 바란다."

이 편지는 홍콩 지하당의 실수로 전달되지 못했다. 1949년 5월
27일, 중공 제3야전군이 상하이를 점령했다. 승전 축하행렬이 거
리를 메웠다. 중국복리기금회 아동들이 선두에 섰다.

중공은 쑹칭링을 베이핑으로 모셔오기 위해 저우언라이의 부인
덩잉차오(鄧穎超)를 파견했다. 쑹칭링을 만난 덩잉차오는 마오쩌

둥과 저우언라이의 친필편지를 전달했다. 쑹칭링은 기쁨을 숨기지 않았다. 결정은 유보했다.

"베이핑은 내게 상처를 안겨준 도시다. 가기가 두렵다. 시간이 필요하다. 결정되면 알려주겠다."

덩잉차오는 쑹칭링이 결심할 때까지 두 달을 기다렸다. 쑹칭링이 베이핑에 도착하는 날 마오쩌둥은 흥분했다. 중공 중앙위원 50여 명과 혁명열사 자녀들이 다니던 유치원생들을 데리고 한 시간 전에 역으로 나왔다.

국가 부주석에 추대된 쑹칭링은 베이징과 상하이를 오가며 국모 대접을 받았다. 혼자 살다 보니 민망한 소문도 그치지 않았다. 한 개만 소개한다.

"비서와 정분이 났다. 저우언라이에게 재혼하겠다고 통보했다. 당황한 저우가 마오쩌둥에게 달려갔다. 마오는 과부가 결혼을 작정하면 눈에 보이는 게 없다. 잘된 일이라며 싱글벙글했다. 저우는 나라망신이다. 동거는 몰라도 결혼은 안 된다며 사정했다. 쑹칭링은 열 몇 살 어린 비서와 동거에 들어갔다."

경호원 쑤이쉐팡(隋學芳)과의 관계도 빼놓을 수 없다. 쑹칭링은 쑤이쉐팡을 신임했다. 무슨 일이건 의논하고 의견에 따랐다. 쑹칭링은 바둑과 춤을 좋아했다. 쑤이쉐팡은 다재다능했다. 바둑도 잘 두고 춤 솜씨도 남달랐다. 국모와 몇 시간이고 붙어 있는 날이 많았다. 쑤이쉐팡의 부인은 보통내기가 아니었다. 한번은 남편의 집무실에 달려와 소란을 피웠다. 어찌나 요란했던지 2층에 있던 쑹칭링이 내려와 진정시켰다. 경호원의 부인은 막무가내였다. 너 잘 만났다는 듯이 국가 부주석에게 삿대질해대며 씩씩거렸다.

자식이 없는 쑹칭링은 어린아이들을 좋아했다. 비서나 경호원들이 자녀를 낳으면 꼭 데려오라고 당부했다. 쑤이쉐팡의 딸 융칭(永淸)은 부모를 별로 닮지 않았다. 쑹칭링은 융칭을 유난히 예뻐했다. 품에 안겨 오줌을 싸도 시원하겠다며 어쩔 줄 몰라 했다. 양녀라 부르며 한방에서 지냈다. 독일 친구에게 보낸 편지를 소개한다.

"경호원에게 자녀가 셋 있다. 그중 한 명이 지금 내 곁에 있다. 예쁘고 사랑스럽기가 이루 말할 수 없다. 천둥소리가 나면 무섭다며 내 이불로 파고든다. 번개와 천둥의 원리를 설명해주자 더이상 무서워하지 않았다. 타고난 무용가다. 세 살인데도 자기의 춤을 출 줄 안다. 사과를 싫어해서 걱정이다."

김일성(金日成)이 쑹칭링에게 애들 치마저고리를 선물했다. 융칭에게 꼭 맞았다. 융칭이 추는 조선무용을 보며 쑹칭링은 넋을 잃었다. 한복 입고 춤추는 융칭의 사진으로 연하장을 만들어 돌릴 정도였다. 외부에 숨기려 하지도 않았다. 외국 국가 원수가 방문할 때마다 화동(花童)은 무조건 융칭이었다. 쑹칭링은 쑤이쉐팡의 둘째

김일성의 선물인 색동 치마저고리를 입고
쑹칭링(오른쪽 둘째)에게 안긴 쑤이융칭.

저우언라이(왼쪽 둘째)와 함께 쑹칭링의 거처를 방문한
가나공화국 대통령 엥크루마(왼쪽 넷째) 앞에서
조선무(朝鮮舞)를 추는 쑤이융칭.
1961년 8월 18일 오후.

저우언라이(왼쪽 셋째)가 쑤이융칭(저우 오른쪽)을
데리고 산책하고 있다.
원수 녜룽전(聶榮臻, 오른쪽 둘째)과 사회과학원 원장
귀모뤄(郭沫若, 맨 오른쪽)가 뒤따르고 있다.

딸도 예뻐했다.

쑤이쉐팡이 중풍으로 쓰러졌을 때도 독일 친구에게 편지를 보냈다.

"쉐팡 동지가 반신불수가 됐다. 그를 보러 갈 용기가 없다. 애들도 걱정된다. 우월감에 사로잡혀 단체생활에 문제가 있을 수 있다. 유아원에 보낼 생각이다. 일주일에 한 번만 볼 생각하니 가슴이 미어진다."

쑹칭링의 진심

혼자 사는 여인들은 쑹칭링을 선모(羨慕)했다. 이유가 있었다. 쑹칭링은 국부 쑨원의 부인이며, 국민정부 최고통치자 장제스의 처형이었다. 중국의 재정을 좌지우지한 쿵샹시(孔祥熙)가 형부이고 쑹쯔원(宋子文)의 친누나이기도 했다. 쑨원 사후, 철완의 외교관 천유런과 국민당 좌파 영수 덩옌다의 추앙을 한몸에 받았는가 하면, 신중국 선포 후에는 마오쩌둥과 저우언라이의 극진한 보호를 받았다. 사망 직전, 혼수상태이기는 했지만 명예 국가주석에 추대되는 영예도 누렸다.

화려한 삶이었지만 애환도 그치지 않았다. 저마다 잠룡(潛龍)으로 착각하는, 잡룡(雜龍)들의 유희에 익숙한 우리가 이해하기에는 버거울 정도로 복잡하기가 이루 말할 수 없다.

이야기는 국민당 창당 시절로 되돌아간다. 국민당은 우파와 좌파가 뒤섞인 정당이었다. 지주와 토호 등 봉건세력의 이익을 대변

하는 세력을 우파라 일컬었지만, 꼭 그런 것도 아니다. 국민당 우파는 외국자본 언저리를 배회하며 지주와 노동자, 농민 사이를 오락가락하는 특징이 있었다. 민족지상과 군사독재를 주장하며 민중정권에는 거부감을 숨기지 않았다. 좌파는 그 반대였다. 군벌세력 타도를 위해 공산당과 합작했다. 쑨원이 살아 있을 때만 해도 큰 혼란은 없었다.

쑨원이 세상을 떠나자 분열이 시작됐다. 쑹칭링은 쑨원의 후계자였던 랴오중카이(廖仲凱), 왕징웨이와 함께 국민당 좌파를 대표했다. 쑨원의 유산인 국·공합작의 유지를 주장했다. 남편의 시신이 식기도 전에 자신에게 청혼했던 장제스가 정변을 일으켰다. 왕징웨이마저 호응하자 국민당 좌파는 기본적으로 와해됐다.

장제스가 공산당 도살에 나서자 쑹칭링은 좌파 인사 보호에 나섰다. 죽음을 피한 사람들은 국민당 혁명위원회를 조직하거나 공산당에 입당했다. 그 와중에 랴오중카이는 암살당하고, 쑹칭링은 천유런과 함께 모스크바로 갔다. 장제스와 함께 황푸군관학교(黃埔軍官學校)를 대표하던 덩옌다도 뒤를 따랐다. 스탈린은 쑹칭링 일행을 애물단지 취급했다.

모스크바에서 방황하던 중 동생 쑹메이링과 장제스의 결혼소식을 들었다. 이어서 자신이 천유런과 재혼했다는 소문이 퍼졌다. 국부 쑨원과 결별시키려는 장제스의 꼼수에 분노했다. 혼자 독일로 갔다. 프랑스에서 장징장의 딸과 결혼한 천유런도 쑹칭링을 실망시켰다. 왕징웨이의 초청에 응해 중국으로 돌아가 외교부장에 취임했다.

중국을 방문한 호찌민(胡志明)에게 꽃다발을 증정하는 쑹칭링.
1955년 7월, 베이징.

소련에서 귀국한 덩옌다는 천유런과 달랐다. 장제스 타도를 내걸고 무장폭동을 도모하다 체포됐다. 덩옌다와 장제스의 성격을 잘 알던 쑹칭링은 귀국길에 올랐다. 장제스를 찾아가 구명에 나섰다. 장제스도 처형의 간청을 흘리지 않았다. 덩옌다에게 제휴를 제의했다. 쑹칭링의 안부를 전해도 막무가내였다. 장제스는 넌덜머리가 났다.

"한때 우리는 쑨원 선생 밑에서 한솥밥을 먹었다. 북벌전쟁 시절 너는 청사에 남을 업적을 세웠다. 이젠 나도 어쩔 수 없다."

덩옌다의 처형 소식을 들은 쑹칭링은 가슴을 쥐어뜯었다. 1944년 일본의 회유를 거부하던 천유런이 의문의 죽음을 당했을 때도 마찬가지였다.

중공정권 수립 후 국가 부주석 쑹칭링은 매사에 초연했다. 하나마나 한 평화운동과 아동복지운동을 펼치며 정치와는 일정한 선을 그었다. 가는 곳마다 대접받고 중국을 방문한 외국 국가 원수들도 쑹칭링 예방은 빼놓지 않았다.

쑹칭링은 1957년, 64세 때 경호원의 딸 쑤이융칭을 품에 안았다. 비서의 회고를 소개한다.

"적적했던 쑹칭링의 얼굴에 생기가 돌기 시작했다. 2년 후, 베이징에 갈 때 두 살배기 융칭을 수행원 자격으로 데리고 갔다. 융칭은 장난이 심하고 화를 잘 냈다. 높은 창틀에 매달려 노래 부르는 등 비서들 애를 먹였다."

미국 유학 시절, 민주주의 세례를 받은 쑹칭링은 융칭을 방목시켰다. 겁이 없다며 걱정하는 비서들을 달랬다.

"애들은 어릴수록 겁이 없고 용감한 법이다. 설명해도 이해하지 못한다. 우리가 조심하는 것 외에는 방법이 없다."

융칭이 말을 깨우치자 하루에도 몇 번씩 같은 말을 했다. "여자는 자신을 장식할 줄 알아야 한다. 커서 남자를 사귀게 되면 사랑은 책임이라는 것을 하루도 잊지 마라"며 머리도 직접 다듬어주고 좋은 옷만 입혔다. 쑨원에 대한 회상도 빠뜨리지 않았다.

"그 어떤 사람도 쑨원 선생만 못했다. 선생은 책임질 줄 알았다. 국민을 실망시키지도 않았다."

형제자매와 결별하고 대륙에 남은 이유도 설명했다.

"쑨원 선생은 소련과 공산당과의 합작을 제창했다. 장제스는 공산당을 도살했다. 선생을 배신한 중화민국의 반역자다. 중공은 쑨원의 정신을 존중했다."

문혁 시절 장칭은 쑹칭링을 핍박했다. 그럴 때마다 마오쩌둥은 먹을 것을 들고 쑹칭링을 방문했다. "같은 밥도 여기서 먹으면 맛있다"는 말로 미안함을 대신했다.

전설의 명장 2

"우리는 혁명가다.
죽음의 문턱까지 갔다가
살아난 적이 한두 번이 아니다.
개인의 죽음은 중요하지 않다.
죽음도 혁명의 한 부분이다.
아무도 우리를 정복할 수 없다."

쑨리런은 제2의 장쉐량

"인간으로 태어난 이상 누구나 자유는 없다.
영원한 의무만 있을 뿐이다."

"상관의 허물을 말하는 건 부하된 도리가 아니다"

1956년 6월, 전 대만 육군 총사령관 쑨리런(孫立人)이 관저에서 쫓겨났다. 부인과 함께 군사정보국이 지정한 타이중(臺中)의 거처로 이동했다. 연금생활이 시작됐다.

쑨리런의 새로운 거처는 높은 담장이 사방을 에워싼, 군 소유 안전가옥이었다. 경비도 삼엄했다. 대문 앞 모래주머니 위에 장착한 기관총이 거리를 향하고, 국방부가 파견한 특수요원들의 눈빛은 보기만 해도 오싹할 정도였다. 군사정보국은 별도로 쑨리런의 거처를 감시했다. 안전가옥 옆에 3층짜리 건물을 짓고 지휘부를 차렸다. 높은 곳에서 쌍안경으로 일거일동을 살폈다.

쑨리런은 한 발짝도 나갈 수 없었다. 부득이한 사정으로 외출이라도 할 때는 무장병력을 태운 차량이 뒤를 따랐다. 총통 장제스의 지시가 추상같았기 때문이다. 주방 요리사들도 대검을 차고 있었다. 구출하러 잠입한 사람의 목을, 한칼에 날릴 수 있는 무술의 고수들이었다.

20년이 흘렀다. 1975년 4월, 총통 장제스가 세상을 떠났다. 장제스는 쑨리런에게 자유를 허락한다는 유언을 남기지 않았다. 아들 장징궈(蔣經國)가 뒤를 이었다. 1988년 1월 18일, 철혈(鐵血) 통치자 장징궈가 사망했다. 33년 전 자취를 감춘 쑨리런의 이름이 지면을 장식하기 시작했다.

언론 매체들이 쑨리런의 가족과 연결을 시도했다. 『쯔리완바오』(自立晚報)가 "33년 전 발생한 항일명장 쑨리런 사건의 진상"을 보도했다. 온갖 매체가 뒤를 이었다. 쑨리런의 억울함을 밝히고 명예를 회복시키라는 내용이 연일 지면을 도배했다.

장징궈의 국장(國葬)이 끝났다. 국방부장이 두 차례 쑨리런을 방문했다. 온갖 예의를 갖추며 입을 열었다.

"행동과 언론의 자유를 누리기 바랍니다. 가고 싶은 곳 어디를 가도 좋고, 만나고 싶은 사람 있으면 누구를 만나도 간섭할 사람이 없습니다."

쑨리런에게 기자들이 몰려왔다. 자유를 회복한 소감을 물었다. 쑨리런은 담담했다.

"인간으로 태어난 이상 누구나 자유는 없다. 영원한 의무만 있을 뿐이다."

야당 민진당(民進黨)도 여러 차례 쑨리런을 방문했다. 장제스의 잔인하고 포악한 면을 발표하라고 종용했다. 역시 '민족 영웅'은 뭐가 달라도 달랐다. 매번 거절했다. 답변도 한결같았다.

"총통은 나의 상관이었다. 내겐 하늘 같은 존재였다. 허물을 말하는 것은 부하된 도리가 아니다. 내가 어려움을 겪었다고들 하지만 총통의 명령이었다. 개의치 않는다."

가장 즐거웠던 시절이 언제였느냐는 질문에는 웃음을 보였다.

"칭화대학(淸華大學) 시절이다. 군관학교 생도 시절도 즐거 웠다."

쑨리런은 바오딩(保定)군관학교나 황푸군관학교 출신이 아니었 다. 국민당에 입당원서를 제출한 적도 없었다. 황푸 출신들이 우글 거리는 국민혁명군 주류와는 거리가 멀었다. 칭화대학과 미국 퍼 듀대학 토목공정학과를 마치고 남부의 웨스트포인트라 일컫는 버 지니아군관학교를 졸업한 특이한 경력의 소유자였다.

1990년 11월 중순, 쑨리런이 90세 생일을 사흘 앞두고 세상을 떠났다. 연금 해제 2년 8개월 후였다. 각계의 평이 쏟아졌다. 서구 군사학자들의 평은 비슷했다.

"쑨리런 장군은 출중한 재능을 갖춘 군사가였다. 제2차 세계 대전 내내 남들이 부러워하고도 남을 만한 전적을 세웠다. 기계 화부대 지휘에도 능했다. 서구 군사학자들은 장군을 동방의 롬 멜(Erwin Rommel)이라 부른 지 오래다."

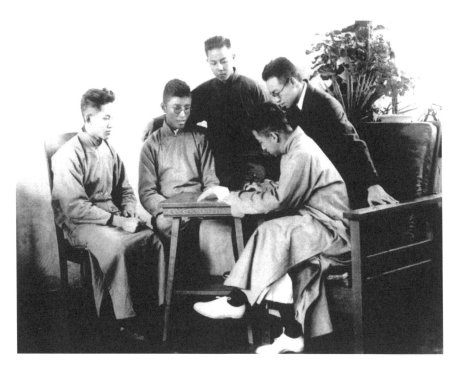

쑨리런(맨 왼쪽)은 칭화대학 시절을 평생 잊지 못했다.
왼쪽 둘째는 중국 물리학계의 원로 저우페이위안(周培原).
1923년 봄, 칭화대학 물리학과 휴게실.

칭찬에 인색한 대논객 리아오(李敖)도 "쑨 장군은 가장 걸출한 지휘관이었다"며 극찬을 아끼지 않았다. 누구도 넘볼 수 없는 부분을 열거했다.

"학문의 깊이, 정교한 연병(練兵), 엄청난 전공(戰功), 몸에 남은 수많은 탄환 자국, 국제적 명망, 그 어느 것도 비견할 만한 사람이 없었다. 붓을 버리고 군문에 투신, 남북과 이국(異國) 전선을 누비며 피와 땀을 아끼지 않았다."

억울함도 빠뜨리지 않았다.

"장제스의 직계가 아니다 보니 가는 곳마다 황푸군관학교 출신들의 견제를 받았다. 대륙에서 낙백(落魄)한 장제스는 대만에 정착, 쑨 장군을 내세워 미국의 지원을 쟁취했다. 조진궁장(鳥盡弓藏), 더 이상 잡을 새가 없으면 활은 창고에 던지는 법, 핑곗거리를 만들어 연금시켰다."

칭화대학 총장도 쑨리런의 일생에 경의를 표했다.

"쑨리런은 잊힐 수 없는 인물이다. 잊어서도 안 된다. 대륙 시절 중국군의 위용을 세계에 과시했고, 대만의 안정에 초석을 놓았다. 대만 민주기지 건설의 기초는 쑨리런이 없었으면 불가능했다."

쏜리런은 격식 갖춘 유서를 남기지 않았다. 임종 직전, 옆에 있던 의사와 가족, 부하들이 제각각 다른 유언을 공개했다. 의사는 "국가에 미안하다는 말" 외에는 별말이 없었다며 멋쩍어했다. 가족은 "나는 결백하다"는 말을 남겼다며 훌쩍거렸다. 옛 부하들은 "나는 억울하다"가 장군의 마지막 말이라며 씩씩거렸다. 명장 쏜리런이 그랬을 리 없다며 씁쓸해하는 사람이 대부분이었다.

쏜리런의 생애와 35년 전에 발생한 '쏜리런 사건'의 진상이 주목받기 시작했다.

국제적 명성을 얻은 쏜리런

전쟁은 정상적인 사람들의 놀음이 아니다. 평소라면 생각지도 못할 일들이 벌어진다. 신망받던 대전략가들이 하루아침에 조롱거리가 되는가 하면, 어느 구석에 있는지 보이지도 않던 사람들이 국민적 영웅으로 떠오르곤 한다. 쏜리런도 널리 알려진 군인은 아니었다. 버마(지금의 미얀마) 원정군 1개 사단을 지휘하면서 국제적인 명성을 얻었다.

1930년 봄, 장제스는 처남 쑹쯔원에게 재정부를 맡기며 신신당부했다.

"소금 밀매를 철저히 단속하고 세금 징수를 엄격히 해라."

쑹쯔원은 재정부 산하에 세경총단(稅警總團)을 출범시켰다. 구성원은 군인이었다. 군대나 다름없었다.

어릴 때부터 미국식 교육을 받은 쑹쯔원은 지휘관 물색에 애를 먹었다. 황푸군관학교 출신들은 성에 차지 않았다. 6개월간 군사교

쑨리런은 장제스의 처가 쪽과 인연이 많았다. 인도에 주둔하던
쑨리런(오른쪽 첫째)과 장제스의 처남 쑹쯔원(오른쪽 둘째).
1945년 1월.

육 받고, 임관 6개월 만에 장군 계급장 단 지휘관이 수두룩했다. 미국 명문대학과 일류 군사학교를 졸업한 쑨리런을 세경총단 특과단장에 임명했다. 쑨리런은 임무 수행에 빈틈이 없었다.

중일전쟁이 발발했다. 쑨리런은 세경총단을 이끌고 상하이 전투에서 선봉에 섰다. 온몸에 부상을 입고도 살아남았다. 홍콩에서 치료 중인 쑨리런에게 기자들이 몰려왔다. 중국에 이런 군인이 있다며 연일 쑨리런의 얼굴을 신문 1면에 실었다. 홍콩에서 돌아온 쑨리런은 세경총단이 정규군에 편입된 것을 알았다. 부하들을 인솔해 시안(西安)에 주둔했다. 시안은 전투 지역이 아니었다. 징병과 신병 훈련에 땀을 흘렸다. 효과가 있었다.

1942년 초, 필리핀·인도네시아·말레이시아·싱가포르를 석권한 일본군이 버마를 넘봤다. 양곤(당시 버마의 수도)이 위기에 처하자 영국이 중국에 지원을 청했다. 당시 버마는 중국이 외부로부터 군수물자를 보급받을 수 있는 유일한 통로였다. 원정군 파견을 결정했다.

국방부장이 쑨리런을 불렀다.

"네가 쑨리런이냐?"

"맞습니다."

"세경총단이 전쟁에 참여한 적이 있느냐?"

쑨리런은 자존심이 상했다. 상하이 전투 상황을 상세히 설명했다. 국방부장은 고개를 끄덕였다. 천천히 입을 열었다.

"전쟁터에 나갈 생각이 있느냐?"

쑨리런은 기다렸던 질문에 흥분을 가누지 못했다.

"고대한 지 오랩니다. 기회가 없었습니다. 전쟁은 저와 부하들의 천직입니다."

국방부장은 흡족했다.

"좋다. 원정군 파견에 합류시키겠다. 새로 편성된 38사단을 지휘해라."

쑨리런에게 버마는 행운의 땅이었다. 일본군이 영국군 1개 사단을 포위했다. 쑨리런은 일본군 1개 대대를 섬멸시켰다. 영국군 7,000명을 무사히 구해냈다. 영국 국왕 조지 6세로부터 대영 제국 훈장을 받았다. 외국 군인에게 수여한 첫 번째 훈장이었다. 해외 원정군 시절 쑨리런의 전공(戰功)을 따라올 사람은 없었다. 일본군을 가장 많이 때려잡은 중국 장군이라는 찬사를 귀에 달고 다녔다. 미국 군사가들이 "동방의 마셜(George Catlett Marshall)"이라며 극찬을 아끼지 않았다.

일본이 항복하자 중국은 내전에 돌입했다. 장제스는 쑨리런을 동북(東北)으로 파견했다. 쑨리런은 명장이었다. 쓰핑(四平) 전투에서 전쟁귀신 린뱌오(林彪)가 지휘하는 동북야전군을 깔아뭉갰다. 송화강 인근으로 몰아붙였다. 승리가 임박한 듯했다.

무슨 일이건 대형사고는 최고지휘관이 치는 경우가 많다. 장제스가 사고를 쳤다. 장제스는 자신의 손으로 키워낸 황푸군관학교 출신들을 총애했다. 1기생들에게는 거의 병적일 정도였다. 공을 세워주기 위해 무리를 서슴지 않았다. 쑨리런이 승리할 기미가 보이자 지휘관을 1기생 두위밍(杜聿明, 노벨 물리학상 수상자 양전닝의 장인)으로 바꿔버렸다. 두위밍은 사람은 좋았지만 린뱌오의 상대는

태평양전쟁 말기, 미군과 함께 대일작전을 숙의하는 쑨리런(오른쪽 셋째).
1944년 봄, 버마 전선.

원정군 시절 폐허가 된 불교 사원을
방문, 불상 앞에 선 쑨리런.
1945년 1월 17일 버마.

못 됐다. 중공에 포로가 되는 바람에 장제스를 실망시켰다.

장제스도 쑨리런의 공적과 능력을 인정했다. 신임하지는 않았다. 황푸군관학교 출신이 아니라는 것 외에는 다른 이유가 없었다. 수도 난징(南京)으로 소환당한 쑨리런에게 엉뚱한 보직을 줬다.

"대만으로 가라. 신병 훈련에 전념해라."

대만에 온 쑨리런은 모병에 열중했다. 쑨리런의 명성은 청년들에게 신화가 된 지 오래였다. 대륙에서 건너온 학생들이 줄을 이었다. 훈련은 실전 위주였다. 혹독할 정도였다. 국민당을 탐탁지 않게 여기던 미국도 쑨리런에게는 호감을 있는 대로 드러냈다.

장제스가 대만을 방문했다. 쑨리런의 신병훈련 성과에 만족했다. 대만 방위사령관까지 겸직시켰다. 쑨리런에게 훈련받은 신병들이 군인 냄새를 물씬 풍길 때였다. 게다가 강병이었다. 2년 만에 30만으로 늘어났다.

대륙에서 패배한 국민당군이 대만으로 철수했다. 거리에 장군들이 넘쳤다. 소장(少將) 정도는 거처할 집도 변변치 않았다. 대만 전역에 실병력을 거느린 사람은 쑨리런 외에는 없었다. 신병훈련소가 실질적인 육군총사령부 역할을 했다. 황푸군관학교 출신이건 뭐건, 쑨리런의 눈치를 봤다. 대만 방위사령관까지 겸한 쑨리런의 위세는 하늘을 찔렀다.

미국은 장제스에게 실망했다. 대체할 인물을 찾았다. 쑨리런 외에는 대안이 없었다. 쑨리런의 비극은 이때부터 시작됐다.

쑨리런의 충성에도 불안해진 장제스

약소국 지도자들은 대미 관계가 중요했다. 고위 관료들은 더했다. 나빠도 탈이고, 너무 좋아도 탈이었다. 쑨리런은 미국과 관계가 좋았다. 1937년 여름, 중일전쟁이 시작됐다. 4년 후, 일본이 진주만을 공습했다. 미국도 전쟁에 끼어들었다. 중국을 지원하기 위해 스틸웰(Joseph Warren Stilwell)을 파견했다. 공식 직함은 중국 전구(戰區) 최고사령관, 장제스의 참모장이었다. 스틸웰은 버마에서 미국과 중국 연합군을 지휘했다. 미국식 교육받은 쑨리런을 신임했다. 미군 공병과 공군의 지휘를 맡길 정도였다.

유럽 전구 사령관 아이젠하워(Dwight David Eisenhower)도 쑨리런을 높이 평가했다. 제2차 세계대전 승리 후 쑨리런을 초청했다. 목적은 중요 전장(戰場) 참관이었다. 장제스가 쑨리런에게 한마디 던졌다.

"너는 초청하고, 나는 초청하지 않은 이유가 뭐냐?"

쑨리런은 아이젠하워와 패튼(George Smith Patton), 드골(De Gaulle) 등의 환대를 받았다. 패튼과 함께한 사진이 신문에 실렸다. 한참 들여다보던 장제스의 얼굴이 일그러졌다.

국·공내전이 벌어졌다. 미국은 "지휘관 인선이 편파적"이라며 장제스에게 실망했다. 구체적인 이유도 있었다. 동북에서 선전하던 쑨리런을 측근 두위밍으로 교체했다. 마오쩌둥이 "우리의 가장 큰 적을 장제스와 두위밍이 처리해줬다. 이제 동북은 중국공산당의 천하"라며 무릎을 쳤다는 소문이 나돌아도 결정을 거두지 않았다.

국·공내전 초기 동북을 시찰해 방어시설을
둘러보는 쑨리런(앞줄 왼쪽 둘째).
1947년 봄, 창춘(長春).

대륙 시절의 쑨리런.

난징 소재 육군 부총사령관 집무실.

1948년 가을.

1949년 초, 국민당의 패배가 확실해졌다. 미국은 기장보대(棄蔣保臺), 장제스를 포기하고 대만을 보위하기로 작정했다. 그럴듯한 인물을 찾았다. 쑨리런이라면 해볼 만했다. 미 극동 최고사령관 맥아더(Douglas MacArthur)가 부관을 대만에 파견했다. 쑨리런을 도쿄로 초청했다.

쑨리런을 만난 맥아더는 묘한 말을 했다.

"우리는 대만이라는 항공모함이 공산당 수중에 떨어지기를 바라지 않는다. 귀하가 대만을 공고히 할 뜻이 있다면, 미국은 전력을 다해 장군을 지지하겠다."

지원 내역과 액수까지 제시했다고 한다.

쑨리런은 장제스에 대한 변함없는 지지를 요청했다.

"나의 충성 대상은 장제스뿐이다. 어려움에 처한 영수에게 등을 보일 수 없다. 현재 타이베이(臺北)에 주둔 중인 천청(陳誠)도 장제스의 명령이라면 무조건 복종한다. 나는 전쟁은 할 줄 알아도 정치는 모른다. 반공(反共)을 영도할 능력이 없다."

대만으로 돌아온 쑨리런은 천청을 찾아갔다. 장제스에게 전해 달라며 맥아더가 한 말을 털어놨다.

천청의 보고를 받은 장제스는 쑨리런의 충성에 탄복하지 않았다. 도리어 불안해했다. 쑨리런을 당장 날려버리고 싶었지만 미국 눈치를 보느라 그러지도 못했다. 쑨리런은 쑨리런대로 미국에 불만이 많았다. 대만 주재 미국 외교관을 만날 때마다 "천청이 내가 미국과 가깝다고 소문내는 바람에 되는 일이 없다. 직위만 있고 실권은 없는 자리에만 있다 보니 짜증이 난다"며 불평을 늘어놨다.

총통 장제스는 부총통 천청(오른쪽)에게
믿음과 의심을 반복했다.
1954년 3월, 타이베이.

어찌나 심했던지, 미국 공사가 국무장관 애치슨(Dean Goodenham Acheson)에게 전문으로 보고할 정도였다.

유명무실한 사령관으로 전락한 쑨리런

미국이 무슨 조화를 부렸는지, 장제스는 쑨리런에게 육군사령관, 교육사령관, 대만 방위사령관을 겸직시켰다. 이쯤 되면, 누가 봐도 미래의 3군 총참모총장이었다. 장제스의 후계자라는 말이 심심치 않게 떠돌았다. 미국도 쑨리런의 발탁을 환영했다.

쑨리런이 군의 요직을 맡음과 동시에 장제스의 장남 장징궈는 정보원들을 육군사령부에 침투시켰다. 일주일 만에 쑨리런의 여비서 두 명을 군사기밀 누설죄로 체포했다. 측근들도 줄줄이 간첩죄로 구속됐다. 1950년 3월 말에 벌어진 일이었다.

3개월 후, 한반도에서 한국전쟁이 발발했다. 장제스에겐 생각지도 않았던 행운이었다. 미 해군 7함대가 대만 해협을 에워쌌다. 안전이 보장된 장제스는 콜라 거품 들이키며 안도의 한숨을 내쉬었다. 미국과 직접 상대했다. 쑨리런의 역할이 줄어들자 육군 총사령부에 정치부를 신설하고 장징궈를 정식으로 파견했다. 정치부는 사령관의 일거일동을 감시했다. 쑨리런은 유명무실한 사령관으로 전락했다.

이런 쑨리런을 아무도 싸고돌지 않았다. 이유가 있었다. 1950년대 대만은 법치 형식의 전제주의 사회였다. 인간관계가 미묘하고 복잡했다. 미국식 교육을 받은 쑨리런이 적응하기엔 버거웠다.

성격도 문제가 있었다. 미국 대사의 평가를 소개한다.

"쑨리런은 근신을 할 줄 몰랐다. 우쭐대기 좋아하고 유치한 구석이 많았다. 고급 군사회의에 장제스보다 늦게 참석하곤 했다. 총참모장에게 경례하기 싫다는 것이 이유였다. 총통이 있으면 다른 상급자에게 경례할 필요가 없었다."

명외교관 구웨이쥔(顧維鈞)도 비슷한 말을 남겼다.

"쑨리런은 권위주의 시대에 하고 싶은 말을 하는 유일한 고관이었다. 공개석상에서 군대의 국가화를 주장하곤 했다. 장제스가 제일 싫어하는 소리였다. 볼 때마다 조심하라고 주의를 줬지만 허사였다. 언젠가 장제스의 칼날을 피하지 못할 것이라는 예감이 들었다."

구웨이쥔의 예상은 적중했다. 몰락은 순식간이었다. 간첩사건이 발생하자, 쑨리런을 함께 엮어버렸다.

"쑨리런, 우수한 군인이었지만 화합을 모르는 나쁜 지휘관"

1954년 12월 2일 워싱턴, 중화민국 주미 대사 예궁차오(葉公超)와 미 국무장관 덜레스(John Foster Dulles)가 중·미공동방위조약에 서명했다. 일주일 후, 중공 국무원 총리 저우언라이가 화약 냄새 물씬한 성명을 발표했다.

"대만은 중국의 영토다. 대만 해방은 중국의 주권과 내정에 관한 문제다. 타국의 간섭을 절대 용납할 수 없다. 미국과 대만의 공동방어조약은 중국의 영토와 주권을 팔아먹는 조약이다. 불법이며 무효다. 침략성 전쟁을 위한 조약이지 방어를 위한 조약이 아니다. 새로운 긴장을 조성하는 행위로 유엔(UN) 헌장에도 위반된다. 미국도 마땅히 대가 치를 각오를 해야 한다."

저우언라이가 뭐라고 하건 말건, 대만의 안전은 공고해졌다. 이듬해 3월, 조약이 발효됐다. 미군이 대만으로 몰려오기 시작했다. 1951년 열두 명에 불과하던 미군 고문단도 2,300여 명으로 불어났다.

육군 총사령관 쑨리런은 미군의 총아(寵兒)였다. 대만 주둔 미군수가 늘어나면 쑨리런의 위세가 어떨지는 상상할 필요도 없었다. 장제스가 선수를 쳤다. 쑨리런을 경질했다. 승진이었지만 실권 없는 총통부 참군장(參軍長)으로 내보냈다. 해외 매체는 군의 동요를 우려했다. 대만 군부의 반응은 의외였다. 가타부타 군말이 없었다. 훗날, 쑨리런의 부하 한 사람이 이유를 설명했다.

"쑨리런은 우수한 군인이었지만, 남과 화합할 줄 모르는 나쁜 지휘관이었다. 군계일학(群鷄一鶴)이라도 되는 양 동료들을 무시했다. 미국의 군사원조가 회복되자 우월감이 볼 만했다. 나를 건드릴 사람은 아무도 없다는 식이었다. 미 군사고문단장이 쑨리런의 미국 사관학교 동기였다. 사관생도 시절부터 친한 사이였다고 들었다."

틀린 말이 아니었다. 쑨리런은 항상 고립무원이었다. 1974년, 홍콩의 유명 월간지에 실린 일화 한 편을 소개한다.

"쑨리런은 모난 사람이었다. 장제스는 참모총장과 육해공군 사령관을 소집해 회의를 주재하곤 했다. 한 사람이 의견을 제출하면 표결에 부치도록 하고 지켜보기만 했다. 육군 사령관 쑨리런의 의견은 반대 3, 찬성 1로 부결되기 일쑤였다. 다른 사람의 안건은 정반대였다. 찬성 3, 반대 1로 가결됐다. 장제스는 쑨리런에게 짜증낼 만도 했지만 자제했다. 미군 때문에 어쩔 수 없어하는 것을 알 만한 사람은 알았다. 미 군사고문단장 체스와 주한 미 8군 사령관 테일러는 쑨리런밖에 몰랐다. 다른 장군들은 상대도 하지 않았다."

연금생활의 시작

쑨리런의 치명적 실수는 장징궈와의 불화였다. 쑨리런은 장징궈가 장악하고 있던 정치부의 군부대 동향 파악이 불쾌했다. 연말에 "사병들의 양심에서 나오는 말을 청취하라"며 장군들을 소집했다. 개회식에서 장징궈에게 칼날을 들이댔다.

"지금은 암흑사회다. 우리 모두 감시 대상이다. 인심이 예전 같지 않다. 일로 사람을 농락하고, 말로도 사람을 농락한다. 사회가 불안으로 요동칠 수밖에 없다. 서로 맘 놓고 만날 수조차 없는 우리는 양심을 저버린 지 오래다. 양심을 회복하기 위해 양심회

한국전쟁 발발 후 대만과 미국은 중·미공동방위조약을 체결,
더 밀접해졌다. 쑨리런 몰락 1년 전인 1954년 봄, 대만을 방문한
주한 미 8군 사령관 테일러(앞줄 왼쪽 둘째)를 영접하는 쑨리런(앞줄 왼쪽 첫째).
앞줄 오른쪽 첫째는 미 군사 고문단 단장 체스, 그 옆은 쑨리런이
경례하기 싫어했던 총참모장 펑멍지(彭孟緝).

발족을 고려하겠다."

고문단장 체스가 군의 정치공작 철회를 요구했다. 체스는 군 지원자금 결재권자였다. 장제스와 장징궈 부자는 고문단장 체스와 쑨리런의 결탁에 눈살 찌푸린 지 오래였다. "저것들은 꼭 짜고 하는 놈들처럼 생각이 똑같다"며 쑨리런에게 화풀이를 했다. 체스가 대만을 떠나고, 테일러가 본국으로 귀임하자 쑨리런 제거를 결심했다.

1955년 5월 25일, 국방부 보밀국(保密局)이 보병학교 교관 궈팅량(郭廷亮)을 간첩혐의로 체포했다. 4주 만에 300여 명이 잡혀갔다. 한결같이 쑨리런의 옛 부하들이었다. 궈팅량 체포 4일 후, 장제스가 쑨리런을 불렀다. 선문답 같은 대화가 오갔다.

"요즘 읽는 책이 뭐냐?"

"남송사(南宋史) 읽는 중입니다."

"좋은 책이다. 열심히 읽어라. 넌 별일 없을 거다. 앞으로 정치하는 사람들과 왕래를 줄여라."

"저는 평생 정치가들을 사람 취급하지 않았습니다."

"그렇다면 다행이다. 너를 한동안 고립시킬 생각이다. 너는 군 훈련에 뛰어난 업적을 남겼다. 앞으로 네가 훈련시킨 부하들 데리고 전쟁터에 나갈 기회는 없다."

두 사람의 마지막 만남이었다. 온갖 소문이 난무했다. 대만보다 미국이 더 심했다. 장제스는 미국의 압력에 끄떡도 안 했다. 총통부가 쑨리런의 면직(免職)을 발표했다. 원인은 '불초사건'(不肖事件),

넉 자가 다였다. 장제스는 면직된 쑨리런에게 칠불정책(七不政策)을 취했고. '불살'(不殺, 죽이지 않고), '불심'(不審, 알려 하지 않고), '불문'(不問, 묻지 않고), '불판'(不判, 판단하지 않고), '불과'(不緤, 체포하지 않고), '불관'(不關, 간섭하지 않는다). 마지막 일곱 번째가 '불방'(不放, 풀어주지 않는다)이었다.

　장제스는 세상을 떠나면서 쑨리런을 풀어주지 않았다. 쑨리런은 제2의 장쉐량(張學良)이었다. 33년간 연금생활을 했다. 1988년, 장징궈가 죽은 후에 자유의 몸이 됐다. 2년 후, 세상을 떠났다.

천자의 문하생 황웨이

"나는 전쟁에 진 사람이지 죄인이 아니다."

장제스가 아꼈던 토목계

군대도 사람 사는 사회다 보니 어쩔 수 없다. 전공(戰功)도 중요
하지만, 빨리 진급하고 좋은 보직 받으려면 줄을 잘 서야 한다. 황
웨이(黃維)도 어쩌다 보니 줄을 잘 섰다. 큰 전투를 지휘한 적이 없
어도 승승장구했다. 국민당의 운명이 걸린 '화이하이 전역'(淮海戰
役)에서 패하는 바람에 비극적인 군인의 전형이 됐다.

국민당 군은 파벌이 많았다. 훗날 국민당 부총재까지 역임한 천
청(陳誠)은 11(十一)사단과 18(十八)군 출신이었다. 두 부대를 거
친 장교나 장군들은 천청의 직계였다. 이들을 十一과 十八을 합친
토목계(土木系)라 불렀다. 황웨이는 두 부대에서 연대장과 사단장,
군단장을 역임한 토목계였다. 게다가 황푸군관학교 1기였다. 장제
스의 1기생 챙김은 유별났다. 다들 '천자(天子)의 문하생'이라 불
렀다.

천청은 아끼는 부하들을 위험한 곳에 보내지 않았다. 그렇다 보
니 항일전쟁 시절 황웨이는 이렇다 할 전과가 없었다. 전쟁 승리 후
에도 훈련과 교육을 전담하는 참모 노릇만 했다. 얌체 소리 들어도

한 귀로 흘렸다.

일본이 중국에서 떠나자 국·공내전이 발발했다. 1947년 말부터 국민당이 밀리기 시작했다. 이듬해 가을, 대규모 전쟁 분위기가 무르익었다. 장제스가 난징에서 군사회의를 소집했다. 부대를 재배치하고 대형 병단(兵團) 열두 개를 신설해 결전에 대비했다.

중공은 화동야전군과 중원야전군이 연합작전을 준비했다. 덩샤오핑(鄧小平), 류보청(劉伯承), 천이(陳毅), 리셴녠(李先念), 쑤위(粟裕) 등 훗날 신중국의 최고 지도부가 총출동했다.

장제스는 지휘관 선정에 애를 먹었다. 각 계파가 서로 물고 뜯었다. 12병단 사령관에 후롄(胡璉, 1950년대 말 진먼다오金門島 방어전을 지휘)을 임명했다. 전쟁을 지휘할 총사령관 내정자는 천청과 불화가 심했다. 이름만 들어도 눈살을 찌푸릴 정도였다. 토목계인 후롄도 좋아할 리가 없었다. 극구 반대했다.

장제스는 참모차장을 상하이에서 몸조리 중인 천청에게 파견했다. 천청은 길게 생각하지 않았다. 참모차장의 말이 끝나기도 전에 황웨이를 추천했다. 이번에는 국방부장이 반대의견을 냈다. 난감해진 장제스는 참모총장에게 의견을 물었다. 총장은 장제스의 심중을 잘 읽었다. "충성심이 높이 살 만하다"며 황웨이를 지지했다.

당시 황웨이는 군관학교 교장이었다. 병단 사령관은 생소한 자리였다. 장제스에게 사정을 설명했다.

"부대 떠난 지 오랩니다. 전투 병력 지휘에 어려움이 있을까 두렵습니다."

장제스가 발끈했다.

"지금 가장 시급한 일은 교육이 아니라 전쟁이다. 공산당 섬멸 외에는 신경 쓸 일이 없다. 개인 사정 고려할 때가 아니다."

장제스는 뭔가 미덥지 않았다. 토목계 맹장 후롄을 부사령관으로 딸려 보냈다.

황웨이는 부하들에게 믿음을 주지 못했다. 부임 첫날, 예하 지휘관들에게 엉뚱한 훈화를 했다.

"나는 임시로 사령관직을 맡았다. 반년 후에는 후롄 부사령관에게 직을 넘길 생각이다."

훈화 시간도 10분이 채 안 됐다. 일선 지휘관들의 반응이 좋을 리 없었다. 군사 전문가 한 사람이 원인을 분석했다.

"지휘관들은 황웨이가 부임하기 전부터 불만이 많았다. 12병단에는 11사단과 18군 노병이 많았다. 황웨이가 얼마나 엄하고 인색한지를 잘 알았다. 대군을 인솔한 적이 없고 공산군과의 작전 경험도 부족했다. 류보청이나 덩샤오핑의 적수가 아니라고 확신했다. 류보청의 포로가 될 날이 임박했다며 불안해했다."

포로가 된 황웨이

불안은 현실로 나타났다. 황웨이는 적의 정세를 제대로 파악하지 못했다. 담력도 딸렸다. 공격 기회를 여러 번 놓쳤다. 전쟁 시작 39일 만인 1948년 12월 15일, 포로가 됐다. 후롄은 도망치는 바람에 포로 신세를 면했다.

65일간 계속된 화이하이 전역에서 국민당은 참패했다. 열두 명

부하들과 함께 포로가 된 황웨이.

1948년 12월 15일, 안후이(安徽) 성 난핑(南坪).

한국전쟁 참전군 부사령관을 역임한 천겅(陳賡, 앞줄 왼쪽 둘째), 수리부
부장 장즈중(張治中, 앞줄 오른쪽 둘째) 등 옛 황푸군관학교 동료들과 함께
전범관리소에 수용 중이거나 풀려난 옛 제자들을 베이징으로 초청한
총리 저우언라이(앞줄 왼쪽 첫째). 둘째 줄 왼쪽 둘째가 황웨이.
1963년 봄, 베이징.

의 병단 사령관 중 한 명이 자살하고 두 명은 전사했다. 사병으로 위장해 탈출에 성공한 지휘관도 있었지만, 전역을 총지휘한 두위밍도 포로 신세를 면치 못했다.

황웨이는 전범관리소에 수용됐다. 장제스의 총애를 받던 전범들이 중공에 호의를 보이기 시작했다. 『자본론』과 마오쩌둥의 저서를 끼고 다녔다. 황웨이는 전장에서는 무능했지만, 전범생활은 달랐다. 타고난 무인기질을 맘껏 발휘했다.

"나는 전쟁에 진 사람이지 죄인이 아니다. 내 뼈를 갈아 죽여도 애석하지 않다."

신중국 군인들이 경전으로 여기던 소련 소설이 있었다. 황웨이도 부인이 보내준 돈으로 한 권 구입했다. 읽고 나서 화장실로 들고 갔다. 쓸모라곤 한 군데밖에 없다며 쓰레기통에 던져버렸다. 비판이 쏟아졌다. 총리 저우언라이가 "원래 그런 사람이니 모르는 체하라"고 하지 않았으면, 무슨 일이 벌어졌을지 모를 대형 사건이었다.

중공은 전범들을 통일전선대상으로 분류했다. 성공하면 일찍 풀어줬다. 황웨이는 예외였다. 1975년 3월, 맨 마지막으로 석방했다. 생포된 지 27년 만이었다.

감옥으로 간 사나이

"아직도 나는 반혁명이
무엇을 의미하는지 잘 모른다."

일본의 꼭두각시 왕징웨이 만난 판한녠

인치(人治)가 왕성하던 시절, 법치(法治)는 설 땅이 없었다. 재판
은 형식이었다. 당(黨)에서 몇 년 때리라고 법원에 지시하면 법관
들은 그대로 따랐다. 중앙도 그랬고, 지방도 그랬다.

1990년대 중반, 중국중앙TV(CCTV)가 「판한녠」(潘漢年)이라는
드라마를 방영했다. 중·일전쟁과 국·공내전 시절 중공 지하조직을
이끌던 실존 인물이 주인공이었다. 시청자들은 혹평을 쏟아냈다.

"뭐가 뭔지 모르겠다. 재미도 없다. 만든 이유를 모르겠다."

문화인들의 반응은 달랐다. 판한녠에 관한 글들이 나오기 시작
했다. 융숭한 추도회가 열리고 동상과 흉상이 세워졌다. 명함이 필
요 없는 대가들의 발길이 줄을 이었다. 판한녠이다 보니 그럴 수밖
에 없었다.

40년 전인 1955년 3월 15일 상하이, 중국 주재 소련 대사 초청
만찬이 성대하게 열렸다. 상하이 상임부시장 판한녠은 간단한 축
사를 마치고 연회장을 떴다. 평소처럼 부인 둥후이(董慧)의 등을
툭 치고 역으로 향했다. 베이징에서 열리는 중공전국대표자대회에

상하이 대표로 참석할 시장 천이(陳毅), 문화국장 샤옌(夏衍) 등과 합류했다.

베이징에 도착한 판한녠은 베이징반점(北京飯店) 303호에 여장을 풀었다. 마오쩌둥의 부름을 받고 베이징에 올 때마다 묵었던 바로 그 방이었다.

회의는 열흘간 열렸다. 조직부장 덩샤오핑이 지방 실력자 가오강(高崗)과 라오수스(饒漱石)의 반당연맹(反黨聯盟) 결성에 관한 보고를 했다. 마오쩌둥도 발언대에 올랐다.

"고급간부들에게 한마디 하겠다. 사람은 누구나 개인의 역사가 있다. 지난날들을 되돌아보기 바란다. 그간 보고하지 않고 얼버무린 일이 있으면 주동적으로 해명하기 바란다. 회의 기간에 말하기 싫은 사람은 끝난 후에 제출해도 상관없다."

판한녠은 식은땀이 났다. 항일전쟁이 한참이던 1943년, 일본의 꼭두각시였던 난징정부 주석 왕징웨이(汪精衛)를 만난 적이 있었다.

회의 마지막 날 밤, 샤옌의 방을 노크했다. 극작가로 현대문학사에 한 획을 그은 샤옌은 판한녠의 오랜 동료였다. 고충을 털어놨다.

"그간 조직에 털어놓지 못한 일이 있다. 말하지 않으면 잠을 못 잘 것 같다."

샤옌은 심상치 않은 일이라고 직감했다. "천이에게 가서 사실 그대로 얘기하라"며 판한녠을 안심시켰다.

4월 1일, 천이를 찾아간 판한녠은 12년 전에 있었던 일을 실토했다. 그간 숨겨왔던 이유도 빠뜨리지 않았다. 대신 중앙에 전달해달

상하이 인민대표대회에서 시장에 선임된 천이(가운데)와
상임부시장 판한녠(오른쪽).
왼쪽은 부시장 성피화(盛丕華).
1950년 10월.

상하이 상임부시장 시절, 시장 천이(오른쪽 셋째) 등과 함께
중공 1차 대회장을 방문한 판한녠(오른쪽 첫째).
1952년 여름 상하이.

라며 밤새 작성한 문건을 건넸다. 천이의 반응은 긍정적이었다.

"중요한 문제지만 염려하지 마라. 당과 마오 주석은 너의 공로를 인정한 지 오래다. 조직과 당을 믿어라."

"판한녠의 인생은 끝났다는 예감이 들었다"

다음 날, 천이는 직접 중난하이(中南海)로 달려갔다. 마오쩌둥에게 간밤의 일을 보고하며 문건을 전달했다. 문건을 꼼꼼히 읽은 마오는 "이 인간 믿을 수 없는 놈"이라며 불같이 화를 냈다. 붓을 들고 문건 위에 몇 자 끄적거렸다.

"즉각 판한녠을 체포해라. 공안부장 뤄루이칭(羅瑞卿)이 직접 집행해라."

판한녠은 진단 결과 기다리는 환자처럼 중앙의 결정을 기다렸다. 천이가 마오쩌둥에게 판한녠 문제를 설명할 무렵 판한녠은 민주동맹 주석과 점심을 했다. 음식에 거의 손을 대지 않았다. 하루가 그냥 지나갔다.

마오쩌둥의 명을 받은 공안부장 뤄루이칭은 최고인민검찰원에 판한녠 체포영장을 청구했다. 검찰원은 영장 청구서를 읽지도 않고 발부했다.

4월 3일은 운명의 날이었다. 황혼 무렵, 우쭈광(吳祖光)이 부인과 함께 판한녠과 샤옌을 찾아왔다. 판한녠은 항일전쟁 시절, 일류 문화예술인의 집결지로 명성이 자자했던 이류당(二流堂) 당주(堂主) 우쭈광의 오랜 친구이며 후원자였다. 우쭈광의 회상을 소개한다.

1952년 가을 마오쩌둥(뒷줄 오른쪽 넷째), 뤄루이칭(왼쪽 다섯째),
천이(마오쩌둥 오른쪽) 등과 베이징 교외에 산책 나온
판한녠(뒷줄 오른쪽 둘째).

"우리는 새로 개업한 작은 식당에서 이른 저녁을 먹었다. 깔끔한 복장에 단정한 머리, 판한녠의 모습은 평소 그대로였지만 뭔가 이상했다. 말수도 적고 우울해 보였다. 음식도 먹는 둥, 마는 둥 했다. 일찍 쉬고 싶다며 먼저 자리를 떴다."

베이징반점으로 돌아온 판한녠은 일찍 잠자리에 들었다. 저녁 여덟 시 무렵 전화벨이 울렸다.

"일층 로비에 손님이 와 있다. 내려오기 바란다."

손님은 공안부장 뤄루이칭이었다. 전쟁 시절, 한솥밥 먹던 뤄루이칭은 딴사람 같았다. 꼿꼿이 선 채 체포영장을 내밀었다. 사복 입은 사람들이 판한녠을 에워쌌다.

판한녠의 실종에 상하이 대표단은 경악했다. 여기저기 전화 걸다 보니 이상한 소문이 퍼졌다.

"반둥회의에 참석 예정인 저우언라이 총리가 판한녠에게 특수 임무를 부여했다. 판한녠은 원래 바람처럼 나타났다 안개처럼 사라지던 사람이다. 지금 어디에 있는지 총리 외에는 아무도 모른다."

샤옌은 소문을 믿지 않았다. 시장 천이에게 무슨 일이냐고 따졌다. 입맛만 다시던 천이가 입을 열었다.

"조급해하지 마라. 판한녠은 잠시 베이징을 떠났다. 어디 있는지는 나도 모른다."

샤옌은 판한녠의 인생은 끝났다는 예감이 들었다. 판한녠은 복잡한 사람이었다.

상하이 상임부시장 시절,
소련 연예인 대표단을 맞이하는 판한녠.
1952년 11월 27일, 상하이 역 플랫폼.

"판한녠 같은 사람은 죽일 필요 없다"

1955년 4월 3일 밤, 베이징반점에서 체포된 판한녠의 행방은 오리무중이었다. 판한녠과 함께 전인대에 참석했던 상하이 대표단은 동요했다. 제2서기가 단원들을 진정시켰다. 효과가 없자 시장 천이가 직접 나섰다.

"판한녠은 체포됐다. 판한녠 동지는 오랜 기간 우리의 혁명사업에 동참했지만, 12년 전 일로 간첩 혐의를 받고 있다. 염려할 수준은 아니다."

전인대 대표는 헌법에 신분이 보장된 자리였다. 전체 회의나 상무위원회의 표결을 거치지 않으면 체포가 불가능했다. 4월 7일 열린 전체회의는 판한녠의 체포를 비준했다. 체포된 지 4일이 지나서였다.

전인대의 의결사항은 극비였다. 회의를 마치고 돌아오는 열차에서 상하이 제1서기가 회의를 소집했다.

"도착 후 판한녠에 관해 묻는 사람이 있으면 출국했다고 말해라. 그 사람들도 귀가 있으니 무슨 질문을 할지 모른다. 다른 말은 절대 하지 마라. 판한녠의 경호원들이 문제다. 궁금증 유발할 엉뚱한 소리 할지 모른다. 발표 있을 때까지 격리 수용해라. 우리는 비밀이 많다 보니 억측도 무성한 나라에 살고 있다. 이럴 때일수록 입조심해야 한다."

3개월 하고도 2주가 더 지난 7월 17일, 중국중앙TV가 전인대 부위원장 펑전(彭眞)의 보고 내용이라며 판한녠의 소식을 방영했다.

"판한녠의 반혁명 행위에 관한 증거를 발견했다. 전인대 상무 위원회는 최고인민검찰원이 내간(內奸, 내부에 잠복한 적의 첩자) 혐의로 제출한 체포 청구안를 비준했다."

반응이 엄청났다. 전쟁 시절, 판한녠이 이끌던 상하이의 지하 공작자 출신들은 입에 거품을 물었다.

"할 말이 있고, 해서는 안 될 말이 있다. 판한녠이 상하이와 홍콩을 비운 동안, 우리 조직원과 당원들은 한 사람도 적에게 노출된 적이 없었다. 수십 년간 당과 혁명을 위해 사지(死地)에 뛰어들기를 마다하지 않은 사람이 내간이라니, 지하조직이 뭔지도 모르는 것들이 함부로 놀려대는 말을 믿으란 말이냐. 도대체 우리를 어떻게 보고 하는 소리냐."

마오쩌둥의 명령으로 판한녠을 체포한 공안부장 뤄루이칭은 궁더린(功德林) 감옥으로 직행했다. 입감 절차도 직접 밟았다. 감옥 책임자가 구술을 남겼다.

"궁더린 감옥은 공안부 직속이었다. 국민당 전범과 거물들이 수용된 특별 감옥이었다. 공안부장이 직접 범인을 데리고 온 경우는 판한녠이 처음이었다. 부장은 판한녠을 예우하라고 지시했다. 관리처는 양탄자와 소파, 난방시설이 구비된 방을 배정했다. 감옥만 아니라면 중급 정도 호텔방 수준이었다. 판한녠은 걸친 옷 외에는 휴대품이 한 점도 없는 죄수였다. 곤란한 점이나 필요한 물건이 있으면 말하라고 해도 고개만 끄덕일 뿐 대꾸가 없었

젊은 시절 판한녠은 문학청년이었다.
1930년 봄, 상하이.

신중국 선포 전야인 1949년 가을,
상하이 지하당원들과 함께한 판한넨(앞줄 오른쪽 셋째).

다. 몇 주가 지나자 공안부 부부장이 품위 있는 중년부인을 데리고 왔다. 둥후이, 판한녠의 부인이었다."

판한녠은 5년간 궁더린 감옥에서 조사를 받았다. 무슨 질문을 받건 이의를 제기하지 않았다. 심문관이 바뀌어도 대답은 한결같았다. 수감 생활 1년 후, 마오쩌둥이 중공 중앙정치국 확대회의에서 판한녠을 언급했다.

"죽을죄를 지었어도 판한녠 같은 사람은 죽일 필요가 없다. 포로가 된 전 국민당 장군들이나 청나라 황제 푸이(溥儀)도 죽이지 말아야 한다."

이유도 설명했다.

"죽을죄를 짓지 않아서가 아니다. 우리에게 이익될 것이 없기 때문이다."

마오쩌둥의 판한녠에 관한 설명은 구체적이었다.

"판한녠은 상하이 상임부시장이었다. 국민당에 투항한 과거가 있다. 천궈푸(陳果夫)와 천리푸(陳立夫) 형제의 지시에 의해 움직인 CC파 일원이었다. 현재 감옥에 있다. 일벌백계(一罰百戒)가 될 수 있다면 죽여 버리겠지만, 그렇게 하면, 죽여야 할 사람이 너무 많다. 그것도 고역이다."

마오쩌둥의 발언이 소문을 탔다. 유명 산문가의 분노가 주목을 받았다. 이름은 생략한다.

"청천벽력이다. 보도가 사실이라면 판한녠은 정말 나쁜 사람

이다. 당장 총살시켜도 뭐랄 사람이 없다. 관대한 처분이 내려질
거라는 소식도 들린다. 그렇게 된다면, 중국은 법이 없는 나라다.
반혁명 분자는 무조건 총살시켜야 한다. 우리는 알다가도 모를
일이 많은 나라의 국민이다. 확실한 것이 있다. 판한녠이 내간이
라면, 친구인 나도 내간이고 반혁명분자다. 살 가치가 없는 인간
이다. 아닌 사람이 몇 명이나 될지 의심스럽다. 무슨 일이건 결론
은 언제나 한 가지밖에 없다. 뭐가 뭔지 모르겠다.”

친청(秦城) 감옥으로 이감된 판한녠은 재판을 기다렸다. 검찰의
기소장도 보지 못한 재판관들은 주말을 제외하곤 몇 달간 감옥에
머무르며 관련 자료를 열람했다. 판한녠도 직접 만났다. 이상한 점
이 한두 가지가 아니었다. 판한녠은 자신의 잘못을 인정했지만, 재
판관이 보기에 판한녠은 죄가 없었다. 최고인민법원 당 위원회에
의견을 제시했다.

최고인민법원 당 위원회는 재판관들의 의견을 무시할 방법이 없
었다. 법원장과의 면담을 주선했다.

“산에서 비 내리니 청탁을 분간하기 힘들다”

1962년 6월 초순, 최고인민법원은 광시좡족자치구(廣西壯族自治
區) 고급인민법원에 전문을 보냈다.

“심판원 펑수화(彭樹華)가 고향에 체류 중이다. 즉시 귀경하라
고 전해라.”

환호하는 군중들에게 화답하는 판한녠.
1953년 봄.

일주일간 모친의 병상을 지키던 젊은 판사는 노모와 영원히 이별했다. 베이징으로 돌아온 펑수화를 형사 1부장 쩡한저우(曾漢周)가 호출했다.

"당 중앙이 판한녠의 재판을 열기로 결정했다. 법원 당 조직은 나와 딩펀(丁汾) 그리고 너에게 중임을 맡겼다."

쩡한저우는 대답할 틈도 주지 않았다.

"재판이 언제 열릴지는 나도 모른다. 판한녠은 친청 감옥에 있다. 우리는 감옥에 가서 사건 자료를 숙지해야 한다. 감옥까지는 가까운 거리가 아니다. 매일 왕복이 불가능하다. 너는 딩펀과 함께 감옥에 머물며 판한녠 관련 자료를 살펴라. 나는 매주 토요일 두 사람을 데리러 가겠다."

당 조직의 결정이라며 준비를 게을리하지 말라는 말도 잊지 않았다.

집무실에 돌아온 펑수화는 한숨이 절로 나왔다. 연신 담배를 피워 대며 물만 들이켰다. 반세기 후, 당시를 회상했다.

"판한녠 사건은 당 중앙과 마오 주석도 여러 차례 거론한, 신중국 성립 후 가장 중요한 안건이었다. 당과 국가의 중요한 기밀과 많은 사람이 연루된 특수 사건이었다. 판한녠도 보통 인물이 아니었다. 당과 국가의 지도층 간부이며 원로 당원이었다. 혁명 원로나 직책이 상당한 사람이 아니면 심판이 불가능했다. 쩡한저우는 장정(長征)에도 참여한 최고인민법원 중요 간부였다. 법원 당 조직의 일원이기도 했다. 딩펀 여사도 항일전쟁 전에 입당한 노련한 법관이었다. 나는 직위도 낮고 경력도 신통치 않았다. 중요한 임무를 맡긴 당 조직을 원망했다."

딩펀과 함께 친청 감옥에 상주하며 판한녠 사건 자료를 열람한 펑수화는 문장력이 뛰어났다. 판한녠의 억울함은 물론이고, 감옥에 관한 빼어난 글을 남겼다. 일부 소개한다.

"친청 감옥은 해방 초기, 소련 전문가의 설계로 옌산산맥(燕山山脈)과 타이항산맥(太行山脈)이 만나는 쥔두산(軍都山) 남록(南麓)에 건조한 현대식 감옥이었다. 네 면이 높은 담장인 감옥은 전후(前後) 양원(兩院)으로 나뉘어 있었다. 전원은 사무실과 강당, 직원 식당, 경비병 주둔지, 직원 가족 숙소였다. 후원이 진짜 감옥이었다. 방마다 수세식 변기와 세면실이 완벽했다. 갇힌 사람들은 옆방에 누가 있는지 알 수 없는 구조였다. 전원은 감옥 측이 발행한 증명서만 있으면 출입이 자유로웠다. 후원은 경비가 삼엄했다. 증명서만 보지 사람은 보지 않았다. 공안부 13국 국장이 발행한 증명서가 없으면 아무리 높은 신분이라도 들어갈 수 없었다."

주변 정경도 수채화처럼 묘사했다.

"감옥 후면은 산이었다. 도처에 오래된 은행나무가 자태를 뽐냈다. 사과나무 사이에 감나무와 배나무도 적지 않았다. 복숭아

판한녠(왼쪽)은 티베트 종교 지도자들과 교분이 깊었다.
상하이를 방문한 판첸 라마와 건배하는 판한녠.
1953년 봄.

밭은 끝을 가늠하기 힘들 정도였다. 멀리 보이는 정상마다 청송(靑松)이 숲을 이룬 절경이었다. 남쪽에는 작은 마을이 있고, 동쪽에는 맑은 물이 쉬지 않고 흐르는 개울이 있었다. 감옥보다는 휴양 시설이 제격인 지역이었다."

두 사람은 1개월간 판한녠 심문기록을 살폈다. 정리가 잘된 완벽한 문건이었다. 글씨도 깔끔하고 보기에도 수월했다. 그러나 보면 볼수록 허점투성이였다. 다른 사람이라면 몰라도, 천하의 판한녠이 반당(反黨)과 간첩행위를 인정한 이유가 궁금했다.

날이 갈수록 딩펀과 펑수화는 말수가 적어졌다. 하루는 누가 먼저랄 것 없이 산책을 나갔다. 땀 흘리며 산 정상에 올랐다. 갑자기 폭우가 쏟아졌다. 폐허가 된 절로 몸을 피했다. 비가 그치자 신선한 공기가 주변을 감쌌다. 맑았던 개울은 흙탕물로 변했다. 말없이 감옥을 향하던 펑수화는 판한녠을 생각하며 만감이 교차했다. 시상(詩想)을 억누를 방법이 없었다.

"뭇 승려들의 간 곳은 알 길이 없고, 무너진 벽 바라보며 서풍(西風)을 비웃는다. 샘에서 솟는 물은 변함이 없건만, 산에서 비 내리니 청탁을 분간하기 힘들다."

듣기만 하던 딩펀이 입을 열었다.

"너 지금 뭐라고 했느냐? 마지막 구절 무슨 뜻이냐? 그냥 해본 말이냐, 아니면 판한녠 심문기록을 열람한 소감이냐? 즉흥적으로 나오는 시는 속에서 우러나오는 소리다."

펑수화는 아무 말도 하지 않았다. 딩펀도 더 이상 캐묻지 않았다.

감옥 문전에 다다르자 딩편이 침묵을 깼다.

"판한녠 사건에 대한 우리의 시각은 같다고 본다. 중앙에서는 이미 판결을 내렸다고 들었다. 사형은 아니라는 것은 장기 형을 의미한다. 재판은 사실이 중요하다. 우리의 의견을 제출할지 여부를 쩡한저우와 의논하자."

판한녠이 감옥에 갇힌 이유는 간단했다. 마오쩌둥과 판한녠, 두 사람 간의 문제였다. 그것도 마오에게는 치명적인 돈 문제였다. 1936년, 장정을 마친 마오쩌둥은 수중에 돈이 없었다. 옌안에 와 있던 판한녠을 불렀다.

"미화 5만 불 정도가 필요하다. 소리 소문 없이 변통할 수 있는 곳을 생각해봐라."

판한녠은 무슨 일이건 대책이 있는 사람이었다.

딩펀과 펑수화의 소신발언

인치(人治)가 극에 달했던 시절, 판한녠 재판의 배석판사 딩펀과 펑수화는 세상물정에 어두웠다. 재판장 쩡한저우에게 "판한녠은 무죄"라는 주장을 폈다. "최고인민법원 당 위원회에 출석시켜달라"는 요구도 되풀이했다. 모든 기관이 당의 결정에 무조건 승복해야 했다. 법원도 예외일 수 없었다. 쩡한저우는 두 사람의 의견을 존중했다.

"며칠만 기다려라."

3일 후, 쩡한저우가 딩펀과 펑수화를 불렀다.

"당 위원회는 우리 의견을 안 듣기로 했다. 수석부원장 우더펑

(吳德峰)에게만 보고하면 된다. 원장의 결정이다. 내일 출근 즉시 우더펑 부원장 집무실에 가봐라."

딩펀은 발끈했다. 부원장 중 한 사람인 당 간부의 방을 노크했다. 장정에도 함께 참여했던 당 간부는 이날따라 용건도 묻지 않았다.

"원래 당 조직은 너희들의 의견을 듣기로 했다. 지금은 사정이 달라졌다. 의견이 있으면 말해라."

딩펀은 차분히 입을 열었다.

"감히 무슨 의견을 내겠느냐? 이해가 안 가서 그런다. 판한녠 사건은 보통 사건이 아니다. 내용도 복잡하다. 당 조직이 보고받기 거부하는 이유가 궁금해서 왔다. 머리가 깨질 것 같다."

부원장은 한심하다는 표정을 지었다.

"법관은 단순해야 한다. 당 중앙의 유관기관과 공안부가 6년 넘게 조사한 사건이다. 간첩과 반혁명 혐의로 재판에 회부했다. 판한녠은 당과 국가의 중대한 기밀을 취급했던 특수 인물이다. 사건 내막은 아는 사람이 적을수록 좋다. 나도 알고 싶지 않다. 당은 우더펑 부원장에게 전권을 부여했다."

딩펀도 지지 않았다. "너를 포함한 모든 사람이 이 일에 끼기를 두려워한다. 당당한 이유를 쓰레기 취급하는 너희들 속내를 누가 알겠느냐"며 방문을 쾅 닫고 나와버리자 뒤에서 호통이 요란했다.

"야, 이 망할 놈의 딩펀! 날 어떻게 보고 하는 소리냐? 도대체 내가 무슨 말을 해야 속이 시원하겠느냐? 어디 실컷 떠들어봐라."

이런 일에는 남자보다 여자가 더 용감한 법이다. 집무실에 돌아온 딩펀은 이를 악물었다. 펑수화에게 선언하듯이 말했다.

"지금 우리는 막다른 골목에 서 있다. 선택의 여지가 없다. 당원으로서 당에 충성해야 하지만, 재판관이기도 하다. 사실과 진상에 충성해야 한다. 내일 우더펑 동지에게 사실을 빠짐없이 설명하고 우리 의견도 제출하자. 내가 말할 테니 미진한 부분은 네가 보충해라."

딩펀의 보고는 한 시간 넘게 계속됐다. 결론이 명쾌했다.

"무슨 죄를 지었는지 알 길이 없다. 판한녠을 체포한 이유도 불분명하다. 노역장에서 잡초 뽑는 판한녠을 본 적이 있다. 편안한 표정이었다. 직접 만나 봤다. 자신의 죄를 인정했다. 죄 없는 사람이 죄를 인정한 이유가 궁금하다."

우더펑은 딩펀의 보고를 끝까지 들었다. 중간에 끼어들거나 질문도 하지 않았다.

듣기를 마친 우더펑의 눈길이 쩡한저우를 향했다.

"무슨 말이건 상관없다. 기록하는 사람도, 머리 잡아당길 사람도 없다. 의견 있으면 숨기지 마라."

쩡한저우는 배석판사 편을 들었다.

"딩펀이 상세히 설명했다. 내 생각도 두 사람과 같다."

우더펑은 평수화의 생각도 물었다. 평수화는 딩펀이 옆구리를 치자 정신이 들었다. 호흡을 가다듬고 입을 열었다.

"딩펀 동지의 보고는 우리 모두의 의견이다. 보충할 것이 없다. 판한녠 사건은 이해하기 힘든 점이 많다. 당 기율에 관한 문제인지, 범죄 사건인지 연구해볼 필요가 있다."

우더펑이 평수화의 말을 막았다.

"판한녠은 당과 마오 주석을 우롱했다. 누구도 그를 대신해 책임질 사람이 없다. 판한녠은 빼어난 지하 공작자였다. 당의 정보기관 설립과 발전에 불멸의 업적을 남겼다. 저우언라이 총리도 억울함을 알고 있지만, 마오 주석의 노여움이 워낙 크다 보니 해명해줄 방법이 없다."

우더펑도 비밀공작자 출신이었다. 판한녠의 처지를 안타까워했다. 재판관들에게 속을 드러냈다.

"정보공작 간부의 충실성 여부는 장기간에 걸친 구체적인 효과와 비밀을 요하는 인간관계가 판단기준이다. 판한녠은 장기간 적의 점령지역에서 활동했다. 공작 환경이나 접촉했던 사람이 복잡할 수밖에 없다. 적의 심장부에서 활동하려면 두 개의 얼굴을 동시에 갖춰야 한다. 그러려면 최고지도자의 신임이 가장 중요하다. 불신임당하는 순간 화를 당한다. 판한녠은 비밀공작자의 한쪽 발은 감옥 안에 있고, 다른 한쪽은 감옥 밖에 있다는 말을 믿는 사람이다."

우더펑은 최고인민법원장 세쒜짜이(謝覺哉)에게 판사들의 면담을 건의했다. 세쒜짜이도 이의가 없었다. 판사들은 흥분했다. 세쒜짜이는 옌안(延安) 시절 존경받던 다섯 명의 원로 중 한 사람이었다.

이름 석 자만으로도 덕(德)과 고결(高潔)을 상징하던 세쒜짜이도 판사들을 실망시키기는 마찬가지였다. 시작 하나만은 근사했다.

"그간 수고했다. 사건자료 잘 살피고 좋은 의견 제안했다."

최고인민법원 수석부원장 우더펑은 판한녠의 처지를 이해했다.
법관들 모임에서 마오쩌둥과 악수 나누는 우더펑.

판사들 얼굴에 화색이 돌았다. 엉뚱한 말이 이어질 줄은 상상도 못했다.

판한녠에 대한 시비와 공과는 우리 몫이 아니다

셰줴짜이는 장자의 풍이 넘치는 법조인이었다. 무슨 일이건 소홀히 넘기는 법이 없었다. 최고인민법원장이 된 후에도 조사와 연구를 게을리하지 않았다. 1961년 여름, 국가주석 류사오치(劉少奇)에게 보낸, 각 지방법원의 문제점을 지적한 서신도 책상머리에서 나온 것이 아니었다.

"우리끼리 처리해도 될 모순을, 적과의 모순이라도 되는 양 눈을 부라린다. 형량이 과하고 들쭉날쭉하다. 재판정은 인간의 도리를 설파하는 장소로 변해야 한다. 그러기엔 판사들의 태도가 조잡하고 불량하다. 법도 인간이 만든 것이다. 잘못된 법이 있기 마련이지만, 의견을 제시할 용기가 없다 보니, 옳고 그름을 분별할 줄 모른다. 총기는 넘치지만, 질이 형편없는 인간으로 변해간다. 법보다 재물에 충성하는 우경분자로 전락하지 말라는 보장이 없다. 이런 애들에게 재판 맡겼다간 나라가 절단 난다."

판한녠 재판만큼은 평소 셰줴짜이와 달랐다. 딩편과 펑수화, 두 젊은 판사의 조사와 연구를 품위 있게 깔아뭉겠다. 딩편이 40여 분간 조사결과를 설명했다. 셰줴짜이는 듣기만 했다. 말꼬리 자르거나 질문도 하지 않았다. 시간이 갈수록 표정이 어두워졌다. 설명을

최고인민법원장 시절(1959~65)의 셰줴짜이.
왼쪽은 부인 왕딩궈(王定國).

자택에서 옌안오로(延安五老)와 환담하는
셰줴짜이(오른쪽 첫째), 왼쪽 첫째가 쉬터리(徐特立),
다음이 우위장(吳玉章)과 둥비우(董必武).
1961년 6월 30일.

마친 판사들은 셰쉐짜이의 의견과 지시를 기다렸다.

듣기를 마친 셰쉐짜이는 목이 타는 것 같았다. 물 한 잔 마시고 천천히 몸을 일으켰다. 비서의 부액(扶腋)을 뿌리치고 창가로 향했다. 뒷모습이 심상치 않았다. 판사들은 자리로 돌아온 노(老)혁명가의 입을 주시했다.

셰쉐짜이의 결론은 간단했다.

"우리 최고인민법원은 판한녠 사건의 진상을 알 필요가 없다. 법률 수속만 밟아라."

판사들은 찬물을 뒤집어쓴 기분이었다. 셰쉐짜이는 손자 달래는 할아버지 같았다.

"역사책 많이 읽어라. 대접받아 마땅한 사람들이 억울하게 당한 이야기로 가득하다. 남들은 알 수 없는 특별한 이유가 있기 때문이다. 인류의 역사는 중요 단계마다 착오가 많았다. 계급사회는 말할 것도 없고, 사회주의 사회도 피할 방법이 없다. 지도자가 정확한 노선을 견지하던 시기나 잘못된 노선을 견지하던 시기도 착오는 있기 마련이다. 판한녠은 중앙의 기밀을 다룬 사람이다. 마오쩌둥 주석이나 저우언라이 총리 외에는 내막을 아는 사람이 없다. 마오 주석으로부터 사형은 때리지 말라는 지시가 있었다. 죽이지 않으면, 그것으로 됐다. 판한녠에 관한 시비(是非)와 공과(功過)는 언젠가 밝혀진다. 그건 우리 몫이 아니다. 우리는 기록만 철저히 보관하면 된다. 재판이 열리면 사실 심리도 적당히 넘어가라."

셰쉐짜이의 말은 틀린 말이 아니었다. 판한녠이 마오쩌둥의 노여움을 산 이유를 아는 사람은 총리 저우언라이와 국부 쑨원(孫文)

의 부인 쑹칭링(宋慶齡) 외에는 없었다. 저우언라이는 판한녠의 처지를 안타까워했지만 죽는 날까지 입을 닫았다.

답답한 사건의 전말

쑹칭링은 그 반대였다. 한때 쑨원의 후계자였던 랴오중카이(廖仲愷)의 딸 랴오멍싱(廖夢醒)에게 판한녠과 마오쩌둥, 저우언라이, 쑹칭링의 남동생 쑹쯔원(宋子文) 사이에 있었던, 별것도 아니지만 복잡해진 일을 털어놨다.

항일전쟁 초기인 1937년 1월, 쑹칭링은 코민테른 중국지부 책임자 왕밍(王明)에게 보고를 겸한 편지를 보냈다.

"3개월 전, 판한녠이 마오쩌둥 동지의 편지를 들고 왔다. 동생 쑹쯔원에게 자금 지원을 부탁해달라는 내용이었다. 2개월 후 판한녠에게 미화 5만 불을 마오 동지에게 전해달라고 부탁했다."

돈을 전달받은 마오쩌둥은 저우언라이에게만 출처를 얘기했다. 쑹쯔원은 장제스의 처남이며 국민당 재정부장이었다. 소문나면 오해를 사고도 남을 일이었다.

며칠 후, 시안(西安)에서 장쉐량(張學良)의 동북군이 장제스를 감금했다. 항일전쟁을 위한 국·공합작을 요구했다. 쑹쯔원은 난징(南京)과 시안을 오가며 사태를 해결했다.

국·공합작이 성사된 후 저우언라이가 쑹쯔원을 만났다. "누님 편에 보내준 돈 잘 받았다. 요긴한 곳에 썼다"며 고마움을 표시했

항일전쟁 시절, 보위중국동맹을 이끌던 쑹칭링(오른쪽 넷째)과
랴오멍싱(오른쪽 다섯째). 오른쪽 첫째가 훗날 중공 국가 부주석 지명을
앞두고 사망한 랴오멍싱의 오빠 랴오청즈(廖承志).
1938년 가을, 홍콩.

다. 쑹쯔원은 무슨 말인지 몰랐다.

쑹칭링이 마오쩌둥의 부탁을 받았을 무렵, 쑹씨 남매는 서먹서먹한 사이였다. 정견의 차이였다. 쑹칭링은 동생에게 돈 문제를 꺼내기 싫었다. 직접 만들었다. 은행은 노출되기가 쉬웠다. 집문서 들고 전당포를 찾아갔다. 쑹원 사망 후 각계에서 보내온 위로금까지 합쳐 5만 불을 겨우 마련했다.

국·공합작은 남매 관계도 회복시켰다. 하루는 쑹쯔원이 쑹칭링을 찾아왔다.

"살다 보니 별 이상한 소리 다 들었다. 저우언라이에게 내가 보내준 돈 잘 받았다는 말 듣고 당황했다. 나는 그 사람들에게 돈 한 푼 보낸 적이 없다. 돈 달라는 얘긴지 뭔지 분간이 안 간다."

쑹칭링은 그런 일 있었느냐며 웃어넘겼지만, 속으로는 판한녠이 입을 놀렸다며 발끈했다. 판한녠은 저우언라이의 직속이었다. 이런 일들을 셰쥐짜이나 판사들은 알 턱이 없었다. 판한녠의 운명은 이때부터 꼬이기 시작했다.

판한녠의 석방

저우언라이는 판한녠의 억울함을 누구보다 잘 알았다. 재판에 관심이 많았다.

"모든 과정을 녹음해라. 홍콩에 사람을 파견해 녹음 장비를 구입해라. 관세는 임시예산에서 지출해라."

중앙 조직부에도 지시문을 보냈다.

132

"방청 가능자 명단을 작성해라. 국장급 간부 중에서 200명을 엄선하되 일반 간부는 배제시켜라. 최고인민법원 간부도 예외가 아니다. 특별 출입증을 발부해라. 소지하지 않은 사람은 그 누구도 방청을 불허한다. 판한녠의 말 한 마디 한 마디가 국가 기밀 사항이다. 외부에서 몰래 들여다보지 못하도록 창문도 조치해라. 녹음 자료는 파손 방지를 위해 매년 한 번씩 틀어봐라. 기자들은 방청 대상이 아니다. 보도 자체를 금지시켜라."

재판 날짜까지 끔찍이도 챙겼다.

"베이징은 1월 9일부터 3일간이 가장 춥다. 평소보다 인적이 뜸하다. 기일 선정에 참고하기 바란다."

1963년 1월 9일, 판한녠의 재판이 열렸다. 판한녠이 모습을 드러내자 재판정은 숨소리 하나 들리지 않았다. 배석판사 펑수화는 이 날 본 판한녠의 인상을 잊지 못했다.

"단정한 머리에 은회색 중산복, 온몸에서 지도자의 풍모가 물씬 풍겼다. 8년간 영어(囹圄)의 고통을 겪은 사람 같지 않았다. 판사들은 판한녠의 정확한 발음과 단정한 몸가짐, 비상한 기억력에 경탄했다. 판에 박힌 검사와 재판장의 질문에도 이의를 제기하지 않았다. 자신이 피고인 된 이유, 재판장이나 판사들은 알 수 없는 이유를 분명히 아는 것 같았다. 최후 진술로 대체하겠다며 변호사의 변론도 막았다. 변명이나 부인을 한마디도 안 하는 것이 인상적이었다."

재판장을 비롯한 판사들은 뭐가 뭔지 정신이 없었다. "판결문은 서면으로 송달하겠다"며 폐정을 선언해버렸다. 재판을 마친 판사들은 머리를 맞댔다. 짜기라도 한 것처럼, 원래 작성했던 판결문을 살짝 수정했다. "피고인은 1936년부터 혁명을 뒤로하고"라는 구절에서 '부터'를 지워버렸다. 항일전쟁 기간 조국을 배반하고 일본특무기관과 어쩌고저쩌고했다는 구절도 판한녠에게 너무 불리했다. "조국을 배반했다"를 지워버렸다. "상하이 해방 후, 잠복해 있던 국민당 특무들을 비호하고 엄호했다"는 부분도 손을 댔다. '비호'를 삭제했다.

저우언라이와 당 중앙 중요 지도자들이 판결문을 검토했다. 저우언라이는 한 자도 고치지 않았다. 문장 중간에 붉은 쉼표만 찍었다. 판사들은 의중을 짐작할 수 있었다. 평수화의 회고를 소개한다.

"총리는 판한녠이 체포된 후, 공안부 회의실에서 자신과 판한녠의 관계가 얼마나 오래되고 깊었는지를 실토하며 애통해한 적이 있었다. 판한녠의 죄명을 믿지 않았기 때문이다. 어쩔 수 없이 부호로 비준을 대신했다. 부호 하나하나가 총리의 피눈물을 보는 것 같았다. 다른 지도자들도 동그라미로 화답했다."

최고인민법원 형사부는 판한녠에게 징역 15년과 정치적 권리 박탈을 선고했다. 일부 재산 몰수도 덤으로 따라붙었지만, 재산이 없다 보니 형식에 불과했다.

선고 3주 후, 판한녠은 감옥에서 풀려났다. 이유가 그럴듯했다.

"자신의 죄를 인정하고, 법에 복종했다. 회개에 꾸밈이 없고, 형기를 반 이상 복역했다. 가석방 상태에서 공안기관의 관리를 받도록 한다."

법원은 둥후이도 한발 앞서 석방했다. 판한녠은 베이징 교외 퇀허(團河) 농장에서 조강지처와 합류했다.

이상한 가석방 생활이 시작됐다. 매달 생활비 200위안(元)이 나오고 간섭하는 사람도 없었다. 꽃 키우고 낚시도 다녔다. 공안부 부부장이 직접 생활필수품을 들고 오다 보니, 농장 방문 온 고위층들도 판한녠의 거처를 지나치는 법이 없었다.

판한녠은 베이징도 자유롭게 출입했다. 베이징 시의 공안부문 책임자들이 판한녠을 집으로 초청해 풍성한 요리를 대접하곤 했다. 집필도 불편함이 없었다. 필요한 자료를 충분히 공급받았다.

안정적인 생활을 누리던 판한녠은 자신이 반혁명행위를 했다는 것은 인정하지 않았지만, 당과 정부의 조치에 어느 정도 만족하고 감격했다. 고향에 있는 여동생에게 편지를 보냈다.

"당으로부터 관대한 처분을 받고 출옥했다. 현재 둥후이와 함께 농장에서 휴식 중이다. 건강은 이상이 없다. 8년 전보다 더 좋아졌다. 다시 일하게 되면 국가와 인민의 관대함에 보답하겠다. 아직도 나는 반혁명이 무엇을 의미하는지 잘 모른다."

판한넨과 둥후이 부부.
평생 고난을 함께했다.

둥후이가 시누이에게 보낸 편지도 남아 있다.

"나는 이미 이사했다. 현재 베이징 교외에 살고 있다. 도성(都城)에서 40리 떨어진 곳이다. 교통이 편리하고, 공기도 좋은 곳이다. 한 출판사에서 내게 교정 업무를 맡겼다. 문자와 씨름하다 보면 하루가 후딱 지나간다. 생활은 견딜 만하다."

수십 년간 정보공작에 몸담았던 판한녠은 평소 사진 찍기를 꺼렸다. 하루는 베이징 거리 산책 도중 작은 사진관을 발견했다. 잠시 주춤거리더니 둥후이의 손을 잡고 사진관 문을 밀었다. 깜짝 놀랄 일이 벌어졌다.

"감옥에 갇혀 있던 이유를 알 것 같았다"
중앙정치국 상무위원들에게 말했다는 마오쩌둥의 법률관이 민간사회에 떠돈 적이 있다.
"헌법이라는 것을 만든 적은 있다. 세상은 시시각각 변한다. 일터질 때마다 헌법인지 뭔지 뒤적거린들 해답이 나올 리 없다. 우리 몇 명이 모여서 결정하면 된다."
사실 여부를 확인할 길은 없다.
직접 겪었다는 무용담도 들은 적이 있다.

"목욕탕에서 이상한 사람을 발견했다. 단추 풀며 뭐라고 중얼거렸다. 가까이 가서 들어봤다. 엄청난 내용이었다. 단추 한 개

풀 때마다 '마오쩌둥 나쁜 놈, 린뱌오 나쁜 놈'을 반복했다. 목욕 마치고 옷 입을 때도 마찬가지였다. 어찌나 놀랐던지 가슴이 두근거리고 무서웠다. 파출소에 달려가 일러바쳤다. 다음 날 공안이 와서 그 미친놈을 잡아갔다. 나도 속옷 바람으로 현장에 있었다. 나를 발견한 공안이 한쪽 눈을 찡긋하며 씩 웃었다. 큰 공을 세웠다는 생각이 들었다. 집사람에게도 칭찬을 받았다. 듣고만 있던 장모는 슬그머니 밖으로 나갔다. 따라가 보니 공중변소로 들어갔다. 변소에 칸막이가 없던 시절이었다. 쭈그리고 앉아옆 사람, 앞사람과 얘기 나누기에 딱이었다. 장모 목소리가 엄청나다는 것을 그날 처음 알았다. 밖에까지 소리가 다 들렸다. 우리 사위가 사형감을 체포했다며 어찌나 자랑하는지 민망할 정도였다."

거짓말 같은 얘기가 계속됐다.

"나는 상 받으러 오라는 소식을 기다렸다. 연락이 없기에 파출소를 여러 번 들락거렸다. 갈 때마다 조사 중이라는 말만 들었다. 2년이 흘렀다. 하루는 버스 타고 동생 집 가다가 거리에 서 있는 낯익은 사람을 발견했다. 내가 고발한 그 사람이었다. 황급히 내려서 온 길을 되돌아갔다. 어떻게 감옥에서 나왔느냐고 물었다. 그냥 나가라고 해서 나왔다는 말을 듣자 화가 치밀었다. 동생 집 가는 건 중요하지 않았다. 파출소로 갔다.

소장에게 사형이 마땅한 범죄자를 풀어준 이유를 대라며 따졌다. 소장은 내게 차부터 권했다. 어디서 구했는지, 향기가 그럴듯했다. 내가 풀린 기미를 보이자 설명을 시작했다. 네가 고발한 사람의 행위는 누가 봐도 총살감이다. 그래도 이상하기에 주변을 조사했다. 입 무거운 모범 노동자라며 칭찬이 자자했다. 어린 시절부터 다시 살펴봤다. 고향으로 사람을 파견했다. 아버지가 마을 공터에서 비판당할 때 구석에서 지켜보는 것을 봤다는 증인이 많았다. 그 아버지는 20여 년이 지난 후에 무고함이 밝혀졌다. 충격을 받은 소년은 옷 입고 벗을 때 웅얼거리는 습관이 생기기 시작했다. 단추 풀고 채울 때만 그랬지 평소에는 그런 적이 없었다. 마오 주석에 대한 험담도 혼자만 했지, 남 앞에서는 한 적이 없다. 그 사람이 죄인이 된 이유는 멀쩡한 사람을 반동 취급한 국가의 책임이다. 이런 사람에게 죄를 묻는 것은 폭력이다. 그래서 풀어줬다. 네게 이 사실을 통보하려던 참이었다."

공소시효나 일사부재리도 생소한 용어였다. 15년 형을 선고받고 풀려난 판한녠은 한동안 자유를 누렸다. 베이징 출입도 막는 사람이 없었다. 하루는 사진관에 들렀다가 눈에 익은 사진이 걸려 있는 것을 발견했다. 건국 초기 쑹칭링 일행과 우시(無錫)에서 찍은 사진이었다. 정신이 번쩍 들었다. 지난 일들이 주마등처럼 머리를 스쳤다. 감옥에 갇혀 있던 이유를 알 것 같았다.

상하이 상임부시장 시절인 1954년 봄, 판한녠은 쑹칭링을 방문했다. 18년 전 마오 주석이 쑹쯔원에게 빌린 돈이라며 미화 5만 불을 건넸다. 쑹칭링은 판한녠이 자신을 이용하려 한다는 의심이 들

건국 초기 쑹칭링(왼쪽 셋째) 등과 우시를 방문,
기념사진을 남긴 판한녠(왼쪽 여섯째).
1950년 겨울, 우시 교외.

국부 쑨원의 후계자였던 랴오중카이와 중국 여성계 영수
허샹닝(何香凝. 가운데)의 외동딸 랴오멍싱(왼쪽)은 쑹칭링의
최측근이었다. 오른쪽은 랴오멍싱의 유일한 오빠 랴오청즈.
국가 부주석에 내정됐지만 취임 전에 사망했다.

었다. 마오나 저우언라이에게서 아무런 연락이 없었기 때문이다.
총애하던 수행비서를 불렀다.

"판한녠에게 돌려줘라."

수행비서는 공안담당 부시장에게 돈을 돌려줬다.

"판한녠에게 전달해라."

공안담당 부시장은 판한녠을 추궁했다. 궁지에 몰린 판한녠은
"옌안 시절 마오 주석이 쑹칭링을 통해 국민당 재정부장이던 동생
쑹쯔원에게 빌린 돈을 갚은 것"이라며 아는 대로 실토했다. 공안담
당 부시장은 시장 천이에게 판한녠의 진술을 보고했다. 천이도 마
오쩌둥에게 전말을 숨기지 않았다.

중국공산당은 비밀정당으로 출발했다. 대외비(對外秘) 못지않게
내부 비밀이 많았다. 마오쩌둥이 쑹쯔원에게 돈 빌린 사실은 저우
언라이 외에는 아무도 모르는 극비 사항이었다. 천이의 보고를 받
은 마오는 내부기밀 누설이라며 진노했다. 내부기밀 누설은 엉뚱
한 죄목으로 처벌하는 것이 관례였다.

6개월 후 판한녠이 체포되자 쑹칭링은 당황했다. 억울함을 얘기
하면, 그것도 내부기밀 누설이었다. 문혁이 발발하자 판한녠은 다
시 체포됐다. 3년 전과 같은 죄목으로 무기징역을 선고받고 감옥과
농장을 전전하다 비참하게 세상을 떠났다.

쑹칭링은 판한녠에게 죄지은 기분이었다. 1974년 4월 평생의 동
지 랴오밍싱에게 보낸 영문편지에서 사실을 털어놨다. 그 덕인지
는 몰라도 8년 후 판한녠은 무죄를 선고받았다. 이미 세상 떠난 지
5년 후였다.

혁명가의 딸

"개인의 죽음은 중요하지 않다.
죽음도 혁명의 한 부분이다."

소금가게 점원으로 둔갑한 암살범

한국전쟁이 한창이던 1952년 7월, 중국 공안부가 호구조사를 실시했다. 반도(叛徒) 색출이 목적이었다. 전국의 공안계통이 총동원됐다. 가가호호를 직접 방문했다. 수상한 사람이 발견되면, 과거를 이 잡듯이 뒤졌다.

장시(江西) 성 신위(新余) 현 공안국 부국장은 소문난 공처가였다. 하루는 부인 심부름 나갔다가 소금가게에서 호구조사를 마치고 나오는 부하와 마주쳤다. 수고한다며 잡담 나누던 중 가게 안에 있던 중년의 남자가 밖으로 나왔다. 부하와 눈인사를 나누더니 자전거를 몰고 유유히 사라졌다.

어디서 본 사람 같았다. 부하에게 소금가게 점원이라는 말을 들었지만 어디서 봤는지 의문이 풀리지 않았다. 소금가게 주인을 불렀다. "방금 전에 나간 사람 인상이 좋다. 이곳 사람이냐"며 능청을 떨었다. 현지인이 아니라는 말을 듣자 부쩍 의심이 들었다.

공안국으로 돌아온 부국장은 여전히 의혹이 풀리지 않았다. 생각이 안 났을 뿐, 낯익은 사람은 분명했다. 화장실에 소변보러 갔는

데 머리에서 뭔가 번쩍했다. 국장실로 달려갔다.

"류허우쭝(劉厚總)을 발견했다. 소금가게 점원이다. 겉모습은 변했지만 얼굴이나 체형은 크게 변하지 않았다. 틀림없다."

국장의 얼굴이 벌게졌다. 눈에 분노가 이글거렸다.

"당장 체포해서 심문해라. 도망가지 못하게 주변을 포위해라."

류허우쭝은 12년 전, 신4군(新四軍) 부군장 샹잉(項英)과 부참모장 저우쯔쿤(周子昆)을 쏴 죽인 후, 군자금을 훔쳐 달아난 반역자였다. 부국장과 국장은 신4군 출신이었다. 샹잉은 신4군의 영혼이나 다름없었다.

해질 무렵, 류허우쭝이 소금가게에 있는 것을 확인한 사복 공안 요원들이 가게 주변을 에워쌌다. 이튿날 새벽, 부국장이 소금가게 문을 두드렸다. 점원이 문을 열자 태연하게 입을 열었다.

"류 부관(副官), 이게 얼마 만인가? 그간 잘 지냈나?"

점원도 태연하게 말을 받았다.

"나는 류 부관이 아니다. 사람 잘못 봤다."

부국장의 목청이 커졌다.

"류허우쭝! 나를 자세히 봐라. 누군지 모르겠느냐? 저우 부참모장의 경호원이었던 나를 기억 못 하느냐?"

점원의 얼굴에 핏기가 사라졌다.

중공 화동국(華東局) 서기와 상하이 시장을 겸하던 천이도 한때 샹잉의 부하였다. 류허우쭝 체포소식을 듣자 신위 현 공안국에 직접 전화를 걸었다.

"수고했다. 우리 모두 죽어서 샹잉 앞에 나갈 자격이 생겼다. 샹잉 암살범에게 심문은 필요 없다. 재판도 시간 낭비다. 극악한 놈이다. 당장 총살시켜라."

국·공합작의 옥동자 신4군의 탄생

샹잉은 열다섯 살 때 방직공장에 심부름꾼으로 취직했다. 박봉이다 보니 먹고살기가 힘들었다. 하루 두 끼 먹으면 잘 먹는 날이었다. 3년 후, 정식 직공이 됐지만 어렵기는 마찬가지였다. 레닌이라는 사람이 혁명에 성공했다는 기사를 보고 마음이 들떴다. 파업을 주도하기 시작했다. 철도 파업 등 대형 노동운동에 빠지는 법이 없었다.

중공은 샹잉의 공을 높이 평가했다. 제3차 전국대표대회에서 정치국원과 상무위원에 연달아 당선됐다. 경력도 다채로웠다. 제1차 국·공합작 파열 후에는 징강산(井岡山) 중앙혁명 근거지로 이동, 중앙혁명군사위원회 주석으로 취임했다. 부주석은 마오쩌둥과 주더(朱德)였다.

1934년 10월 장정(長征)이 시작됐다. 샹잉은 잔류를 희망했다. "국민당 군과 유격전을 펼치며, 장정에 나선 홍군 주력을 엄호하겠다."

장정 도중 당권과 군권을 장악한 마오쩌둥은 옌안에 안착하자 3년간 적지에서 유격전을 펼친 샹잉의 공로를 극찬했다.

"샹잉 동지는 남방의 홍군과 유격대를 이끌고 3년간 피와 땀을 흘렸다. 국민당 군의 계속되는 추격을 뿌리치며 우리의 역량을 과시했다. 우리는 샹잉 동지의 정신을 철저히 배워야 한다."

중앙혁명군사위원회 주석 시절, 부주석 마오쩌둥(오른쪽 둘째),
주더(왼쪽 셋째) 등과 함께한 샹잉(오른쪽 셋째). 왼쪽 둘째는 런비스(任弼時).
오른쪽 첫째는 장원톈(張聞天).
1931년 11월, 장시 성 루이진(瑞金).

샹잉의 응답도 겸허했다.

"우리는 혁명가다. 죽음의 문턱까지 갔다가 살아난 적이 한두 번이 아니다. 마오쩌둥이나 주더, 펑더화이(彭德懷)를 봐라. 그간 열 번은 죽었어야 될 사람들이다. 개인의 죽음은 중요하지 않다. 죽음도 혁명의 한 부분이다. 아무도 우리를 정복할 수 없다. 죽으면 죽을수록 소생 능력이 강해지기 때문이다. 중국이 망할 수 없는 것처럼 중국 혁명도 멸망할 수 없다."

1937년 9월, 국민정부 군사위원회 위원장 장제스는 공산당과 함께 일본과의 전면전을 선포했다. 샹잉이 이끌던 남방 8개 성(省)의 홍군 유격대를 중심으로 신4군을 편성했다. 지휘는 북벌명장 예팅(葉挺)에게 맡겼다. 국부 쑨원의 총애를 받던 예팅은 초기 중국 공산당원이었다. 광저우(廣州)폭동 실패 후 코민테른의 명령에 따르지 않았다는 질책을 받자 당을 떠난 강골이었다.

마오쩌둥과 저우언라이는 당은 떠났지만 당을 배신한 적이 없는 예팅을 마다하지 않았다. 샹잉을 부군장에 임명하는 조건으로 예팅 임명에 동의했다. 중공은 부군장 샹잉을 중공 신4군 지부 당 서기에 임명했다. 예팅과 샹잉은 성격이나 생활방식이 정반대였다. 충돌은 시간 문제였다.

신4군은 항일전쟁 시기 국·공합작으로 탄생한 부대였다. 전쟁 초기 "군인 노릇 제대로 하려면 신4군으로 가라"는 말이 떠돌 정도로 사해(四海)의 주목을 받았다. 국·공합작의 옥동자이다 보니 그런 말 들을 만했다. 지휘는 예팅과 샹잉이 맡았다. 두 사람 모두 의지가 강하고 고집이 셌다. 개성은 물론이고 취향도 각각이었다. 불

신4군 견장.

신4군 사령부를 방문한 저우언라이(가운데).
왼쪽이 샹잉, 오른쪽이 예팅.
1939년 2월.

같은 성격 외에는 비슷한 점이 한구석도 없었다. 호랑이 두 마리가 한 울타리에 있는 격이었다.

창건 초기만 해도 업무 분담이 잘됐다. 예팅은 국민당과 화교의 지지를 얻기에 분주했다. 정통파 군인답게 군사훈련과 작전도 도맡았다. 내부 단속과 중공과의 연락은 샹잉의 몫이었다.

"군장 예팅은 우리의 동지가 아니다"

신4군은 중공의 무장부대였다. 중공은 당이 군을 통솔하는 것이 원칙이었다. 샹잉은 신4군의 전신인 남방 8개 성(省) 홍군 유격대의 지휘관이었다. 당 중앙군사위원회 신4군 분회 서기를 겸한 부군장 샹잉의 권력과 권위는 예팅에 비할 바가 아니었다. 샹잉은 예팅을 우습게 보기 시작했다.

예팅은 제 발로 중공을 떠났지만, 제1차 국·공합작 파열 후 중공이 일으킨 두 차례 무장폭동의 지휘관 중 한 사람이었다. 행정상으로 보면 신4군의 최고지휘관이었지만, 당의 중요 문건을 볼 자격이 없었다. 회의 참석도 불가능했다. 무슨 결정을 해도 당을 대표하는 샹잉의 인준이 없으면 무효였다. 사사건건 부군장 샹잉에게 발목을 잡혔다. 직책을 이행하기 힘들었다.

두 사람은 작전이나 전략은 그렇다 치더라도 생활습관도 딴판이었다. 예팅은 외국 경험이 풍부했다. "지휘관은 단정하고 의표가 당당해야 한다"며 복장과 용모에 신경을 썼다. 외출 시에는 깔끔한 복장에 백마를 이용했다. 움직일 때마다 참모와 경호원들이 주변을 에워쌌다. 신4군 복장도 거의 착용하지 않았다. 샹잉은 정반대

신4군은 서구 언론의 관심을 끌었다. 서방 기자와 함께 신4군 사령부를
방문한 저우언라이(앞줄 오른쪽 열두째). 앞줄 넷째가 샹잉.
여섯째가 예팅. 앞줄에 신중국 원수와 대장 두 명이 있지만 생략한다.
1939년 가을. 안후이 성 남부 신4군 사령부.

였다. 빡빡 깎은 머리에 사시사철 회색 신4군 복장을 벗는 법이 없었다. 한겨울에도 이가 우글거리는 솜옷 한 벌이면 족했다.

예팅은 입이 까다로웠다. 광둥(廣東) 출신 요리사가 만든 음식이 아니면 입에 대지 않았다. 사교성도 뛰어났다. 국내외 인사와 군 지휘관, 국민당 연락관들과 광둥요리 회식을 즐겼다. 샹잉은 아무데서나 자고, 뭐든지 잘 먹었다. 사병들과 싱거운 소리를 나누며 같은 밥 먹고, 한데 잠자도 피곤한 기색을 보이지 않았다. 전사들은 이런 샹잉을 좋아했다. 샹잉이 일본군이 버리고 간 낡은 차를 타고 질주할 때마다 주먹 불끈 쥐고 "샹잉"을 연호했다.

예팅의 사교활동은 효과가 있었다. 외부의 지지를 받았다. 샹잉은 노동운동과 유격전 전문가였다. 예팅의 외부인사 초청을 "패거리 결성"이라며 깎아내렸다. 만찬 초청에 몇 번은 응하다가 참석하지 않았다. 복장이나 요란한 행렬도 매도했다.

"군벌들과 다를 게 없다. 홍군의 관병일치(官兵一致)에 부합되지 않는 사람이다."

부하가 구술을 남겼다.

"예팅은 자존심이 강한 사람이었다. 공산당원 시절, 광저우 폭동에 실패해 당 지도부와 코민테른 대표의 질책이 심해지자 굴욕을 느꼈다. 탈당계를 내고 유럽으로 떠났다. 항일전쟁이 시작되자 참전하겠다며 귀국했다. 장제스는 공산당을 떠난 예팅을 믿고 신4군 군장을 권했다. 마오쩌둥이나 저우언라이는 예팅에 대한 신뢰가 남달랐다. 옛 지도부의 착오로 당을 떠났다며 예팅

광저우 폭동 실패 후 예팅은
공산당을 탈당, 출국했다.
유럽 시절의 예팅.
1928년 베를린.

신4군 부군장 시절, 국민혁명군
복장을 한 샹잉.

을 두둔했다. 샹잉은 의심이 많은 사람이었다. 한 번 의심하면 아무리 잘해도 경계를 늦추지 않았다. 예팅을 처음 만났을 때부터 당을 떠났던 사람이라며 색안경을 끼고 봤다. 혁명에 대한 의지와 당의 지도와 명령에 복종할지를 의심했다."

마오쩌둥이나 저우언라이도 처음에는 예팅을 믿지 않았다. 샹잉도 이 점을 잘 알고 있었다. 시간이 흐르면서 마오와 당 중앙 지도부는 예팅을 완전히 신임했지만 샹잉은 달랐다. 종전의 태도를 바꾸지 않았다. 참모장과 예하 지휘관들에게 주의시켰다.

"군장 예팅은 우리의 동지가 아니다. 내전 기간 홍콩과 베를린, 파리 등을 오가며 홍군과는 담을 쌓은 사람이다. 통일전선 대상일 뿐이다."

중견 지휘관들은 당원들이었다. 군장 예팅이 명령하면 부군장 샹잉에게 달려갔다. 샹잉의 허락이 없으면 하늘이 무너져도 움직이지 않았다. 참다못한 예팅이 저우언라이에게 사직을 요청했다. 마오쩌둥은 당 중앙 명의로 샹잉에게 전문을 보냈다.

"예팅과 일치단결해서 항일 대업을 완수하기 바란다. 예팅의 의견을 존중해라. 군사 문제는 예팅에게 맡기고 정치위원직에 충실해라."

샹잉은 중앙의 지시를 마음에는 뒀지만 "현지 사정 몰라서 하

신4군 내에는 군장 예팅의 지지자도 만만치 않았다.
"군장 예팅을 옹호한다"는 표어가 이채롭다.

는 소리"라며 한 귀로 흘렸다. 다급해진 중앙은 샹잉을 옌안(延安)으로 호출했다. 옌안에 온 샹잉은 대대적인 환영을 받았다. 마오쩌둥과 저우언라이는 오래가지 않을 줄 알면서도 샹잉을 달랬다.

예팅은 샹잉이라면 진절머리가 났다. 내색은 못 했다. 샹잉은 "조강지처를 혁명의 배신자로 오해한 나머지 방아쇠를 당겼다"는 소문이 날 정도로 엄청난 사람이었다.

"장쑤 지방에 떠도는 구름 같은 아이"

신4군 군장 예팅은 소문난 애처가였다. 부부가 늘 붙어 다니고 자녀도 많았다. 비행기 추락으로 인간세상도 같은 날 하직했다. 부군장 샹잉은 냉혈한 소리를 들었다.

"국민당 감옥에서 고초 겪다 풀려난 부인을 제 손으로 쏴 죽였다. 난생처음 보는 딸과도 12일 만에 등을 돌렸다."

중국 인명사전에 장량(張亮)이라는 여인이 등장한다.

"중국공산당의 우수당원. 위대한 무산계급 혁명가이며 군사가. 중국공산당이 어려웠던 시절, 샹잉의 처. 적에게 취추바이(瞿秋白) 동지를 팔아넘긴 반도(叛徒)라는 이유로 샹잉에게 처형당했다."

1950년대 중반까지도 이런 내용이었다.

예팅 부부와 자녀들.
예팅은 평소 사진 찍기를 좋아했다.

1931년 여름, 상하이 지하당원 장량이 동료의 부인을 찾아갔다. 가슴에 갓 태어난 핏덩어리를 안고 있었다.

"나는 소비에트에 있는 남편을 찾으러 간다. 이 아이를 잘 돌봐 주기 바란다."

훗날의 신중국 농업부장과 한 방에 살던 젊은 부인은 짚이는 바가 있었다. "애 아빠가 누구냐"고 조심스럽게 물었다.

"샹잉의 딸이다. 비밀로 해라. 힘들면 저장(浙江)에 있는 지하당을 찾아가라."

젊은 부인은 저장 지하당 책임자 린디성(林迪生)에게 애를 맡겼다. 훗날 란저우(蘭州)대학 총장까지 역임한 린디성이었지만, 당시에는 지하생활자였다. 갓난애를 양육할 방법이 없었다. 타오싱즈(陶行知)가 운영하는 고아원이 떠올랐다.

타오싱즈는 공산당과 교분이 두터운, 세계적인 평민교육가였다. 그날 일기를 남겼다.

"낯선 사람이 샹잉의 딸이라며 어린애를 데리고 왔다. 소비에트 중앙국 서기와 중앙혁명군사위원회 주석의 딸이라니 어이가 없다."

타오싱즈는 교사 한 사람을 선정했다.

"이 애를 잘 돌봐라. 무슨 일이라도 생기면 큰일 난다."

이름을 문자 즉석에서 지어줬다. 샹(項)은 희성이었다. 누군가 샹잉의 딸인 줄 의심할까봐 성은 장(張)으로 했다.

"이름은 쑤윈(蘇雲)이다. 장쑤(江蘇) 지방에 떠도는 구름 같은 애다."

장쑤윈은 여섯 살이 되자 신안소학(新安小學)에 입학했다. 타오싱즈가 어려운 집 애들에게 좋은 교육시키겠다며 설립한 학교였다.

항일전쟁이 발발했다. 신안소학교 교장도 평범한 교육자가 아니었다. 학생들과 함께 이 동네 저 동네 다니며 항일선전하겠다며 여행단을 조직했다. 쑤윈을 전담하는 교사를 불렀다. "쑤윈 데리고 시안(西安)으로 가라"며 묵을 곳까지 알려줬다.

시안은 낯선 곳이었다. 1개월이 지나자 교사는 무일푼이 됐다. 쑤윈에게 제안했다.

"이대로 있다간 굶어 죽는다. 너는 유랑극단에 들어가라. 밥은 굶지 않는다. 네가 자리 잡으면 나는 학교 선생자리 알아보겠다."

교장의 편지가 도착했다.

"쑤윈과 8로군 연락사무소에 가면 방법이 있다."

교장은 쑤윈의 신분도 밝혔다.

8로군 연락사무소 주임은 긴장했다. 쑤윈의 신분 확인에 골몰했다. 샹잉의 딸이 맞다면 보통 일이 아니었다. 몇 개월 전 샹잉이 부인을 쏴 죽였다는 소문을 들었기 때문이다.

학생들에게 교재를 나눠주는 평민 교육가 타오싱즈.

냉혈한 샹잉, 감옥에서 풀려난 부인을 총살하다

쑤원이 네 살 때 중국 홍군은 잠시 소비에트를 탈출, 장정에 돌입했다. 샹잉은 유격전을 지휘하기 위해 소비에트를 떠났다. 중공 2대 총서기였던 취추바이는 폐병이 심해 장정을 포기했다. 취추바이의 병세는 호전될 기미가 보이지 않았다. 중공 중앙은 취추바이를 상하이의 병원에 입원시키기로 결정했다. 중간에 건강을 돌보기 위해 여전사 둘, 마오쩌둥과 함께 중공 창당에 후난(湖南) 성 대표로 참가했던 허수헝(何叔衡)이 동행했다. 여전사 중 한 명이 샹잉의 처 장량이었다. 일행은 푸젠(福建) 성 창팅(長汀)을 지나던 중 국민당 보안대에 포위됐다. 도망치던 허수헝은 총 맞고 세상을 떠났다. 나머지 세 사람은 포로가 됐다. 취추바이는 서생 출신답지 않았다. 혹형을 잘 견뎠다. 가명을 대며 의사라고 우겼다. 자신이 누구인지 끝까지 실토하지 않았다.

국민당 정보기관에 제보가 들어왔다.

"취추바이가 창팅 감옥에 수감 중이다."

이미 갇혀 있던 중공 지하당원 중에 중공 고위층 얼굴 알 만한 사람들을 족쳐댔다. 신분이 발각된 취추바이는 형장으로 끌려갔다. 36세로 세상을 떠났다.

3년 후 장량은 보석으로 풀려났다. 남편 샹잉을 만나러 신4군 사령부로 갔다. 샹잉은 부인을 반가워하기는커녕 거칠게 몰아붙였다.

"취추바이 동지가 어떻게 죽었느냐? 사실을 폭로한 사람이 너냐, 아니면 동행했던 다른 여자냐? 그 덕에 죽지 않고 살아서 나왔느냐?"

장량은 억울했다. 당황한 나머지 말이 제대로 나오지 않았다. 장량의 표정을 살피던 샹잉은 부쩍 의심이 들었다. 그 자리에서 총을 뽑아 들었다. 그 후 아무도 장량을 보지 못했다.

쑤윈이 시안의 8로군 연락사무소에서 심사를 받고 있을 때였다. 쑤윈은 샹잉이 누구인지 몰랐다. 하루는 연락사무소에 산간닝(陝甘寧) 변구 주석 린보취((林伯渠)가 나타났다. 쑤윈에게 몇 마디 묻더니 수행원에게 지시했다.

"샹잉에게 급전을 보내라. 딸이 있느냐고 물어봐라."

샹잉과 딸의 첫 만남

중국의 20세기는 혁명과 전쟁의 연속이었다. 중공은 공이 큰 희생자 유자녀들의 성장과 교육을 책임졌다. 여덟 살 때 처음 만난 아버지와 12일 만에 헤어진, 신4군 부군장 샹잉의 딸 쑤윈도 천덕꾸러기로 만들지 않았다.

항일전쟁 초기 국·공 양당은 홍군을 8로군으로 개편, 시안에 연락사무소를 두기로 합의했다. 마오쩌둥은 책임자로 우윈푸(伍雲甫)를 내보냈다. 전 중국 체육위원회 주임 우샤오쭈(伍紹組)의 부친인 우윈푸는 중공의 산간닝 변구 주석 린보취의 지휘를 받으며 8로군 연락사무소를 주관했다. 쓸 만한 사람들을 같은 편으로 끌어들이는 통일전선(統一戰線) 공작이 주 임무였다.

청년들이 8로군 연락사무소로 몰려들었다.

"항일전쟁에 참전하겠다. 나를 옌안으로 보내 달라."

국민당에서 침투시킨 사람 골라내느라 골머리 썩었지만, 신분이 확실한 당원의 소개장을 들고 오는 사람은 별문제가 없었다. 문제는 중공 지도자급과 이런저런 사이라며 불쑥 나타난 사람들이었다. 이런 일에는 린보취가 직접 나섰다. 쑤윈이 그런 경우였다.

린보취는 샹잉과 친분이 두터웠지만 딸 얘기는 들어본 적이 없었다. 안전한 곳에 데려다 놓고 샹잉에게 급전을 보냈다. 성질 급한 샹잉은 당일로 답전을 보냈다.

"본 적은 없다. 있다는 말은 들었다. 데리고 온 사람과 함께 옌안으로 보내라."

린보취는 심문이고 뭐고 할 것도 없었다. 목욕시키고 새 옷 사 입히느라 분주했다.

2008년 봄, 쑤윈이 구술을 남겼다.

"심사를 통과한 청년들은 대형트럭 여러 대에 나눠 타고 옌안으로 향했다. 한 번 떠날 때마다 기자들이 몰려들고, 노랫소리가 요란했다. 나는 1938년 4월, 새벽에 시안을 출발했다. 일행이 단출했다. 상하이 시절부터 나를 돌봐준 선생님 외에 중공 화동국 정보국장의 아들, 훗날 신중국 해군사령관 샤오징광(蕭勁光)의 아들, 시중쉰(習仲勛)과 함께 산간닝 근거지를 설립한 류즈단(柳志丹) 열사의 딸, 한때 마오 주석의 첫 번째 후계자 소리를 들었던 동북왕(東北王) 가오강(高崗)의 아들이 다였다. 소련으로 가려다 일이 여의치 않아 다시 옌안으로 간다는 말을 듣고 웃었다."

옌안에 온 쑤윈은 학교 기숙사에서 생활했다. 어릴 때부터 고 아원을 떠돌다 보니 불편한 점이 없었다. 아버지를 만나기까지 5개월이 걸렸다. 9월 어느 날, 갑자기 선생님이 왔다.

"네 아버지가 옌안에 왔다. 너를 데리러 온 사람들이 밖에서 기다린다. 빨리 가봐라."

저녁을 먹고 있던 쑤윈은 냉큼 일어섰다. 밥상은 쳐다보지도 않고 달려나갔다. 장하오(張浩)가 보낸 경호원들이 쑤윈과 장하오의 아들을 데리고 낯선 집으로 들어갔다. 장하오는 사촌 동생 린뱌오(林彪)를 혁명의 길로 이끈 린위잉(林育英)의 본명이었다. 마오쩌둥은 장하오에게 큰 신세를 진 적이 있었다. 워낙 복잡한 내용이라 생략하지만, 장하오가 없었다면 장정 도중 마오의 당권 장악은 불가능했다. 장하오가 세상을 떠났을 때 마오가 직접 관을 멜 정도였다. 같은 토굴이라도 장하오의 거처는 넓고 안락했다. 최고지도층의 휴게실이나 마찬가지였다.

장하오는 노동운동 시절부터 상잉의 둘도 없는 친구였다. 쑤윈이 들어서자 "네 아버지나 다름없는 분들"이라며 같이 있던 두 사람에게 인사시켰다. 8로군 사령관 주더와 중앙국 서기 류사오치(劉少奇)였다.

"좀 있으면 네 아빠 환영회가 열린다. 같이 가자."

신4군 당 서기 샹잉이 옌안에 온 이유는 중공 전체회의 참석이었다. 쑤윈은 70년이 지나서도 그날의 정경이 생생했다.

항일전쟁 초기, 저우언라이(앞줄 오른쪽 둘째)와 함께 8로군
연락사무소를 방문한 샹잉(앞줄 오른쪽 첫째).
1938년 가을, 후베이 성 우한(武漢).

"환영회는 8로군 대강당에서 열렸다. 줄지어 들어온 어른들이 길쭉한 나무의자에 앉았다. 강당은 누추했지만, 분위기는 열기로 가득했다. 서로 인사 나누며 와자지껄, 먹을 것 없는 잔칫집 같았다. 나는 아빠 얼굴을 몰랐다. 주석단 앞으로 달려갔다. 두리번거리며 아빠를 찾았다. 본 적이 없으니 찾을 길이 없었다. 누가 내 이름을 부르며 다가왔다. 천원(陳雲)이었다. 아빠를 찾느냐고 물었다. 갑자기 슬펐다. 울면서 고개만 끄덕였다. 천원은 내 등을 두드리며 머리 빡빡 깎은 사람에게 손짓하며 외쳤다. '샹잉! 여기 네 딸이 왔다.'"

샹잉은 쑤윈을 번쩍 들었다. 무릎에 내려놓더니 끌어안았다.

"아빠와 나는 서로를 쳐다보기만 했다. 아빠가 입을 열었다. 몇 살이냐? 이름이 뭐냐? 좌우에 폭소가 터졌다. 그때는 몰랐지만 어처구니없는 질문이었다. 평소 엄마 아빠 있는 애들이 부러웠다. 갑자기 나타난 아빠는 재미가 없었다."

환영회를 마친 샹잉은 쑤윈을 데리고 숙소로 갔다. 쑤윈은 아버지건 뭐건 낯설고 겁이 났다. 기숙사 친구들이 기다린다며 학교로 가겠다고 손길을 뿌리쳤다. 샹잉은 이별에 익숙한 사람이었다. 웃으며 경호원을 딸려 보냈다.

수많은 일화를 남긴 부녀의 12일은 이렇게 시작됐다. 다음 날은 쉬는 날이었다.

딸과 함께한 찬란했던 12일

샹잉은 수줍음을 잘 탔다. 말로만 듣던 딸 쑤윈과의 첫 만남도 어색했다. 밤잠을 설쳤다. 날이 밝기가 무섭게 학교로 갔다. 쑤윈이 싫어할까봐 경호원도 대동하지 않았다. 쑤윈의 구술을 소개한다.

"아빠가 나를 데리러 학교로 왔다. 내 손을 잡고 보육원으로 갔다. 보육원에 내 동생이 있었다. 내게 남동생이 있다는 말을 듣고 깜짝 놀랐다. 나보다 몇 개월 먼저 옌안에 왔다는 말을 듣고 더 놀랐다. 동생은 세 살이었다. 나보다 네 살 어렸다. 날이 저물자 동생은 보육원에서 돌봐주던 보모를 찾았다. 어찌나 보채는지 아빠는 쩔쩔맸다. 결국 보육원으로 돌려보냈다."

천하의 샹잉도 딸 앞에서는 다른 아빠들과 매한가지였다. 낮에는 회의와 일로 분주했다. 해가 지면 딸 데리러 학교로 갔다. 날 밝으면 다시 학교까지 데려다줬다. 틈나면 발도 씻겨주고 빨래도 했다. 쑤윈을 옌안까지 데리고 온 선생에게 저녁을 대접하며 술도 직접 따라줬다. 먼발치에서 바라보던 경호원들에겐 좋은 구경거리였다. 하루하루가 옌안의 화젯거리 되기에 충분했다.

마하이더(馬海德)라는 중국 이름으로 더 알려진 미국인 의사 조지 하템(George Hatem)은 중국 혁명가들의 오랜 친구였다. 샹잉과 자녀들의 모습을 남기고 싶었다. 샹잉이 자녀를 데리고 중앙 조직부에 나타났다는 말을 듣자 사진기를 들고 달려갔다. 쑤윈도 이날을 기억했다.

"마하이더는 아버지와 우리 남매의 유일한 사진을 찍었다. 아버지는 이 사진을 좋아했다. 마오 주석도 샹잉의 일생에 가장 찬란한 모습이라며 즐거워했다."

샹잉은 가족사진을 여러 장 현상했다. 동지들에게 나눠줬다. 반응이 한결같았다.

"샹잉도 웃을 줄 아는구나."
쑤윈은 1950년대 말, 총리 저우언라이의 집에서 사진을 발견했다.
"저우언라이 부인 덩잉차오(鄧穎超)가 내게 줬다. 내가 훌쩍거리자 같이 훌쩍거렸다."
11일째 되는 날 밤, 샹잉은 숙소로 돌아오지 않았다. 경호원이 쑤윈을 불렀다.
"네 아빠는 급한 일이 생겨서 내일 옌안을 떠난다. 내일 아침 너 보러 학교에 가신다니 그리 알아라."
다음 날 일본 항공기가 옌안을 공습했다. 산으로 피한 쑤윈은 아버지를 만나지 못했다. 영원한 이별이 될 줄은 몰랐다.

신4군은 옌안과 연락이 빈번했다. 2주일 후, 옌안에 온 신4군 간부가 쑤윈을 찾았다. 샹잉이 보낸 보따리를 전했다. 편지와 과자, 장갑이 들어 있었다. 하루는 신4군 교육 책임자 쉐무차오(薛暮橋)가 부인과 함께 학교를 방문했다. 쉐무차오는 자타가 인정하는 중국 경제학계의 태두였다.

쉐무차오의 부인은 쑤윈의 생모를 아는 듯했다. 쑤윈을 만나자, "이런 딸이 있으니 샹잉 군장이 기뻐할 만도 하다. 네 엄마 어린 시절을 보는 듯하다"며 눈물부터 흘렸다. 쑤윈이 우리 엄마 아느냐고 묻자 놀란 표정을 지었다. 눈언저리를 쓱 훔치더니 그냥 가버렸다.

중공 중앙 조직부는 쑤윈의 생활과 교육을 남달리 챙겼다. 1세대 혁명가들도 마찬가지였다. 잠은 천원이나 리푸춘(李富春)의 집에서 자고, 끼니는 주더나 런비스의 부인이 직접 챙겨줬다. 마오쩌둥도 쑤윈을 귀여워했다. 아무 때나 칫솔만 들고 오라며 갈 때마다 먹을 것 싸줬다.

쑤윈은 엄마 이름이 장량이라는 것도 옌안에 와서 처음 알았다.

"아버지와 함께했던 12일 동안 엄마는 어디에 있느냐고 한 번 물은 적이 있었다. 아버지는 네 엄마는 없다며 더 이상 말하지 않았다. 주위에 있는 어른들도 엄마에 대해서는 묵계가 있는 듯했다. 내가 엄마 얘기를 꺼내면 다들 얼버무리거나 자리를 피했다. 입 싸기로 소문난 사람에게 네 엄마는 정말 예뻤다. 너보다 더 예뻤다는 말을 들은 게 다였다."

조지 하템이 찍은 샹잉 일가. 왼쪽이 쑤원.

1938년 9월, 옌안.

중공 1차대회 기념관에 보관된
쑤원의 생모 장량(오른쪽).

쑤윈은 열네 살 때 천이를 통해 아버지가 4년 전에 암살당했다는 사실을 알았다.

"용기와 희생의 시대였다. 주위에 부모 잃은 애들이 널려 있었다. 나는 그런가 보다 했다. 훗날 신중국 부총리와 외교부장을 겸한 천이는 아버지의 오랜 동지였다. 아버지가 신4군 서기 시절 천이는 부서기를 지냈다. 너는 샹잉의 딸이라며 앞으로 샹쑤윈이라는 이름을 쓰라고 했다. 나는 시키는 대로 했다. 아버지가 누구냐고 묻는 사람에게 나는 샹잉의 딸이라며 어깨를 폈다."

1948년 중공 중앙은 국·공내전 승리를 확신했다. 혁명 열사와 당 고위층 자녀의 소련 유학을 결정했다. 비행기 사고로 사망한 전 신4군 군장 예팅의 두 아들, 리쉐쉰(李碩勛)의 아들 리펑(李鵬), 싼롄서점 설립자 쩌우타오펀(鄒韜奮)의 아들 쩌우자화(鄒家華), 가오강의 아들 등 21명을 선발했다. 샹잉의 딸 쑤윈과 장하호의 아들 린한슝(林漢雄)이 빠질 리 없었다.

소련 유학 시절 쑤윈은 린한슝과 결혼했다. 유학생 사이에 이런 말이 떠돌았다.
"샹잉이 장하호와 린뱌오의 사돈이 됐다. 샹잉이 지하에서 바라던 일이 벌어졌다."

다시 일어서는 중국 3

"특구(特區)가 좋겠다.
시중쉰은 특구 전문가다.
반세기 전, 시중쉰이 만든
산간닝 변구도 처음에는
홍색특구(紅色特區)였다.
이번에는 경제특구(經濟特區)를
만들어라. 지원할 돈은 없다.
재주껏 살길을 찾아라."

죽음의 문턱에서 쓴 편지

"천하대란 이후엔 민심에 순응해야 한다.
민심이 제일이다."

첫 번째 편지

자고로 중국인들은 편지 쓰기를 좋아했다. 일찍부터 서간문학 (書簡文學)이 발달했다. 시진핑(習近平) 주석의 부친 시중쉰(習仲勛)도 16년 만에 복권하기까지 세 통의 편지가 주효했다.

1976년 마오쩌둥이 세상을 떠나자 문혁 4인방도 몰락했다. 4인 방 제거를 주도한 예젠잉(葉劍英)은 성공 4일 후 차남 예쉬안닝(葉選寧)을 후야오방(胡耀邦)에게 보냈다.

"뭐라고 하는지 잘 듣고 와라."

후야오방은 "중국이 발전할 수 있는 기회가 왔다"며 입을 열 었다.

"천하대란 이후엔 민심에 순응해야 한다. 민심이 제일이다."

방법도 설명했다.

"세 가지만 명심하면 된다. 대중은 덩샤오핑에게 기대가 크다. 덩샤오핑 비판을 중지하면 민심이 순응한다. 그간 억울하게 당한 사람이 많았다. 억울함을 풀어주면 대중은 자기 일처럼 기뻐한다. 먹고사는 일처럼 중요한 것도 없다. 생산에 집중해라. 그러면 대중의 마음에 꽃이 핀다."

아들의 보고를 받은 예젠잉은 무릎을 쳤다.

"후야오방은 전략과 안목을 겸비한 정치가다. 제갈량(諸葛亮)의 융중삼책(隆中三策)에 비견될 호공삼책(胡公三策)이다."

이듬해 겨울, 후야오방이 당 중앙 조직부장에 선출되자 희한한 일이 벌어졌다. 명예회복(平反)을 요구하는 방문객들이 후야오방의 집과 조직부 문전에 장사진을 이뤘다. 서신도 매달 6만여 건에 달했다. 후야오방은 부원들에게 두 가지를 지시했다.

"내방객들을 친절하게 대해라. 편지를 소홀히 다루지 마라. 억울하게 몰락한 옛 동지들이 찾아오면 내가 직접 만나겠다. 상대가 누구건 말 같지 않은 이유 대며 제지하지 마라. 수신인이 내 이름인 편지는 받는 즉시 내게 보내라. 내 동의 없이 그 누구도 임의로 처리하지 마라."

전 국무원 부총리 시중쉰은 허난(河南) 성 뤄양(洛陽)에 있었다. 말이 요양이지 1962년 여름 반당집단(反黨集團)으로 몰린 후 내화(耐火)재료공장 노동자로 격리 수용된 상태였다.

4인방 몰락 후, 시중쉰은 세 차례 당 중앙에 편지를 보냈다. 첫 번째는 1976년 11월에 보낸 축하 편지였다.

"당 중앙이 4인방의 음모를 분쇄한 위대한 승리를 경축한다. 마오 주석의 유지를 계승하기 위해 건강에 유의하겠다. 당의 지시에 무조건 따르고, 여생을 당을 위해 헌신하겠다."

말미에 "조직생활을 회복하지 못한 마오 주석의 당원 시중쉰"
이라는 긴 서명을 했다. 마오쩌둥의 유지 계승을 놓고 논쟁이 한
창이다 보니 덩샤오핑의 앞날도 예측이 불가능할 때였다. 반응
이 있을 리 없었다.

"중국의 현대화를 위해 헌신하겠다"

4개월 후, 중앙공작회의가 열렸다. 원로 천윈(陳雲)이 서면으로
덩샤오핑의 복직과 억울한 사람들의 명예회복을 주장했다. 왕전
(王震)도 원로다운 발언을 했다.

"우리 당은 그간의 업적과 과오를 냉정하게 객관적으로 살펴봐
야 한다. 그간 금기(禁忌)시 됐던 것들을 우리 손으로 타파할 용기
가 필요하다."

소식을 들은 시중쉰은 흥분했다. 베이징에 가서 억울함을 호소
하라는 사람이 있었다. 시중쉰은 고개를 가로저었다.

"지금 가봤자 밥 한 끼 먹고 오는 것 외에는 의미가 없다."

중공 전체회의가 4인방의 제명과 덩샤오핑의 업무 복귀를 결정
하자 시중쉰은 탄성을 질렀다. 옆에 있는 노동자들의 어깨를 치며
파안대소했다.

"덩샤오핑은 인재다. 구하기 힘든 인재다. 우리나라는 희망이
있다."

중공 제11차 대표자 대회에서 10년에 걸친 문화대혁명 종식을
선언했다. 시중쉰은 자신의 문제를 중앙에 진술할 기회가 왔다고
판단했다. 두 번째 편지를 덩샤오핑과 왕전, 후야오방 등에게 보냈

고향 사람들과 어울리고 있는 시중쉰.
1954년 봄, 산시(陝西) 성 푸핑(富平).

다. 문혁 기간에 겪었던 일과 격리 이후 상황도 상세히 기술했다. 당 중앙이 자신의 당적(黨籍) 문제를 엄격하게 심사해서 조직생활을 회복시켜 달라고 간청했다.

세 번째 편지는 국가주석 화궈펑(華國鋒)과 예젠잉 등에게 보냈다.

"16년 전에 발생한 내 문제를 철저히 조사해주기 바란다. 지금 내 나이 64세, 살날이 얼마 남지 않았지만, 건강은 여전하다. 다시 당에서 일하고 싶다. 중국의 현대화를 위해 헌신하겠다."

시중쉰 문제는 1년이 지나도 해결되지 않았다. 가족들은 초조했다. 부인 치신(齊心)이 후야오방을 찾아갔다. 이제 막 중공 조직부장을 겸하게 된 후야오방은 치신의 말을 끝까지 경청했다. 듣기를 마친 후야오방은 치신을 실망시키지 않았다. "억울한 사람은 누구를 막론하고 풀어줄 방침이다. 시중쉰 동지도 예외가 아니다. 시중쉰 동지의 자격과 경험, 업무능력은 우리의 소중한 자산이다. 사상에도 결함이 없다"며 치신을 안심시켰다. 예젠잉도 시중쉰의 복귀를 지지했다. 치신은 딸과 함께 뤄양으로 달려갔다. 전말을 들은 시중쉰은 숨통이 트이는 것 같았다.

중국은 입소문이 빠른 나라다. 사람들은 16년 전 안개처럼 정계에서 사라진 시중쉰을 잊지 않고 있었다. 모였다 하면, 뤄양에서 유랑 중인 시중쉰이 화제에 올랐다. 부총리에서 하루아침에 공장 노동자로 전락한 이유에 실소했다. 시중쉰이 겪었던 고초는 한 편의 소설이기 때문이었다.

스물한 살의 어린 주석

1928년 제1차 국·공합작이 깨졌다. 국민당의 공산당 소탕은 무시무시했다. 산시 성 북부, 산베이(陝北) 지역의 사범학교 재학생 한 명이 체포됐다. 2개월 후 시안(西安)의 군사재판에 회부됐다.

산시 성 군정장관 쑹저위안(宋哲元)은 재판정을 자주 순시했다. 재판을 기다리는 앳된 학생을 발견하자 수행원에게 물었다.

"무슨 일로 잡혀 왔는지 알아봐라."

열다섯 살 먹은 사상범이라는 보고를 받자 그 자리에서 지시했다.

"철없는 어린애다. 사상범은 무슨 놈의 사상범, 당장 풀어줘라."

쑹저위안이 석방시킨 학생은 감옥에서 공산당원이 된 시중쉰이었다.

쑹저위안은 5년 후 이 학생이 류즈단(柳志丹), 셰쯔창(謝子長)과 함께 산시 성과 간쑤(甘肅) 성 접경 지역에 산간변구혁명근거지(陝甘邊區革命根據地)를 구축하고, 스물한 살에 '변구 소비에트' 주석이 되리라곤 상상도 못 했다.

중공은 감옥에서 풀려난 시중쉰을 군에 침투시켰다.

"양후청(楊虎城)이 지휘하는 서북군에 잠복해서 공산당 조직을 발전시켜라."

시중쉰은 수송 업무를 맡았다. 국민당 군 200여 명을 홍군으로 둔갑시켰다. 열아홉 살 되던 해 봄, 반란을 일으켰다.

국민당 군과 토비(土匪)가 반란군을 포위했다. 포위망은 겨우 뚫었지만 탄약과 식량이 거덜났다. 시중쉰은 류즈단의 근거지가 있는 자오진(照金)으로 피신했다. 초면의 류즈단에게 실패 원인을 설명했다.

"덤벙대는 바람에 일을 그르쳤다."

류즈단은 겨우 열아홉 살인 청소년 혁명가를 격려했다.

"이번 실패는 더 이상 생각하지 마라. 나는 너보다 더 많이 실패했다. 뜻대로 된 적이 한 번도 없었다."

중공 산시 성 위원회 지도부는 극좌(極左) 일색이었다. 융통성 있는 류즈단이 못마땅했다. 정치위원을 파견해 류즈단의 직무를 정지시키고, 셰쯔창은 부대에서 내쫓았다. 정치위원은 전투경험이 없었다. 맹목적인 군 출동이 빈번했다. 결과는 참담했다: 변구는 류즈단의 추종자와 정치위원을 따르는 파로 갈라섰다. 시중쉰은 양 세력의 포섭대상이었다.

정치위원은 변구에 적응을 못 했다. 국민당에 투항했다. 변구는 위기에 몰렸다. 행동 통일을 위해 투표로 주석을 선출하기로 합의했다. 시중쉰이 2표 차이로 당선됐다. 주민들은 어린 주석의 탄생을 의아해했다. 그럴 만도 했다. 당시 시중쉰은 스물한 살이었다.

죽음의 문턱에서 살아나다

어린 주석은 매서웠다. 류즈단·셰쯔창·가오강(高崗) 등과 합세해 근거지를 21개 현(縣)으로 확대시켰다. 국민당 군의 포위 공격에 몰린 남방의 중앙홍군이 장정(長征)을 시작할 무렵이었다.

화가 위안펑페이(袁鵬飛)가 그린
산간변구혁명근거지 창건 시절의 시중쉰(가운데)과 류즈단(시중쉰 왼쪽).

산간변구혁명근거지 시절의
시중쉰(왼쪽 첫째)과 류즈단(가운데).
1932년 가을.

1935년 가을, 중공 중앙과 중앙홍군이 장정의 종착점 산베이에 발을 디뎠다. 변구에 도착한 마오쩌둥은 어느 마을이건 붙어 있는 '산간변구 소비에트 포고령'을 읽고 미소를 지었다. 홍군 지휘관들에게 변구 건설자들을 치하하며 포고령을 언급했다.

"이 지역에 근거지가 없었다면, 우리는 무슨 어려움을 겪었을지 모른다. 주민들에게 내린 포고령을 자세히 봐라. 우리 생각과 그게 그거다. 말미에 시중쉰이라는 이름이 붙어 있었다. 누군지 궁금하다."

시중쉰은 마오쩌둥보다 먼저 도착한 좌경분자들에 의해 옥중에 있었다. 생매장하기 위해 구덩이까지 파놓은 상태였다. 죽음의 문턱에서 마오가 부르는 바람에 목숨을 건졌다. 시중쉰을 만난 마오는 "이렇게 젊은 사람인 줄 몰랐다"며 탄성부터 질렀다. 이 얘기 저 얘기 나눠보니, 미운 구석이 한 군데도 없었다. 중용하기로 작정했다. 절차를 밟았다. 중앙정치국 회의에 젊은 지방간부를 참석시키자며 시중쉰을 추천했다. 반대가 있을 리 없었다.

마오쩌둥은 시중쉰을 관중(關中)으로 파견했다.

"관중 지역은 변구를 지킬 남대문이다. 전략적으로 중요한 곳이다. 너는 그곳 사정에 밝다. 군중을 동원해서 정권을 세워라."

관중은 진시황의 수도였던 고도(古都) 시안과 주변을 일컫는, 산시 성 중부의 광활한 지역이었다. 동북에서 철수한 장쉐량(張學良)의 동북군과 양후청의 서북군, 국민당 중앙군이 변구의 중앙홍군을 섬멸하기 위해 시안에 주둔하고 있을 때였다.

시중쉰은 산간 지역으로 파고들었다. 당시 측근의 회고를 소개한다.

"시중쉰은 산베이의 최전선에 지휘부를 개설했다. 산간 지역이다 보니 국민당 군의 왕래가 뜸했다. 군사적으로는 국민당이 우세했지만, 민심은 우리 편이었다. 시중쉰은 인간관계를 잘 처리했다. 군중이 우선이고, 간부는 그다음이라는 말을 자주했다. 간부, 군중 할 것 없이 시중쉰을 비난하는 사람이 없었다. 군중영수(群衆領袖)로 손색이 없었다."

일본과 전면전이 벌어지자 국·공 양당은 손을 잡았다. 산간 근거지는 중공의 항일전쟁 대본영으로 변신했다. 시중쉰이 건립한 관중 근거지도 8년에 걸친 항일전쟁 기간 산간 근거지의 전초기지 역할을 해냈다.

중일전쟁 승리 후, 마오쩌둥은 시중쉰을 '중공 중앙 서북국 서기'에 임명했다. "시중쉰은 군중이 배출한 영수"라는 말도 빠뜨리지 않았다. 32세, 중앙 분국 서기 중 최연소였다.

시중쉰의 몰락을 부른 류즈단·펑더화이와의 인연

살다 보면 세상사 사람 놀음이라는 말을 자주 하고, 자주 듣는다. 어떤 사람을 만나느냐에 따라 운명이 바뀌기 때문이다. 신중국 수립 후, 서북국 서기와 중앙 선전부장, 국무원 부총리를 거치며 승승장구하던 시중쉰은 순식간에 몰락했다. 16년간 감금과 조리돌림 당하며 유랑생활을 했다. 류즈단과 펑더화이(彭德懷), 두 사람과의

화가 장야둥(張亞東)이 그린 서북 근거지 시절의
마오쩌둥(왼쪽)과 시중쉰.
산시 성 서북혁명기념관 소장.

인연 때문이었다.

청년 시절, 폭동에 실패한 시중쉰이 할 일은 유격전밖에 없었다. 산간을 떠돌던 중 낡아빠진 금강묘(金剛廟)에서 류즈단을 처음 만났다. 중학교를 겨우 마친 시중쉰에게 황푸군관학교 출신 류즈단은 신(神) 같은 존재였다. 말로만 듣던 류즈단에게 감옥생활과 폭동 실패, 농민운동하며 겪었던 좌절감을 털어놓았다.

류즈단은 "최근 수년간 산간 지역의 폭동은 모두 실패했다"며 시중쉰을 진정시켰다. 실패 원인도 설명했다.

"그동안 우리는 군사행동을 농민운동과 결합시키지 못했고, 혁명 근거지도 건립하지 못했다. 마오쩌둥 동지처럼 징강산(井岡山)에 의탁해 무장투쟁 벌이며 근거지를 건립하고 구역을 확대했더라면, 실패해도 돌아갈 곳이 있다. 지금 우리에게 필요한 것은 근거지 건립이다. 나는 네게 줄 무기나 탄약이 없다. 너는 이곳에 아는 사람이 많고 지형에도 밝다. 군중을 기초로 농민협회를 만들고, 유격대를 조직해서 유격전을 펼쳐라. 성공만 하면 혁명이 아니다. 성공할 때까지 해야 혁명가 소리 들을 자격이 있다."

시중쉰은 류즈단에게 흠뻑 빠졌다. 자신의 인생에 스며든 류즈단의 영향을 실토한 적이 있다.

"나는 학생 시절부터 류즈단의 이름과 혁명 활동을 익히 들어왔다. 전설 속의 류즈단은 신비로운 인물이었다. 만나 보니 평범한 전사(戰士) 같았다. 소박하고 잘난 척도 하지 않았다. 가는 곳마다 전사들과 함께하며 우스갯소리도 잘했다. 그의 이론은 특징이 있었다. 책이 아닌 투쟁을 통해 정리된 이론이었다. 산간변 구에 홍색 근거지를 마련하려는 노력은 극좌(極左)의 늪에서 헤 어나지 못하는 성(省) 간부들 때문에 어려움을 겪었다. 나는 그 런 류즈단을 우러러보며 추앙했다."

마오쩌둥도 류즈단을 높이 평가했다. 류즈단이 전사했을 때 '군 중영수(群衆領袖)·민족영웅(民族英雄)'이라는 대련(對聯)을 보냈 다. 저우언라이의 칭송도 마오쩌둥 못지않았다. "우리의 5,000년 역사는 수많은 영웅을 배출했다. 인민영웅에 류즈단이 빠지면 허 전하다"는 글을 발표할 정도였다.

펑더화이와의 인연도 남달랐다. 1947년 봄, 국민당은 홍색 수도 옌안이 중심인 중공의 산간닝(陝甘寧) 변구와 산둥(山東)의 중공 점령 지역으로 병력을 이동했다. 중공도 서북국과 서북야전군을 통합, 서북야전병단(西北野戰兵團)을 출범시켜 대응했다. 사령관에 펑더화이, 정치위원에 시중쉰을 임명했다. 3만이 안 되는 병력으로 25만의 국민당군과 맞섰다.

오랫동안 산간닝 변구에서 활동한 시중쉰은 변구 간부는 물론이 고, 지역 주민들과도 친분이 두터웠다. 4개월간 3전 3승했다. 3개 월 안에 모든 문제를 해결하겠다는 장제스의 계획을 물거품으로 만들어버렸다. 전쟁 기간 시중쉰은 15세 연상인 펑더화이와 토굴 에서 한 이불 덮고 자며 친분을 쌓았다. 당시 참모장이 구술을 남 겼다.

"펑더화이는 작전회의 하기 전에 시중쉰과 의견을 나눴다. 명령이나 지시를 할 때도 시중쉰과 머리를 맞댄 후에 하곤 했다. 중앙에서 발송한 중요한 전문도 시중쉰과 함께 읽으며 의견을 물었다. 당 중앙이나 중앙군사위원회에 보내는 전문에도 두 사람의 이름을 나란히 적게 했다. 마오쩌둥도 서북 야전군을 펑더화이와 시중쉰의 성을 따서, 펑시군(彭習軍)이라 불렀다."

한번은 이런 일이 있었다. 한 차례 전투가 끝나자 휴식시간이 왔다. 잡초를 희롱하던 펑더화이가 시중쉰에게 감회에 젖은 표정으로 입을 열었다. 옆에 있던 종군기자가 펑더화이가 하는 말을 부지런히 적어댔다.

"함께 일하며 네게 감동한 적이 한두 번이 아니다. 변구 사정을 손바닥 보듯이 하는 너와 류징판(柳景範) 동지 덕에 모든 정력을 작전에만 쏟아부을 수 있었다."

류징판은 류즈단의 친동생이었다.
1949년 12월 25일 신중국 선포 2개월 후, 펑더화이는 서북군정위원회(西北軍政委員會) 주석 신분으로 시안에 정좌했다. 부주석 시중쉰과 토의를 거친 취임 성명이 인상적이었다. 수십 년간 전쟁터만 누빈 사람 같지 않았다.

"전쟁 시절은 끝났다. 이제 우리는 농업과 자원, 도로, 철도, 항

서북군정위원회 성립 기념식에 참석한
펑더화이(앞줄 오른쪽 셋째)와 시중쉰(앞줄 오른쪽 넷째).
1950년 1월 19일, 시안.

공산업에 역량을 집중해야 한다. 낭비를 엄금하고, 부패를 근절시키겠다."

1950년 10월 3일, 베이징에서 급파된 전용기가 펑더화이를 태우고 하늘로 치솟았다. 중국인민지원군이 한반도에서 작전을 편다는 보도가 나온 후에야, 사람들은 펑더화이가 10월 22일 지원군을 인솔해 압록강을 건넌 것을 알았다. 시중쉰은 서북 개발의 중임을 양 어깨에 짊어지게 됐다. 평생 일할 팔자였다.

지독하지만 지혜로운 놈

시중쉰은 한반도로 떠난 펑더화이의 뒤를 이었다. 2년간 서북(西北)의 군정(軍政)을 주재했다.

서북은 여러 민족이 뒤엉켜 사는 지역이었다. 종교도 복잡했다. 민족과 종교 문제 해결이 관건이었다. 시중쉰은 서북에서 잔뼈가 굵은 사람다웠다. 문제 해결을 위해 '근신'(謹愼)과 '온진'(穩進)을 강조했다.

"군중의 갈채에 현혹되지 마라. 독이 들어 있다. 인간의 능력은 한계가 있다. 절대 강제적인 방법은 취하지 마라. 돼먹지 않은 명령으로 강행하려다간 불신만 살 뿐 될 일도 안 된다. 소수민족이 스스로 깨우칠 때까지 기다리는 것이 상책이다. 민족주의라는 어설픈 병이 도지지 않도록 군중들을 토닥거려야 한다."

관철 방법도 구체적으로 제시했다.

"소수민족은 윗사람 말을 잘 듣는다. 각 민족의 상층부를 공략

서북국 서기 시절, 위문단 일행을 맞이한 시중쉰(왼쪽 넷째).
1951년 봄, 산시 성 시안.

해라. 통일전선 공작을 통해 종교 지도자들을 우리 편으로 만들어라. 조력자가 증가하면 거부 세력은 방치해도 된다. 저절로 힘이 빠진다."

시중쉰이 지휘하는 중공 서북국은 소수민족 상층부 포섭에 성공했다. 한때 스탈린과 마오쩌둥의 골칫거리였던 마부팡(馬步芳) 추종자들의 반란도 매끄럽게 처리했다. 마부팡은 회족(回族) 명문 출신이었다. 일가친척들이 광활한 서북의 산간과 황토 지역을 지배했다. 마가군(馬家軍)이라는 용어가 생겨날 정도였다.

마부팡은 마가군의 상징이었다. 장제스도 마부팡을 적절히 이용했다. 국민정부 서북군정장관에 임명하는 등 하느라고 했지만, 믿지는 않았다. 마부팡은 무력과 재력에만 의존하는 얼치기 군벌이아니었다. 행동은 거칠어도, 어릴 때부터 유학(儒學)으로 무장된 지식인이며 문화인이었다. 국민당 패망 직전, 대만으로 가자는 장제스의 손길을 뿌리쳤다.

사우디아라비아에 정착한 마부팡은 장제스에게 무슨 험담을 퍼부을지 모를 기세였다. 장제스는 서북 지역에 미치는 마부팡의 영향력을 무시할 수 없었다. 마부팡을 사우디아라비아 주재 대사로 임명했다. 그냥 대사가 아니라 종신직 대사라며 특사까지 파견했다. 마부팡은 속 편하게 여생을 마치기로 작정했다.

신중국 선포 2개월 후인 1949년 12월, 마부팡의 추종세력들이 반란을 일으켰다. 스탈린 생일잔치 참석차 모스크바에 가 있던 마오쩌둥은 기겁했다. 서북국 제1서기 펑더화이에게 당장 진압하라며 노발대발했다.

마부팡은 생긴 것과 다르게 문화
수준이 높다는 소리를 많이 들었다.
국민정부 서북 군정장관 시절의
마부팡.

평더화이는 "포위만 하고 공격은 자제하자"는 시중쉰의 직언을 존중했다. 반란군 지휘관들은 주변 지리에 익숙했다. 포위망을 뚫고 칭하이(靑海) 성 앙라(昂拉)로 도망쳤다. 독립 왕국이나 다름없던 앙라의 12대 통치자 샹첸(項謙)에게 다량의 무기와 탄약, 마필(馬匹), 금은보화를 안기며 반란 중지를 종용했다. 그러나 샹첸은 중공 중앙정부에서 이탈하겠다는 성명서를 발표하고 '반공구국군'을 결성했다. 시중쉰은 동요하지 않았다. 1952년 4월까지 1년 6개월간, 17차례에 걸쳐 서북 지역의 성(省) 간부와 티베트 활불(活佛, 판첸 라마) 등을 앙라에 파견해 샹첸을 회유했다.

샹첸은 막무가내였다. 시중쉰은 군대를 동원했다. 엄포만 놓고 공격은 하지 않았다. 2개월 후 샹첸은 제 발로 투항했다. 서북 군정위원회 회의에 참석해 "시중쉰에게 할 말이 있다"며 벌떡 일어섰다.

"시중쉰에게 감사를 표한다. 나와 동포들을 사지에서 구해줬다. 시중쉰이 아니었다면 수많은 사람의 목이 땅에 굴러다닐 뻔했다."

베이징의 당 중앙은 시중쉰의 지혜를 높이 평가했다. 마오쩌둥도 극찬했다.

"제갈량보다 더 지독한 놈이다."

3개월 후, 마오쩌둥은 당과 정부 조직을 개편했다. 덩샤오핑, 가오강, 라오수스(饒漱石), 덩쯔후이(鄧子恢) 등 지방 중요 지도자들을 베이징으로 불러올렸다. 시중쉰이 빠질 리 없었다. 서북국이 작은 송별회를 마련했다. 시중쉰은 감정을 주체하기 힘들었다. 속내를 털어놨다.

시중쉰(오른쪽)은 변방 지도자들과 친분이 두터웠다.
몽골 출신 국가 부주석 우란푸(烏蘭夫)와 담소하는 시중쉰.
1984년 9월, 내몽골.

"나는 서북 인민들과 깊은 감정을 쌓아 왔다. 서북을 떠나겠다는 생각을 해본 적이 없고, 오랜 세월 함께해온 여러분들과도 헤어지고 싶지 않다. 그러나 나는 새로운 일을 하며 단련 받으라는 마오 주석의 분부에 충실하겠다. 서북 5성(省) 주민과 동지들도 양해해 주기 바란다."

당부도 잊지 않았다.

"서북 5성은 여러 민족의 이해가 얽히고설킨 지역이다. 각 민족의 풍속과 습관, 종교와 신앙을 존중해라. 민족·종교 지도자들과 자주 대화를 나눠라. 권한이 있다는 것을 스스로 느끼게 해라. 우리는 오랜 전우들이다. 못할 말이 없는 사이다. 내가 잘못을 저지르면 나를 비판해라. 나도 너희들의 착오를 발견하면 못 본 체하지 않겠다."

시중쉰은 경호원 한 명만 데리고 서북을 떠났다. 5마진경(五馬進京), "말 다섯 마리가 베이징에 진입했다"며 온 중국이 떠들썩했다. 다섯 명 중, 시중쉰이 39세로 제일 어렸다.

베이징은 서북과 차원이 달랐다. 도처에 함정투성이였다. 하루는 낯선 여인의 방문을 받았다. 류즈단의 동생 징판의 처였다. 고난의 빌미가 될 줄은 상상도 못 했다.

시중쉰을 때려잡기로 작정한 캉성

1952년 가을, 마오쩌둥은 중공 중앙 선전부장에 서북국 서기 시중쉰을 낙점했다. 시중쉰이 서북을 떠나면서 서북국과 서북군정위원회도 역사의 무대에서 사라졌다.

베이징 생활 1년 후 치신이 아들을 낳았다. 전처 사이에 정닝(齊正寧)이 태어난 지 12년 만에 본 아들이었다. 진핑(近平)이라는 이름을 지어줬다.

베이징의 정치 환경은 살얼음판이었다. 언제, 어떤 물귀신에게 물려갈지 모를 정도로 살벌했다. 영문도 모른 채 날벼락 맞는 경우가 부지기수였다. 시중쉰과 비슷한 시기에 지방에서 올라온 다섯 명 중, 마오쩌둥이 동북왕(東北王)이라며 놀리던 전 동북국 서기 가오강은 제 손으로 삶을 마감했다. 전 중남국 서기 라오수스도 당에서 제명되고 감옥으로 끌려갔다.

당내의 좌우(左右)논쟁도 치열했다. 온갖 이론을 들먹거리며 으르렁댔지만, 그 소리가 그 소리, 결국은 밥그릇 싸움이었다. 시중쉰은 낙후된 서북 출신다웠다. 무슨 일이건 먹고사는 문제에 치중했다. 마오쩌둥의 신임은 여전했고, 저우언라이의 배려도 변함없었다. 10년간 국무원 비서장과 문화교육위원회 서기, 부총리 등을 겸임하며 좋은 소리도 심심찮게 들었다. 산깐(陝甘) 근거지 시절부터 남달랐던 가오강이 몰락했을 때도 별 탈이 없었다. 마오에게 대들다 쫓겨난 옛 상관 펑더화이가 뭇매 맞을 때도 화가 미치지 않았다.

1962년 여름, 피서지 베이다이허(北戴河)에서 중앙정치국 공작회의가 열렸다. 3년 전 국방부장직에서 해임된 펑더화이의 추종자들을 복권시키는 대신, 펑더화이 본인에게는 있는 죄 없는 죄를 다 뒤집어씌우는 회의였다. 마오쩌둥도 직접 발언했다.

"복권은 누구나 가능하다. 단, 펑더화이는 무슨 일이 있어도 안 된다."

국무원 부총리 시절 부인 치신, 아들 시진핑과 함께
공원에서 한가한 시간을 보내는 시중쉰.
1959년 겨울, 베이징.

항일전쟁 시절, 항일군정대학에서 훈시하는 캉성.
1941년 2월, 중공 항일 근거지 옌안.

이미 쫓겨난 펑더화이에 대한 비판이 사방에서 쏟아지기 시작했다.

당 이론가를 자처하던 캉성(康生)은 정신이 번쩍 들었다. 1930년대 중반부터 벼르던 시중쉰을 때려잡기로 작정했다. 이 사람 저 사람 붙잡고 바람을 잡았다.

"리젠퉁(李建彤)의 소설 『류즈단』은 가오강의 복권을 노린 반당소설(反黨小說)이다. 배후가 시중쉰이다."

그럴듯했다. 리젠퉁은 류즈단의 동생 징판의 처였다.

캉성은 중앙 서기처 서기 양상쿤(楊尚昆)에게 편지를 보냈다.

"『류즈단』은 단순한 문학작품이 아니다. 정치적 목적이 있다. 중앙 서기처에서 엄밀히 살펴보기 바란다."

얘기는 1956년으로 거슬러 올라간다. 공인(工人)출판사 편집진이 잊혀진 혁명가의 생애를 장편소설로 출간하기로 합의했다. 주인공은 류즈단, 작가는 리젠퉁으로 의견을 모았다.

국무원 감찰위원 리젠퉁은 열정이 넘치는 여인이었다. 베이징과 산시 성을 오가며 300여 명의 옛 동지들을 만났다. 구술을 확보하고, 역사 자료도 수집했다. 류즈단의 가까운 전우였던 시중쉰을 빠뜨릴 리 없었다.

시중쉰을 찾아간 리젠퉁은 집필을 수락한 과정을 설명했다. 시중쉰은 "류즈단 동지의 평전이라면 몰라도 장편소설은 오해받을 가능성이 있다"며 출판 자체를 탐탁해하지 않았다.

국무원 부총리 시절, 중앙 판공청 주임 양상쿤(1980년대 말 국가 주석
역임)과 함께 군사훈련 행동노선도를 살펴보는 시중쉰(오른쪽).
1955년 11월, 베이징.

리젠퉁은 고집이 셌다. 시중쉰의 의견을 한 귀로 흘려버렸다. 원고 작성에 몰두했다. 초고가 완성되기까지 2년이 걸렸다. 원고를 들고 다시 시중쉰을 찾아갔다. 시중쉰은 원고를 꼼꼼히 읽었다. 리젠퉁을 불렀다.

"이런 출판물은 재미로 보는 책이 아니다. 당시 서북은 인간관계가 복잡했다. 인연이 악연이 되고, 악연인 줄 알았더니 동지가 되는 경우가 허다했다. 신중히 처리해야 할 부분이 많다. 단편적인 혁명 회고록 형식으로 눈길을 돌려라."

리젠퉁은 시중쉰의 의견을 무시했다. 끝까지 쓸 기세였다.

시중쉰은 뭔가 찜찜했던지, 리젠퉁의 남편 류징판을 불렀다.

"리젠퉁은 서북 소비에트의 혁명투쟁에 참가한 적이 없다. 당시 상황을 제대로 알지 못한다. 소설 썼다간 무슨 구설수에 휘말릴지 모른다. 안 쓰는 게 상책이다. 너는 류즈단 동지의 친동생이며, 리젠퉁의 남편이다. 차라리 네가 써라. 서북의 당사(黨史)는 논란거리가 많다. 긁어 부스럼 만들 일이 한두 가지가 아니다. 특히 가오강 같은 사람은 소설로 표현하기 힘든 사람이다. 내가 얼마나 힘들어하는지 네 처를 잘 설득해라."

류징판은 시중쉰의 의견에 공감했지만, 한숨을 길게 내쉬었다.

"설득해보겠지만 자신은 없습니다. 남편 말 잘 듣는 중국여자 보셨습니까? 오죽하면 중국여자와 결혼하면, 한 날부터 쥐어 산다는 말이 나왔겠습니까? 기분 좋을 때 눈치 봐가며 말은 하겠습니다. 거절하면 저도 방법이 없습니다."

1959년 겨울, 리젠퉁이 또 원고 뭉치를 들고 나타났다.

"세 번째 고쳐 쓴 원곱니다. 조언 부탁드립니다."

이때 시중쉰은 국무원 부총리와 비서장을 겸하고 있었다. 처리할 일이 산더미 같았다. 제대로 읽을 시간이 없었다. 대충 훑어봤다. 시빗거리투성이였다. 점점 늪에 빠져드는 기분이었다.

"우리와 의견을 달리하는 동지들의 의견을 경청해라"

다 그런 건 아니지만, 중국여인들은 고집이 센 편이다. 리젠퉁은 전형적인 중국여인이었다. 시중쉰이 만류해도 소설 『류즈단』의 집필을 포기하지 않았다. 시중쉰의 부탁을 받은 남편 류징판의 충고도 "네 일이나 제대로 하라"며 듣지 않았다.

리젠퉁은 류즈단의 옛 동지들을 찾아다녔다. 원고를 보여주며 지원을 호소했다. 효과가 있었다. 서북 근거지 시절, 류즈단의 전우였던 최고인민법원 부원장 마시우(馬錫五) 등이 시중쉰에게 권했다.

"서북의 간부 대부분이 세상을 떠났다. 억울하게 쫓겨난 사람도 많다. 류즈단은 우리의 훌륭한 지도자이며 동지였다. 『류즈단』의 집필과 출간을 네가 지지하지 않으면, 누가 하겠느냐?"

시중쉰은 옛 전우들의 의견을 존중했다.

"모두 같은 생각이라면 나도 이견이 없다. 출간에 동의한다."

1961년 여름, 리젠퉁이 집필을 시작한 지 5년 만이었다.

시중쉰은 원고를 꼼꼼히 읽었다. 비서들에게도 읽기를 권하며 의견을 말하라고 지시했다. 30여 년 후 비서 한 사람이 당시를 회고했다.

소설 『류즈단』 집필 시절
남편 류징판과 함께 가족사진을 남긴 리젠퉁.
1957년, 베이징.

"나는 더위도 잊은 채 소설 속으로 빨려 들어갔다. 류즈단의 동년(童年)과 청소년 시절의 생활, 초기 혁명 활동에서 산베이 지역의 홍군과 혁명 근거지 창건 과정, 국민당의 포위 공격에 맞선 류즈단과 전우들의 투쟁, 당내 극좌 세력과의 투쟁을 묘사한 걸작이었다. 배경을 서북에만 국한하지도 않았다. 마오쩌둥 지휘하에 징강산에서 유격전을 전개하던 홍군에게도 충분한 경의를 표했다. 무장투쟁은 근거지가 있어야 한다는 마오쩌둥의 무장할거(武裝割據) 사상이 얼마나 탁견인지도 여러 번 강조했다. 실명한 노파가 류즈단에게 계란 쥐어주며 손을 어루만지는 대목이 인상적이었다. 혁명 영수와 군중의 혈육관계를 단 두 줄로 묘사한 작가에게 박수를 보내고 싶었다. 당내 좌경분자들이 류즈단 체포하라는 밀명(密命)을 내렸다는 말을 들었을 때도 류즈단의 반응은 남달랐다. 대국이 중요하다, 분열은 피해야 한다며 자발적으로 조직의 심사를 수용했다. 감옥에서 온갖 고초를 겪으면서도 불평 한마디 하지 않았다. 이런 감동적인 대목이 한두 군데가 아니었다. 다른 비서들 생각도 나와 큰 차이가 없었다."

리젠퉁의 이유 있는 재촉과 비서들의 의견을 청취한 시중쉰은 마시우와 출판사 편집진, 리젠퉁과 좌담회를 열었다. 마시우는 산시, 간쑤, 닝샤(寧夏) 3성의 소비에트정부 주석을 역임한 산베이 지역 혁명 원로였다. 시중쉰의 요청으로 참석한 마시우는 리젠퉁을 달랬다.

"좋은 작품을 썼다. 나는 바오안(保安) 현 출신이다. 류즈단과 동

법률가들 모임에 참석해 마시우를 접견하는 마오쩌둥.
1958년 2월.

향(同鄕)이다. 당과 정부는 류즈단의 업적을 기리기 위해 바오안을 즈단(志丹) 현으로 바꾼 지 오래다. 역사적인 사건과 인물은 함부로 평가하는 것이 아니다. 사실이 중요하다. 역사 소설은 사실을 왜곡하기 쉽다."

시중쉰도 속내를 털어났다.

"이 소설은 류즈단을 정확한 노선을 견지한, 성숙한 혁명가의 대표적인 인물로 묘사했다. 서북 혁명 근거지는 류즈단을 비롯한 당원들의 지도하에 투쟁을 전개하고, 최후의 승리를 거뒀다. 서북의 승리는 전국적인 투쟁의 축소판이며 마오쩌둥 사상의 축소판이었다. 류즈단은 마오쩌둥 사상을 서북에서 구체적으로 실현한 혁명가였다. 근거지 확보를 중요시했던 마오쩌둥 사상에 따라 산간 소비에트를 건설한 장본인이기도 했다. 산간 소비에트는 2만 5,000리 장정의 종착점이며 새로운 출발점이었다. 리젠퉁의 창작은 이 점을 간과하는 착오를 범했다. 마오 주석이 산간 소비에트에 오지 않았다면 근거지는 의미가 없었다."

시중쉰은 마오쩌둥의 후계자였다가 자살로 삶을 마감한 가오강도 거론했다.

"혁명 시절, 가오강의 주장과 행동은 정확했다. 단, 이 책에서는 거론할 필요가 없다."

마시우도 찬성했다.

리젠퉁은 시중쉰과 마시우의 의견을 흘려듣지 않았다. 옛 산간변구의 홍군 전사들과 농민들을 찾아다니며 원고를 수정하고 내용도 보충했다. 1962년, 자기 딴에는 최종원고를 작성했다. 중앙선전부와 시중쉰에게 교열을 부탁하며 여러 언론매체에 일부를 게재했다. 시중쉰은 안심이 안 됐다. 리젠퉁에게 간곡히 권했다.

"서북의 당사(黨史)는 우리와 의견을 달리하는 동지가 많다. 출판하기 전에 그런 사람들의 의견을 경청해라. 수정할 곳을 지목하면 그대로 따르는 것이 현명하다. 안 그랬다간 무슨 혼란이 올지 모른다."

리젠퉁은 그럴 필요 없다며 이유를 설명했다.

"중앙선전부의 동의를 얻었다. 저우양(周揚) 동지가 지도받으라며 담당자까지 소개해줬다."

며칠 후, 시중쉰은 아들 진핑을 데리고 극장에 갔다가 저우양과 조우했다. 중앙선전부 부부장과 문화부 부장을 겸하던 저우양은 시중쉰의 궁금증을 풀어줬다.

"리젠퉁의 소설 『류즈단』은 좋은 작품이다. 출간에 아무 문제가 없다."

시중쉰은 가슴을 쓸어내렸다. 리젠퉁에게 축하 전화를 걸었다. 모든 덤터기를 뒤집어쓸 줄은 상상도 못 했다.

"소설 『류즈단』은 당의 위대한 역사를 위조했다"

중공 윈난(雲南) 성 서기 옌훙옌(閻紅彦)은 당사(黨史)에 정통했다. 서북 출신이며 군 계급도 우리의 대장 격인 상장(上將)이었다. 혁명 시절 서북에 있었던 일이라면 모르는 게 없었다. 신문에 일부 연재되던 리젠퉁의 소설 『류즈단』을 읽으며 "아무리 소설이라지만, 역사적 사실에 부합되지 않는다"며 눈살을 찌푸렸다.

옌훙옌은 베이징 온 김에 리젠퉁을 수소문했다. 만나서 낯만 붉히다 헤어졌다. 성격이 불같은 옌훙옌은 시중쉰에게 전화를 걸었다. 기분이 언짢다 보니 따지듯이 물었다.

"똑바로 얘기해라. 리젠퉁인지 뭔지 하는 여자가 류즈단을 소설로 쓰는 거 알았냐 몰랐냐?"

완전 시비조였다. 시중쉰도 짜증이 났다.

"1960년 이전까지는 찬성하지 않았다. 나중에 동의했다. 원고를 유관 동지들에게 보내 틀린 부분을 지적받고, 의견을 구한 후에 출간하라고 했다. 리젠퉁을 다시 만나라. 참고될 얘기를 해줘라."

옌훙옌은 버럭 소리를 질렀다.

"그렇게 고집센 여자는 처음 봤다. 꼴도 보기 싫다."

소문을 들은 캉성은 보물을 건진 기분이었다. 소설은 보지도 않고 선전부에 요구했다.

"시중쉰이 기획한 『류즈단』은 말이 소설이지 반당강령이다. 신문 연재를 중단하고, 출간 허가도 취소해주기 바란다."

시중쉰은 당 중앙에 편지를 보냈다. 결백을 호소했다.

　"나는 소설 『류즈단』의 집필을 주재하지 않았다. 캉성의 주장을 받아들일 수 없다."

편지는 효과가 없었다. 비판이 줄을 이었다. 시중쉰의 회고를 소개한다.

"캉성은 이론의 권위자였다. 무리를 선동해 나를 공격했다."

억울함을 호소할 방법이 없었다. 저우언라이에게 휴가를 허락해
달라고 청했다.

"당분간 회의에 참석하고 싶지 않다. 내 잘못을 생각해볼 시간이
필요하다. 준비가 되면 실책에 관한 조사를 받겠다."

저우언라이는 시중쉰에게 호의적이었다. 저우언라이가 무슨 재
주를 부렸는지, 당 중앙도 시중쉰의 휴가를 승인했지만 비판은 수
그러들지 않았다. 당 전체회의가 열렸다. 발언대에 선 마오쩌둥은
캉성이 보낸 쪽지를 펼쳤다.

"소설을 이용한 반당활동은 보기 드문 대(大)발명입니다. 참고
하시기 바랍니다."

쪽지를 읽은 마오쩌둥의 입에서 생각지도 않았던 말이 튀어나
왔다.

"근래에 문학 작품을 이용한 반혁명활동이 진행 중이다. 소설을
이용한 반당·반인민 행위는 창당 이래 최대의 발명품이다. 한 정
권을 뒤집어엎으려면, 여론 조성과 의식 형태에 관한 공작을 먼저
펼쳐야 한다. 혁명도 그렇고, 반혁명도 마찬가지다."

말미에 캉성을 치켜올렸다.

"캉성 동지가 소설을 이용한 반당활동을 발견했다."

'시중쉰 심사위원회'가 발족했다. 주임 캉성이 중앙에 건의했다.

"시중쉰은 무슨 회의건 참석할 필요가 없다. 국경일에 천안문(天
安門) 성루(城樓)에도 못 올라오게 해야 한다."

옌안 시절 마오쩌둥에게 뭔가 일러바치는 캉성(오른쪽).

위원회 1차 회의에서 캉성은 할 일을 설명했다.

"앞으로 우리는 시중쉰 반당집단의 활동을 연구하고 심사해야 한다. 적당한 시기에 보고문을 당 중앙 전체회의에 제출할 예정이다."

묵묵부답, 아무도 의견을 제시하지 않았다. 심사 과정도 비밀에 부쳤다. 당 전체회의에서 캉성은 시중쉰의 죄상을 나열했다.

"소설『류즈단』은 당의 위대한 역사를 위조했다. 산간 변구가 중국 혁명의 중심(中心)이며 정통(正統)이라고 단정했다. 마오쩌둥 사상을 류즈단 사상으로 둔갑시켜, 그들의 사상을 당의 지도사상으로 삼으려 했다."

시중쉰에게 정직(停職) 처분을 내렸다. 문건을 압수하고, 회의 발언기록도 없애버렸다. 소설의 작가 리젠퉁도 온전치 못했다. 당적(黨籍)을 박탈당하고, 노동에 종사하라는 처분을 받았다.

시중쉰은 집밖을 나오지 않았다. 나가도 갈 곳이 없었다. 온종일 말 한마디 하지 않았다. 저우언라이는 자신을 성실히 보좌하던 시중쉰이 자살이라도 할까봐 걱정했다. 직접 찾아갔다.

"그간 너는 정부를 대신해 많은 일을 했다. 마오 주석은 여전히 너를 신임한다. 잘못은 고치면 된다. 우리는 영원한 친구 사이다. 부디 딴생각 품지 마라."

시중쉰도 저우언라이를 안심시켰다.

"농촌에 내려가 농민생활을 하고 싶다. 고관 노릇 하려고 혁명에 뛰어들지 않았다. 땅 갈고 씨 뿌리는 것도 혁명이나 진배없다."

마오쩌둥의 신임이 여전하다는 저우언라이의 위로는 틀린 말이 아니었다. 수십 년간 시중쉰에 대한 마오의 평가는 후했다. 1935년 10월 중순, 장정 도중 산시 성과 간쑤 성 경계를 통과하며 측근들에게 이런 말을 한 적이 있다.

"장시(江西) 성을 출발, 열 개 성을 거치며 산시 성 경내에 들어섰다. 우리 근거지가 어디에 있느냐? 이제 거기가 우리 집이다. 류즈단과 시중쉰이 근거지를 마련하지 않았다면 우리는 갈 곳이 없을 뻔했다."

그 후에도 비슷한 말을 여러 번 했다. 그런 말을 들을 때마다 시중쉰은 힘이 솟았다.

마오쩌둥과 저우언라이가 그러건 말건 캉성은 아랑곳하지 않았다. 중앙선전부와 중국작가협회에 지령을 내렸다.

공장으로 쫓겨 간 시중쉰

마오쩌둥 사망 2년 후인 1978년 12월 18일, 중공 중앙위원과 후보위원 281명이 한자리에 모였다. 회의는 5일간 계속됐다. 덩샤오핑에게 권한을 몰아주는 중요한 회의였다. 두꺼비처럼 생긴 새로운 실권자는 뜯어고치고 싶은 일이 많았다. 16년 전 세상을 시끄럽게 했던 시중쉰 문제도 그중 하나였다. 중앙선전부에 지시했다.

"16년 전에 발생한 소설 『류즈단』 사건을 다시 조사해라."

선전부는 9개월 후 중앙에 보고서를 제출했다.

"리젠퉁은 공인(工人)출판사와 소설『류즈단』출간을 계약했다. 오랜 시간 계획된 음모라는 캉성의 주장은 근거가 없다. 시중쉰은 출판사 동지들과 두 차례 의견을 나눴을 뿐, 창작에는 관여하지 않았다. 산간 근거지를 중국 혁명의 정통으로 묘사했다는 주장도 모함이다. 심사받는 동안 시중쉰은 진상을 설명하고, 캉성이 추궁하는 혐의를 인정하지 않았다. 이런 행위는 당이 규정한 당원의 권리다."

소설『류즈단』의 창작 과정도 정상이었다고 단정했다.

"시중쉰·리젠퉁·류징판은 창작 과정에서 반당집단을 결성한 적이 없다. 시중쉰 동지는 서북을 소재로 한 창작에 관심이 많다 보니 의견을 말했을 뿐이다. 정당한 행위였다. 없었던 일을 캉성이 사건으로 만들었다."

얘기는 15년 전으로 거슬러 올라간다. 1963년 봄, 중공 중앙은 시중쉰을 펑더화이·류징판과 함께 중앙당교(中央黨校)로 보냈다. 시중쉰은 이의를 제기하지 않았다.

"나는 문화 수준이 낮다. 수십 년간 혁명가의 길을 걸었지만, 전쟁과 정무(政務)로 정신이 없다 보니 체계적으로 이론을 공부할 시간이 없었다. 전심전력, 독서에 몰입하겠다."

당교 인근 공터에 빈집이 있었다. 창고 비슷한 황당한 곳에 머물며 2년간 특수학생 생활을 했다. 교내 활동에는 참여하지 못했다.

외출은 물론 외부인의 출입도 허락되지 않았다. 눈만 뜨면 마르크스·레닌·마오쩌둥의 저작물에 매달리고, 오후에는 꽃을 키우고 채소를 재배했다. 가끔 거름통 메고 다니는 펑더화이를 먼발치에서 본 날은 잠을 설쳤다. 2년간 당교 생활을 한 시중쉰은 마오쩌둥에게 편지를 보냈다.

"오랫동안 집 안에만 있었습니다. 현실과 격리된 탓인지 자력개조(自力改造)에 어려움을 느낍니다. 집단 농장에 가서 여러 사람과 어울려 노동하며 자신을 단련시키면, 마오쩌둥식 보통노동자로 태어날 자신이 있습니다."

마오쩌둥은 나름대로 생각이 있었다. 시중쉰의 청을 받아들이지 않았다.

"시중쉰은 농촌 출신이다. 농촌 생활에 익숙하다. 잘 아는 일을 또 하는 것은 낭비다. 공장으로 보내라."

중앙 조직부장이 시중쉰을 방문했다.

"마오 주석의 뜻을 전하러 왔다. 공장에 가 있어라. 3년간 단련받으면 다시 부르겠다. 당은 너를 뤄양에 있는 광산기기창(鑛山機器廠)에 보내기로 결정했다."

시중쉰은 무조건 복종했다. 뤄양 광산기기창은 국무원 비서장과 부총리까지 지낸 시중쉰의 처우를 놓고 회의를 열었다. 위에서 시키는 대로 하자고 의견을 모았다. 기기창 부서기를 베이징으로 파견했다. 부서기가 구술을 남겼다.

"총리는 시중쉰에게 부창장(副廠長)직을 주라고 지시했다. 넓은 주택에 비서도 배정하라는 말을 듣고 느끼는 바가 있었다. 시중쉰이 잘못은 했지만, 당은 희망을 버리지 않았다는 생각이 들었다. 가장 좋은 주택을 준비하고, 전용식당도 마련했다. 시중쉰은 단련이 목적이라며 우리가 마련한 것들을 거절했다."

뤄양에 도착한 시중쉰에게 기기창 부서기가 인사치레를 했다.

"당분간 휴식을 취해라. 안전 기술부터 배우고 노동에 참여해라. 일주일에 하루만 일하면 된다. 뤄양은 명승고적이 도처에 널려 있다."

시중쉰은 고개를 저었다.

"이곳에서 나는 어린 학생이나 마찬가지다. 기술자가 스승이다. 함께 배우며 노동하겠다. 그간 나는 중앙기관에서만 일했다. 큰 것만 알았지, 작은 것은 몰랐다. 현실과 군중을 이탈한 지 오래다. 노동을 통해 내 자신을 단련시키고자 한다. 휴식은 필요 없다. 행정 업무도 알고 싶지 않다. 어떤 배려도 바라지 않는다. 나를 일반 동지들과 똑같이 대하고 요구하기 바란다. 그렇게 하지 않으면 나는 아무것도 배우지 못한다. 이곳에 온 의미가 없다."

매일 반나절은 현장에서 일하겠다며 사무실도 거절했다. 시중쉰은 주로 오전에 일했다. 점심도 노동자들 틈에 끼어 함께했다. 남기는 법이 없었다. 오후에는 신문과 독서에 매달렸다. 부인에게 "과학과 역사 서적을 많이 읽는다"는 편지도 보냈다.

습관도 변했다. 서북은 먼 옛날부터 목욕문화가 없었다. 시중쉰도 서북 출신이다 보니 목욕을 거의 안 했다. 공중욕탕에서 노동자들과 서로 때 밀어주며 이 얘기 저 얘기 나누다 보니 재미있었다. 거의 매일 목욕탕을 찾았다.

몸을 깨끗이 하고 사과 밭까지 산책했다. 전직 부총리라는 소문이 퍼졌다. 사람들은 믿지 않았다. 홍위병들에게 끌려갈 때도 마찬가지였다.

시중쉰의 목숨을 살린 저우언라이

문화대혁명 시절, 시중쉰은 총리 저우언라이 덕에 살아남았다. 유배나 다름없는 뤄양 광산 기기창 생활도 문혁 전까지는 지낼 만했다. 새로운 생활에 익숙해질 무렵, 문혁이라는 괴물이 전국을 강타했다. 당과 정부 지도자들이 홍위병의 도마 위에 올랐다. 시중쉰도 온전할 리 없었다.

1967년 1월 4일 밤, 시중쉰은 평소처럼 책과 씨름 중이었다. 열한 시 무렵, 밖이 웅성거리더니 문 두드리는 소리가 요란했다. 문을 열자 십여 명이 몰려들었다. 다들 홍위병 완장을 차고 있었다.

두목 격인 홍위병이 시중쉰 앞으로 다가왔다.

"우리는 서북(西北)대학 홍위병이다. 너는 반당 야심가이며 자본주의를 추종하는 당권파다. 서북에 있을 때 엄청난 죄를 범했다. 우리와 시안으로 가자. 서북 인민들에게 네 죄를 인정해라."

시중쉰은 일이 복잡하게 돌아간다는 생각이 들었다.

"기기창 측에 알리고 준비할 것이 많다. 날이 밝으면 떠나자."

홍위병들은 막무가내였다.

"지금 가자."

여차하면 주먹질이라도 할 기세였다.

뤄양 역에 열차가 대기하고 있었다. 이튿날 새벽, 시안에 도착한 시중쉰은 서북대학 학생숙소에 수감됐다. 첫 번째 비판대회에서 전 산시 성 성장 자오보핑(趙伯平)과 조우했다. 시문(詩文)에 능했던 자오보핑은 시중쉰의 스승이나 다름없었다. 고깔 쓰고 홍위병에게 끌려 나온 왕년의 양사익우(良師益友)와 마주하자 할 말을 잃었다. 자오보핑도 마찬가지였다. 긴 한숨을 내쉬더니 슬픈 표정으로 입을 열었다.

"늙어서 이런 일 겪을 줄은 상상도 못 했다. 건강 조심해라."

시중쉰은 어처구니가 없었다. '중앙문혁소조' 조장으로 기세를 날리던 천보다(陳伯達) 편에 마오쩌둥과 중앙정치국 상무위원회 앞으로 편지를 보냈다.

"자본주의를 추종하는 당권파와 수정주의자라는 주장을 인정할 수 없다. 하루속히 뤄양으로 돌아가 개조에 매진하고 싶다."

저우언라이는 시중쉰의 처지를 모른 체하지 않았다. 시안지구 조반파를 접견한 자리에서 대놓고 한마디 했다. "모든 공격을 중지해라. 선전용 차량에 사람 태우고 조리돌리지 마라. 방위산업 공장에는 그 누구도 들어갈 수 없다"며 시중쉰이 조리돌림당하는 사진을 내밀었다. "시중쉰을 시안까지 데리고 가 망신 준 이유를 모르겠다. 이건 문화혁명이 아니라 무화혁명(武化革命)"이라며 버럭 소

서북 군정위원회 시절의 시중쉰
(앞줄 왼쪽 셋째)과 자오보핑(앞줄 왼쪽 넷째).
1954년 봄, 산시 성 시안.

리를 질렀다. 사진도 던져버렸다.

16년 후 김일성을 만난 시중쉰은 당시를 회상했다.

"1967년 1월, 시안의 홍위병들에 의해 비판대에 섰을 때 나는 죽은 호랑이나 마찬가지였다. 1년간 별꼴을 다 겪었다. 소식을 접한 저우 총리는 나를 군대 감옥에 보내라고 지시했다. 베이징 위수사령부가 보낸 비행기를 타고 시안을 빠져나왔다. 보호감호였지만 감금생활이나 다름없었다. 그 덕에 목숨은 건졌다."

시중쉰은 8년간 가족 소식도 듣지 못했다. 부인 치신은 생활고에 시달렸다. 1972년 겨울, 저우언라이에게 편지를 보냈다.

"나와 애들은 남편을 못 본 지 오래다. 만날 수 있기를 간곡히 청한다. 현재 우리 모자는 갈 곳이 없다. 조직에서 거처 문제를 해결해주면 고맙겠다. 예금도 동결됐다. 일부라도 풀어주면 생활에 도움이 되겠다."

저우언라이는 읽기가 무섭게 수화기를 들었다.

하루는 조사 담당관이 시중쉰을 불렀다.

"나와 갈 곳이 있다."

묻지도 못하고 따라가 보니 치신이 아들 진핑과 위안핑(遠平)을 데리고 넋 나간 사람처럼 서 있었다. 시중쉰이 집을 떠날 때 진핑은 열한 살, 위안핑은 여덟 살이었다. 시중쉰은 열아홉 살이 된 진핑을

유랑 시절의 시중쉰.
1975년 11월, 허난 성 뤄양.

처음에는 알아보지 못했다.

1996년 12월 24일, 푸젠(福建) 성 부서기 시진핑은 25년 전 베이징 교외에서 있었던 부자 상봉을 얘기하며 감회에 젖었다. 길지만 그대로 인용한다.

"아버지는 우리를 보더니 눈물을 흘렸다. 나는 어떻게 해야 할지 갈피를 잡지 못했다. 얼떨결에 담배 한 개비를 권했다. 동시에 나도 한 대 물고 불을 붙였다. 아버지는 언제부터 담배를 피웠냐고 물었다. '사상적으로 고민이 많았습니다. 최근 몇 년간은 정말 견디기 힘들었습니다'라고 하자 아버지는 한동안 침묵하더니 입을 열었다. '네 흡연을 허락한다'며 싱긋이 웃었다. 두 번째 만났을 때는 내게 자신의 담배를 한 개비 주며 말했다. '이제 너는 담배를 피울 이유가 없어졌다. 돌아가면 이 담배에 불은 부치지 말고 빨기만 해라.' 나는 아버지가 곤경에 처했던 시절에 준 선물을 지금도 간직하고 있다."

헤어질 무렵, 치신은 저우언라이의 배려를 상세히 설명했다. 훗날 시중쉰은 당시의 심정을 토로했다.

"저우언라이 동지도 어렵기는 마찬가지였다. 그 와중에도 감금 중인 옛 동지들 보호에 물불을 가리지 않았다. 나도 보호받은 사람 중 하나였다."

문화혁명 종결 후 정계에 복귀해 정치협상회의장에서
저우언라이 부인 덩잉차오를 만나 즐거워하는 시중쉰.

유랑지 허난을 떠나기 전, 거리를 산책하는 시중쉰(왼쪽 둘째).
1978년 2월, 정저우.

시중쉰은 인복이 많았다. 저우언라이가 세상을 떠난 후에는 예젠잉과 덩샤오핑의 지지가 남달랐다.

중국의 남대문 광둥을 지키는 시중쉰

1978년 2월 19일 새벽, 정저우(鄭州) 소재 중공 허난 성 위원회 당직실, 전화벨이 울렸다. 베이징의 중앙 판공청에서 걸려온 전화였다.

"성 위원회 지도자 책임하에 뤄양에 있는 시중쉰을 베이징까지 호송해라."

사흘 후 시중쉰을 태운 전용열차가 정저우 역에 도착했다. 시중쉰은 영접 나온 허난 성 서기와 포옹했다.

"16년 만의 포옹이다. 이제야 당의 품으로 돌아온 것 같다."

성 서기는 몸 둘 바를 몰랐다.

"밤 열차로 베이징으로 떠나셔야 합니다. 쉴 곳을 준비했습니다."

시중쉰은 손사래를 쳤다.

"오랜 세월 외부와 단절된 생활을 했다. 휴식은 무슨 휴식, 시내 돌며 신선한 공기를 마시겠다."

베이징에 도착한 왕년의 부총리는 전국 총공회 초대소에 여장을 풀었다. 옛 전우들의 방문이 줄을 이었다. 어찌나 몰려오는지, 새벽 다섯 시까지 방문객을 맞이했다. 시중쉰은 전국 정협(정치협상회의)에 특별초청위원 자격으로 참석하라는 통보를 받았다. 회의는 문혁 시절 죽음의 문턱까지 갔던 사람들의 잔치였다. 덩샤오핑을

16년간의 유랑생활을 마치고 베이징에 돌아와 옛 동료였던 천이(秦怡.
한국 출신 영화배우 김염의 부인)와 우연히 재회한 시중쉰.
1979년 1월, 베이징.

주석으로 선출했다. 시중쉰도 상무위원에 당선됐다. 동시에 열린 전인대에서 위원장에 선출된 예젠잉은 시중쉰을 발견하자 경악했다. 두 사람은 옌안 시절부터 잘 아는 사이였다. 쉬는 시간에 시중쉰을 만난 노(老)혁명가는 잡은 손을 놓지 못했다. 예젠잉은 자신의 관할 구역인 광둥(廣東)에 시중쉰이 가기를 희망했다. 광둥 성 제2서기 자리가 비어 있었다. 덩샤오핑과 의논했다. 덩샤오핑도 동의했다.

"중공 중앙 서북국을 이끌었고, 부총리까지 역임했던 사람에게는 격이 떨어지는 자리지만, 광둥은 중국의 남대문이다. 전략적으로도 중요한 곳이다. 시중쉰 정도는 돼야 지킬 수 있다."

광둥에 내려온 시중쉰은 이론과 실천의 결합을 주장했다.

"이론과 실천은 함께해야 한다. 이론이 실천을 독려하고, 실천을 통해 이론이 풍부해질 수 있다. 실천이 따르지 않는 이론은 아무 가치가 없다. 마르크스나 레닌의 서적을 아무리 많이 읽어도 실천과 결합되지 않으면 의미가 없다."

"진리를 입증할 수 있는 유일한 표준은 실천"이라는 덩샤오핑의 발언으로 전국이 시끄러울 때였다. 시중쉰은 자리에만 앉아 있는 성격이 아니었다. 현지 조사를 게을리하지 않았다. 광둥 성 전역에 발길을 남겼다. 시찰 나온 예젠잉에게 대담한 제안을 했다.

"우리 조사단이 홍콩과 마카오를 둘러봤다. 광둥과 합작 가능성을 타진하더라는 보고를 받았다. 시험구(試驗區)를 만들자는 의견을 제시한 사람이 많았다. 홍콩에 인접한 바오안과 주하이(珠海) 두 현을 시(市)로 승격시켰다. 바오안은 명칭도 선전(深圳)으로 바

중공 중앙 총서기 후야오방(오른쪽 첫째)과 함께
예젠잉(왼쪽 첫째)을 방문한 시중쉰(오른쪽 둘째).
1981년 10월, 베이징.

꿔버렸다.”

예젠잉은 시중쉰을 지지했다.

“빨리 덩샤오핑 동지에게 보고해라.”

베이징에서 중앙공작회의가 열렸다. 시중쉰의 발언이 주목을 받았다.

“경제체제 못지않게 행정체제도 개혁이 필요하다. 중국은 큰 나라다. 성마다 특징이 있다. 각 성의 특성을 살리는 것이 대권(大權)은 한 사람이 관장하고, 소권(小權)은 분산시킨다는 마오쩌둥 동지의 주장에 부합하는 길이다.”

이어서 광둥의 특징을 설명하며 자주권을 요구했다.

“광둥은 홍콩·마카오와 지척 간이다. 화교도 많다. 외부 세계와 적극적인 경제 기술 교류가 가능한, 유리한 조건이 한둘이 아니다. 이번 회의에서 중앙이 독점하고 있던 권한 일부를 광둥에 이양해주기를 희망한다.”

재미있는 비유도 했다.

“참새는 비록 작지만 오장육부는 다 갖춘 동물이다. 광둥은 한 개 성에 불과하지만 큰 참새다. 몇 개의 국가에 버금가는 지역인데 중앙의 통제가 심하다 보니 기동력이 떨어진다. 새장을 열어주면 지방에도 유리하고 국가에도 유리하다.”

덩샤오핑은 시중쉰의 대담한 제안에 고개를 끄덕였다. 한마디 거들었다.

“광둥과 푸젠 지역에 특수정책을 실시하고, 지역 출신 화교의 자금과 기술을 이용하면 자본주의 지역으로 변할 가능성이 없다. 우

경제특구 시찰에 나선 중공 중앙 총서기 후야오방(가운데).
1984년 5월 23일, 광둥 성 주하이.

경제특구 선전을 방문해 "특구 건설은 정확한 결정"이었다고
제사(題詞)하는 덩샤오핑.
1984년.

리는 전민소유제(全民所有制)를 신봉하는 사람들이다. 돈을 번다하
더라도, 그 돈이 우리 주머니에 들어올 일이 없다. 8,000만 명이 먼
저 부자가 되라. 개인당 수입이 증가하면 중앙에 돈 요구하지 마라.
그러면 우리도 편하다."

덩샤오핑은 더 자세한 얘기가 듣고 싶었다. 시중쉰을 따로 불렀
다. 시중쉰은 하고 싶었던 말을 다 쏟아냈다. 결론은 개방정책과 경
제 발전의 돌파구가 될 무역합작구(貿易合作區)의 신설이었다. 덩
샤오핑은 무역합작구 신설을 토론에 부쳤다. 명칭을 놓고 의견이
분분했다. 최종 결정은 덩샤오핑 몫이었다.

"특구(特區)가 좋겠다. 시중쉰은 특구 전문가다. 반세기 전, 시중
쉰이 만든 산간닝 변구도 처음에는 홍색특구(紅色特區)였다. 이번
에는 경제특구(經濟特區)를 만들어라. 지원할 돈은 없다. 재주껏 살
길을 찾아라."

경제특구는 이렇게 탄생했다.

중국식 사회주의의 시작

"무모하지 않으면 할 일이 없고,
되는 일도 없다."

천안문 사태 후 은퇴하는 덩샤오핑

문혁이 끝나자 '개성의 존중' '사상의 해방' 같은 용어들이 고개를 쳐들었다. 10여 년이 흐르자 현실의 문제점을 지적하는 활동들이 모습을 드러냈다.

1989년 4월 15일, 전 중공 총서기 후야오방이 세상을 떠났다. 청년과 학생들을 중심으로 각양각색의 추도회가 열렸다. 학생들이 교문을 뛰쳐나왔다. 대도시마다 시위대가 거리에 넘쳤다. 중국공산당과 사회주의 제도를 부정하는 구호와 벽보가 요란했다. 베이징은 말할 것도 없었다. 천안문 광장이 해방구로 변했다. 중공 중앙은 계엄령으로 맞섰다. 폭풍이 가라앉자 온갖 예측이 난무했다.

"더 거대한 풍파가 중국에 출현할 날이 머지않았다."

최고실권자 덩샤오핑은 상하이 제1서기 장쩌민(江澤民)을 중심으로 새 지도부를 구성했다. 중공 중앙정치국에 서신을 보냈다.

"중앙군사위원회 주석직을 사직하고 싶다. 비준해주기 바란다."

전인대에도 서신을 통해 중앙군사위원회 주석 사직을 요청했다. 덩샤오핑은 신임 정치국 상무위원들을 한자리에 불렀다. 은퇴 시기와 방식을 논의했다.

"지금 은퇴하지 않으면 현직에 있으면서 세상을 떠나게 된다. 국제사회의 반응에 대응하기 힘든 일이 벌어진다. 은퇴하면 일은 안 하겠지만, 목숨은 붙어 있다. 작은 역할은 할 수 있다. 지금 은퇴해서 발생할 일이 현직에 있으면서 죽는 것보다 유리하다. 그간 수차에 걸쳐 은퇴를 요구한 것은 진심이다. 빨리 절차를 밟아라."

지상명령이나 다름없었다. 11월 9일, 당 전체회의가 열렸다. 덩샤오핑의 은퇴를 능가할 의제는 없었다. 덩샤오핑의 서신이 공개되자 토론이 벌어졌다. 정치가와 연기자들의 사주팔자가 비슷하다는 말을 실감케 하는 광경이 벌어졌다. 정치국 상무위원들이 재고를 요청했다.

"우리의 건설과 개혁은 중요한 시점에 처해 있다. 국제 정세도 복잡하다. 덩샤오핑 동지의 지속적인 지도가 절실하다. 은퇴시기 늦춰주기를 간절히 소망한다."

덩샤오핑은 "지금 하는 것이 당과 국가에 가장 유리하다"며 숙고(熟考)를 당부했다.

참석자들은 덩샤오핑의 심모원려(深謀遠慮)에 경의를 표했다. 만장일치로 덩샤오핑의 요청을 받아들였다. 원로 언론인의 회고를 소개한다.

버둥대다 쫓겨나는 것과 은퇴를 간청해서 그만두는 것은 천양지차(天壤之差)다. 당일 오후 덩샤오핑이 모든 동지와 고별인사 나누겠다며 인민대회장을 찾았다. 일행이 대회의장에 들어서자 전원이 기립, 박수가 그치지 않았다. 고별사는 간단했다. 감사 소리만 반복했다. "동지들의 이해와 지지에 감사한다. 은퇴 청구를 받아들여준 전체회의에 충심으로 감사드린다."

총서기 장쩌민이 문 앞까지 배웅했다. 출정을 앞둔 제갈량(諸葛亮)이 천자에게 올린 결심을 재현했다.

"국궁진췌, 사이후이(鞠躬盡瘁, 死而后已), 몸 굽혀 소임을 다하겠습니다. 죽은 후에나 그만두겠습니다."

장쩌민의 한마디는 새로운 황제의 탄생을 의미했다.

집으로 돌아온 덩샤오핑은 자녀들에게 구상을 털어놨다.

"은퇴 후 소망은 진정한 평민생활이다. 거리를 거닐며 이곳저곳 구경하고 싶다."

큰손녀가 할아버지는 진짜 이상주의자라며 웃었다.

덩샤오핑의 은퇴는 전 세계의 호평을 받았다. 내용도 비슷했다.

"자신의 은퇴로 중국을 안정시켰다. 문혁의 혼란에 종지부를 찍고 현대화 노선 확립에 결정적 작용을 했다. 덩샤오핑에게 직함은 아무 의미가 없다. 중국 정치와 개혁의 총설계사라는 칭호가 합당하다."

은퇴한 덩샤오핑은 중국의 운명과 미래, 국제 문제에 관심을 게을리하지 않았다. 1991년은 긴장의 연속이었다. 걸프전쟁(Gulf

War)이 끝나자 남슬라브에 내전이 발발했다. 동유럽은 엉망이 되고, 소련은 해체됐다. 미·소 양극체제가 와해되자 국제질서도 균형을 상실했다. 중국은 큰 탈이 없었다. 역사상 두 번째 풍년이 들고, 주변국과의 관계개선도 그럴듯했다.

국가 지도자에게 낙관은 금물이다. 덩샤오핑은 1992년도 심상치 않은 한 해가 되리라는 예감이 들었다. 남방을 둘러보기로 결심했다. 공작원들에게 준비를 지시하며 몇 가지 당부했다.

"보고를 받지 않겠다. 밥 먹을 때 현지 간부들을 배석시키지 마라. 신문도 멀리하겠다. 녜룽전(聶榮臻) 원수와 덩잉차오(鄧穎超) 동지의 문집 외에는 제사(題詞)를 거절한다."

1992년 1월 17일, 편제에 없는 특별열차가 베이징 역을 빠져나갔다. 누가 탑승했는지 정부 중추기관과 수행원 외에는 아무도 몰랐다. 열차는 순식간에 화북(華北) 평야를 뒤로하고 중위안(中原) 지방을 질주했다. 황허(黃河)와 창장(長江)을 거쳐 우창(武昌)에 임박하자 1세대 혁명가들의 선혈이 배어 있는 곳에서 한마디 하고 싶었다.

"성 서기와 성장을 역으로 초청해라."

열차가 정차한 시간은 20분에 불과했다. 덩샤오핑은 플랫폼을 산보하며 서기와 성장에게 하고 싶은 말을 했다. 간결하지만 중요한 내용이었다. 중국의 운명을 바꿨다는 '남순강화'(南巡講話)는 이렇게 시작됐다.

우창 역 플랫폼을 산책하는 덩샤오핑.
1992년 1월 18일.

회의는 짧게 형식은 간소하게

덩샤오핑은 격식이나 절차를 중요시하지 않았다. 시종일관 "쓸데없는 회의와 무시해도 좋을 문건이 많다"며 형식주의를 혐오하고 비판했다. 1978년 중공 중앙 공보(公報)에 "업무 효율을 높이기 위해 회의와 공문을 줄이자"는 내용이 실린 것도 덩샤오핑의 건의 때문이었다. 1980년 2월에 열린 회의에서는 폐단을 지적하고 방향까지 제시했다.

"회의는 소규모로 하고 짧게 끝내라. 준비 안 된 회의는 하지 마라. 발언은 짧을수록 좋다. 의제에서 벗어난 발언은 듣는 사람을 피곤하게 한다. 찬성과 반대를 분명히 해라. 회의는 문제 해결이 목적이다. 이것도 좋고 저것도 좋다는 눈치꾸러기는 기회주의자다. 퇴출시킴이 마땅하다. 결점과 약점을 인정하는 것이 문제 해결의 기점이다. 약점과 결점 극복의 기점이기도 하다."

평소 빈말 안 하고, 벌어진 일에만 열중한 덩샤오핑은 이런 말 할 자격이 있었지만, 당과 정부 간부들의 고질병은 하루아침에 고쳐지지 않았다. 10여 년이 지나도 병폐는 여전했다.

덩샤오핑은 형식주의에 일침을 가하기로 작정했다. 지도적 위치에 있는 각급 간부와 당을 향해 충고할 방법을 찾았다. 남방 순시를 통해 하고 싶은 말을 했다.

첫 번째 강화(講話)는 난창(南昌) 역 플랫폼에서 했다. 20분간 산보하며 장시(江西) 성 서기와 성장에게 한 말이지만, 과녁은 베이징의 당 중앙이었다.

"모두가 형식주의에 빠져 있다. TV 켜면 온통 회의에 관한 얘기

뿐이다. 회의가 지나치게 많다. 지위가 높을수록 말을 너무 오래 한다. 같은 내용이 반복되고 새로운 언어를 찾아보기 힘들다. 중복된 발언을 하려면 간결하고 핵심을 찔러야 한다. 우리는 관료주의를 부정해왔다. 형식주의는 관료주의와 다를 게 없다. 시간은 황금이다. 일 많이 하고 말은 적게 해야 한다."

마오쩌둥과의 일화도 거론했다.

"마오 주석은 회의를 짧게 끝냈다. 말과 문장에 군더더기가 없었다. 내게 저우언라이 총리의 전인대 보고문 초안 작업을 지시한 적이 있었다. 5,000자를 넘지 말라고 요구했다. 나는 임무를 완수했다. 5,000자면 무슨 내용이건 충분히 담을 수 있다."

첫 번째 기착지에서 형식주의를 거론한 이유가 있었다. 당시 최고의 TV 스타는 국가 지도급 간부들이라는 말이 나올 정도로 회의가 많았다. 보도되지 않은 회의는 더 많았다. 문건은 말할 것도 없었다. 한 성(省) 서기의 회고를 소개한다.

"일주일간 귀향한 적이 있다. 돌아와 보니 문건이 산처럼 쌓여 있었다. 머리가 아팠다. 다 읽고 나니 새 문건이 또 어마어마했다. 낙성식, 개막식, 개업식, 무슨 5주년·10주년 기념행사, 술자리, 초대회, 경연대회 등 갈 곳도 많았다. 이러다 제 명에 못 죽겠다는 생각이 들었다."

전용열차가 난창을 떠나자 성 서기와 성장은 덩샤오핑이 한 말을 문건으로 만들었다. 워낙 중요한 내용이라 한마디라도 빠뜨렸다간 무슨 날벼락 맞을지 몰랐다. 겨우 합의가 끝나자 베이징으로 전송했다.

중공 중앙 판공청(辦公廳)과 국무원 판공청은 3일 만에 "지도자 동지들의 과다업무와 활동 감소 방안에 관한 건의문"을 작성했다. 문건을 받아본 중공 총서기 장쩌민은 이의가 없었다. 성명서까지 발표했다.

"덩샤오핑 동지는 군중의 강한 소망을 우리에게 일깨워줬다. 당 중앙과 각급 기관의 지도자, 간부들은 그간의 방식에서 탈피해야 한다. 실천이 관건이다. 노력과 분투를 다짐해야 한다."

국무원 총리 리펑(李鵬)도 팔짱만 끼고 있지 않았다.

"한동안 국무원 산하기관은 각종 회의와 업무성 활동이 과다했다. 회의 시간이 너무 길어 간부들의 정력을 소진시킨 경우가 빈번했다. 국무원부터 솔선수범하고, 각종 회의를 엄격히 통제하겠다. 간부들에게 조사와 연구, 문제 해결에 매진할 것을 제의한다."

속으로야 어땠을지 몰라도 누구 하나 의견이나 이의를 제기하지 않았다. 회의와 행사 규모가 축소되기 시작했다. 국내외에 중요한 영향을 미칠 행사 외에는 고위 공직자의 참석을 제한했다. 당이나 정부기관이 주관하는 표창의식도 마찬가지였다. 중앙 지도자급의 지방행사 참석도 예전 같지 않았다. 규모나 형식도 간소해졌다.

보도도 중앙 조직이나 중앙의 비준을 받은 활동 외에는 금지시켰다. 해도 그만이고 안 해도 그만인 회의나 활동들이 줄어들기 시작했다. 일반 참석자들도 눈에 띄게 줄어들었다. 가봤자 신문에 이름도 안 나오고, 먹을 것도 빈약하다 보니 재미가 없었다.

우창을 떠난 전용열차는 창사(長沙)에 정차했다. 후난(湖南) 성 서기의 권유로 10분간 플랫폼을 산보했지만, 풍년과 병충해 박멸 치하 외에 대단한 말은 남기지 않았다.

덩샤오핑이 남쪽을 향했다는 소문이 퍼지자 세계가 경악했다. 외국 기자들이 홍콩으로 몰려들었다. 홍콩과 마카오도 들썩거리기 시작했다. 90세를 2년 앞둔 중국 노인의 행방에 촉각을 곤두세웠다. 남순(南巡)의 최종 목적지는 광둥(廣東)이었다.

"오랫동안 학수고대하던 노인이 온다"

1992년 1월, 덩샤오핑의 광둥 방문은 이유가 있었다. 얘기는 16년 전으로 거슬러 올라간다. 1976년 초가을, 마오쩌둥이 사망하자 문혁도 종지부를 찍었다. 10년간 들끓었던 광기가 끝나자 중국은 기로에 직면했다. 새로운 선택을 놓고 갈팡질팡했다. 정계에 복귀한 덩샤오핑의 선택이 주목을 받았다.

"개혁이 아니면 출로가 없다. 지난 수십 년간 해온 우리의 실천은 성공하지 못했다. 지도자의 의무는 국민을 잘살게 하는 것이다. 부자가 되려면 그간 해온 모든 것을 뜯어고쳐야 한다."

『한비자』(韓非子)의 한 구절을 인용하며 개방 의지도 천명했다.

"세상이 변하면 하는 일도 달라진다. 다른 일을 하려면 준비해야 한다(世異則事異, 事異則備變). 쇄국(鎖國)은 개혁의 장애물이다. 고립이라는 낡은 길을 멀리하고, 세계를 향해 우리를 개방시켜야 한다. 한 번 갔던 길은 다시 가지 말자. 낙후와 빈곤만이 있을 뿐이다."

당 전체회의에서 구상을 털어놨다.

"우리는 경제를 잘 모른다. 모르는 건 아는 사람에게 배우면 된다. 외국의 관리방법을 배워서 도입하자. 일부 지역에서 시험 삼아 해본 후에 전국적인 방안을 수립할 생각이다."

시험의 목적도 설명했다.

"모순이 발생하면 빠른 시간 내에 극복할 방법을 찾을 수 있다."

회의 기간 덩샤오핑은 광둥 성 대표 시중쉰을 불렀다.

"광둥은 경제시험구 설치에 적합한 지역이다. 너는 청년 시절 홍색특구(紅色特區)를 만든 경험이 있다. 지금은 경제특구를 만들 시점이다. 적당한 장소를 물색해라."

국가수출입위원회 주임 구무(谷牧)와 부주임 장쩌민이 해외시찰단을 조직했다. 51일간 각국의 자유무역지구와 보세구역을 순방하며 지구를 한 바퀴 돌았다.

1980년 5월 중순, 중공 중앙과 국무원은 광둥 성 선전(深圳), 주하이(珠海), 산터우(汕頭)와 푸젠(福建) 성 샤먼(廈門)에 경제특구를 신설한다고 발표했다.

덩샤오핑은 광둥에 애정이 많았다. 정계복귀 후, 중국의 새로운
지도부와 광저우를 방문한 덩샤오핑(오른쪽 넷째).
1979년 봄, 광둥 성 광저우 영빈관.

"특구의 주권은 중국에 있다. 경제개방정책에 의해 화교와 외국 기업, 중외합작 공장 설립을 허락한다."

덩샤오핑은 속도를 중요시했다.
"무슨 일이건 빨리 해치워야 한다. 느려터지다 보면 다시 원점으로 돌아간다."
1984년 1월에는 직접 특구를 방문해 관계자들을 독려했다.
"시간이 돈이라면, 효율은 생명이다. 건물을 하루에 한 층씩 올려라. 신기술 받아들이고, 지식을 넓혀라. 관리도 지식이다. 열심히 배워라."
개혁과 개방, 말은 좋지만 행로는 험난했다. 전직 고위 관리의 회고를 소개한다.

"개혁개방 초기, 중국인들은 돈을 무서워했다. 자본 공포증 환자가 많았다. 일본이 차관 1,700억 엔을 제공한 적이 있었다. 몇 년이 지나도록 36억 엔밖에 쓰지 못했다. 비슷한 일이 많았다. 덩샤오핑은 500만 불 이하는 임의로 지출하라고 했다. 투자 개념이 없다 보니, 익숙해지기까지 시간이 걸렸다."

1989년 천안문 사태로 중국은 동요했다. 풍파가 가라앉자 좌파 정치가와 이론가들이 덩샤오핑을 대놓고 비판했다.

"사회주의의 몰락을 초래했다. 경제특구가 그 온상이다. 개혁·

개방은 위험한 정책이다. 외국자본 유입으로 중국은 국제 자산계급의 부속물로 전락할 위기에 직면했다."

정치판이 복잡해졌다. 10년간 진행된 개혁개방 정책도 중단될 위기에 처했다. 덩샤오핑은 1년간 말 한마디 없이 집 안에만 틀어박혔다. 재미있는 소문이 나돌았다.

"베이징에 바람의 방향만 관찰하는 냉정한 노인이 있다."

사태를 관망하던 덩샤오핑은 다시 고개를 들기 시작한 좌풍(左風)을 경계하고, 개혁의 목표를 확실히 해둘 필요가 있었다. 남순을 결심했다. "당의 전통을 비판한다는 소리 들을 수 있다"는 측근들의 만류도 뿌리쳤다.

"평생 무모한 일만 골라서 한다는 말을 많이 들었다. 무모하지 않으면 할 일이 없고, 되는 일도 없다. 가서 내 눈으로 직접 보겠다."

1992년 1월 11일 새벽, 출장 중이던 중공 광둥 성 위원회 부비서장 천카이즈(陳開枝)의 침실에 전화벨이 울렸다. 성 서기 셰페이(謝非)의 전화였다.

"우리가 오랫동안 학수고대하던 노인이 온다는 연락을 받았다. 당장 돌아와서 접대와 경호 대책을 세우기 바란다. 시간이 일주일밖에 남지 않았다."

노인이 누구인지는 동화책 챙기라는 말로 대신했다. 성 위원회로 돌아온 천카이즈는 중앙 판공청에서 발송한 비밀전문을 접했다. "덩샤오핑 동지가 남방에서 휴식을 취하고 싶어한다. 접대에 만전을 기하기 바란다"는 간단한 내용이었다.

덩샤오핑은 동화책을 좋아했다. 지방 시찰할 때마다
손자에게 동화책을 빌려갔다.

휴식 장소와 음식 장만을 위한 회의가 열렸다. 천카이즈가 엉뚱한 발언을 했다.

"지금은 정치적으로 민감한 때다. 전략적 행동임이 분명하다. 노인은 일과 휴식을 구분 못 하는 성격이다. 해마다 정초 휴식을 위해 상하이로 갔지만 진정한 휴식을 취한 적이 없다. 역사적 사건을 겪을 마음의 준비만 하면 된다."

3일 후, 선발대가 광저우에 도착했다. 천카이즈의 예측은 틀리지 않았다.

중국은 우(右)를 견제해야 하지만 좌(左) 방지가 더 중요

국가 지도자는 부드럽고 독한 면을 동시에 갖춰야 한다. 유하고 사람만 좋으면 말만 번지르르한 측근들에게 휘둘릴 염려가 있다. 마오쩌둥은 이 점을 경계했다. 내심은 알 수 없지만, 후계자로 점찍은 사람들을 가혹하게 단련시켰다. 덩샤오핑도 마음에 둔 후계자 가운데 한 사람이었다.

1956년, 덩샤오핑을 당 중앙 총서기에 추천하며 주변 사람들에게 직접 인물평을 했다. '비교적'이라는 용어를 반복했다.

"덩샤오핑 동지는 비교적 재간도 있고, 일 처리 능력도 있는 편이다. 나와 함께하는 동안 많은 잘못이 있었고, 말 같지 않은 소리도 많이 했다. 그래도 대국(大局)을 살필 줄 알고, 비교적 후한 면이 있다. 일 처리도 비교적 공정한 편이다."

칭찬도 잊지 않았다.

"구하기 힘든 인재인 것은 분명하다. 확고한 정치사상을 갖

국·공내전 막바지인 1949년 4월, 제2야전군 사령관 류보청(劉伯承)과
함께 양쯔강 도강작전을 지휘하던 시절의 덩샤오핑(왼쪽).

쳤다."

덩샤오핑에게는 돌려 말하지 않았다.

"사람들이 너를 좀 무서워한다. 겉보기에는 부드럽지만, 속에 무시무시한 쇠뭉치를 감춘 흉악하고 음흉한 사람이라는 말을 많이 한다. 사람은 누구나 결점이 있기 마련이다. 결점을 숨길 줄도 알아야 한다. 서서히 고치도록 해라."

그 후 덩샤오핑은 몇 번 죽을 뻔하다 살아남았다. 염라대왕 문턱까지 몰아넣은 사람도 마오였고, 구해준 사람도 마오였다. 인재를 소중히 여겼기 때문이다.

덩샤오핑도 1992년 1월 남방 순시 중, 경제특구 선전에서 인재 발굴과 양성을 강조했다. 1월 19일, 선전 역 플랫폼은 새벽부터 술렁거렸다. 오전 9시 정각, 덩샤오핑의 전용열차가 도착했다. 중공 광둥 성 서기와 선전 시 서기가 88세의 노인을 영빈관으로 안내했다.

1층 거실에 자리 잡은 덩샤오핑에게 시 관계자가 입을 열었다.

"먼 길 오셨습니다. 객실에서 휴식을 취하신 후에 준비한 곳으로 모시겠습니다."

말이 끝나기도 전에 덩샤오핑이 팔을 휘저었다. "8년 만에 선전에 왔다. 앉아 있을 시간이 없다. 그간 어떻게 변했는지 먼저 봐야겠다"며 벌떡 일어섰다. 차량이 도착할 때까지 정원을 산책했다.

시내를 한 바퀴 돈 덩샤오핑은 만족했다. 흥분을 숨기지 않았다.

"특구를 처음 만들 때 사회주의를 포기하고 자본주의를 도입하려 한다며 걱정하는 사람이 많았다. 선전의 건설은 그간 우려하던

광둥에 도착한 덩샤오핑.
1992년 1월 19일, 선전 영빈관.

소심한 사람들을 안심시키기에 충분하다. 무슨 일이건 대담해야 한다."

외국의 경험도 강조했다.

"일본과 한국, 동남아 일부 지역 등 발전한 나라들은 고속으로 성장한 시기가 있었다. 지금 우리도 조건을 구비하고 있다. 국제 환경도 유리하다. 사회주의 제도는 강한 집중력이 특징이다. 큰일 치르기에 적합하다. 속도를 더 내라."

의미심장한 말도 했다.

"현재 우(右)라는 물건이 우리에게 영향을 끼친다. 좌(左)라는 물건도 있다. 좌는 뿌리가 깊다. 정치가나 이론가 중에 우는 안 되고 좌라야 한다는 사람이 많다. 좌에는 혁명이라는 색채가 스며들어 있다. 좌로 기울면 기울수록 더 혁명적이 된다. 좌라는 물건이 우리 당의 역사를 소름 끼치게 한 적이 많다. 꼭 있어야 할 좋은 물건들이 좌라는 물건에 의해 하루아침에 날벼락을 맞았다. 우는 사회주의를 매장시킬 수 있다. 좌 역시 사회주의를 매장시킬 역량이 충분하다. 중국은 우를 견제해야 하지만, 좌를 방지하는 것이 더 중요하다. 큰 착오를 범하지 않으려면 두뇌가 맑아야 한다. 그래야 문제가 발생했을 때 해결하기가 수월하다."

이튿날 국제무역센터를 찾았다. 30여 분간 간부들에게 인재 양성을 당부했다.

"관건은 사람이다. 인재를 발굴해야 한다. 현재 중앙에 있는 사람들은 나이가 너무 많다. 60여 세면 젊은 축에 속한다. 10년은 더 일할 수 있지만 20년 후면 80세를 넘는다. 내 경우만 봐도 유유자

천안문 사태 진압 후, 덩샤오핑은 상하이 시위를 진압한 상하이 시
서기 장쩌민(왼쪽)을 차세대 지도자로 추천했다. 신임 총서기 장쩌민에게
개혁개방이 중국의 희망이라고 충고하는 덩샤오핑.

1989년 9월 4일, 베이징.

김일성을 영접하기 위해 베이징 역에 나온 장쩌민(왼쪽 첫째), 리펑 등과
담소하는 덩샤오핑(오른쪽 첫째).
1989년 11월 5일, 베이징.

적하기엔 문제없지만 일하기에는 정력이 딸린다. 나 같은 노인들은 새로운 사람들에게 일을 맡기고, 겸허하게 도움이나 주면 된다. 지금 부지런히 사람을 찾고 있다. 더 젊은 동지들을 발탁해서 잘 교육시켜야 한다. 그들이 제대로 성장해야 우리가 마음을 놓을 수 있다."

중앙의 원로들에게 들으라고 한 소리였다.

자신도 예로 들었다.

"나는 스물아홉 살 때 높은 지위에 올랐다. 지금 너희들보다 아는 게 없을 나이였다. 마오 주석에게 시키는 거나 제대로 하라며 꾸지람도 많이 들었다."

중국식 사회주의의 특징과 개방 지역에 대한 희망과 우려도 피력했다.

"20년 후면 광둥은 아시아의 다른 용(龍)들을 추월할 수 있다. 경제만 중요한 게 아니다. 사회 질서와 기풍도 잘사는 것만큼이나 중요하다. 개방 이후 일부 지방에서 마약, 매음, 경제범죄 등 추악한 일들이 벌어진다. 더 퍼지지 못하도록 철저한 타격을 가해야 한다. 생산력 증대와 정신문명 건설, 이 두 가지를 추구하는 것이 중국식 사회주의다."

선전 시찰을 마친 덩샤오핑은 주하이 특구로 방향을 틀었다. 국가주석 양상쿤(楊尙昆)이 일행에 합류했다. 시찰 규모가 더 커졌다.

이날 덩샤오핑의 발언을 계기로 젊은 간부들이 주목받기 시작했다. 후진타오(胡錦濤)도 그중 한 사람이었다.

또 하나의 혁명 4

"나는 민족 예술의 보고(寶庫)
둔황을 보호하고, 정리와 연구에
평생을 바치기로 작정했다.
호랑이 굴에 들어가지 않으면
호랑이 새끼를 얻을 방법이 없다."

중국 물리학의 비조 예치쑨의 비극

"사상의 자유가 없는 곳에
창조를 기대하기 어렵다."

예치쑨, 중국 물리학계의 영광

중국 1세대 과학자들은 공통점이 있었다. 머리 좋고 단순하다 보니 이상(理想)에 복종하고 국가와 애정에 대한 충성(忠誠)이 남달랐다. 낭만적이고 품행도 괜찮았다. 그러다 보니 듣고 또 들어도 지루하지 않을 많은 얘깃거리를 남겼다. 사제 간의 우의(友誼)도 후세의 귀감이 되기에 충분했다.

1992년 봄, 칭화대학(淸華大學) 구석방에 원로 과학자 27명이 모였다. 중국 원자탄의 비조(鼻祖) 자오중야오(趙忠堯), 노벨 물리학상 수상자 양전닝(楊振寧) 등 세계적인 과학자가 대부분이었다.

"내년이 예치쑨(葉企孫) 서거 15주년이다. 공정한 평가를 받을 때가 됐다. 동상이라도 세우자."

미국에서 날아온 우젠슝(吳健雄)이 핸드백을 열었다. 손수건을 꺼내며 훌쩍거렸다.

"비극적인 말년을 생각하면 속이 터질 것 같다."

다들 눈시울이 붉어졌다.

1년이 후딱 흘렀다. 한 언론매체에 생소한 인물의 사진이 대문짝

만하게 실렸다.

"중국 최초의 노벨 물리학상 수상자 양전닝과 리정다오(李政道), 원자탄의 아버지 첸싼창(錢三强)과 왕진창(王金昌) 같은 준재들을 배출한, 중국 근대 물리학의 초석을 놓은 인물"이라며 업적을 상세히 소개했다. 반응이 예사롭지 않았다. 예치쑨이 재직했던 칭화대학이 특히 심했다.

"이런 대가의 족적을 우리와 단절시킨 이유가 뭐냐?"

예치쑨 탄생 100주년 기념 학술회의가 열렸다. 전국의 내로라하는 과학자들이 성황을 이뤘다. 90세를 넘은 중국 과학계 원로가 몇 마디로 예치쑨을 정의했다.

"예치쑨이 있었다는 것은 물리학계의 영광이며 교육계와 중국 지식인의 영광이었다."

리정다오도 스승을 회고했다.

"노벨상을 받으며 제일 먼저 떠오른 얼굴이 예치쑨 선생이었다. 중국의 제대로 된 물리학은 선생으로부터 시작됐다."

예치쑨은 어릴 때부터 유학(儒學)의 기초가 단단했다. 열일곱 살 때 이미 국내외 출판기구, 학술단체와 교류하며 성숙한 학자티를 풍겼다. 중국 고전에 관한 연구와 감상력도 뛰어났다. 독서도 건성으로 하지 않았다. 상세한 독서일기를 남기는가 하면, 전국을 유람하며 가는 곳마다 자연과 풍물을 시(詩)로 화답했다.

종교라면 무조건 반감을 느꼈다. 타고난 무신론자였지만 유물론자는 아니었다. 외국인 교사의 장례식에 함께 갔던 친구가 구술을 남겼다.

"목사의 설교를 듣던 예치쑨은 짜증을 냈다. 슬퍼해야 할 자리에서 교리만 떠들어대니 못 봐주겠다며 자리를 떠버렸다. 칭화대학(당시는 칭화학당) 재학 시절 베이컨(Francis Bacon)과 헉슬리(Thomas Huxley)에 심취하면서 과학에 흥미를 느끼기 시작했다. 대학 최초의 학생단체인 과학회(科學會)를 만들어 매주 돌아가며 보고회를 열었다. 후배들에게는 타과 학생과 교류를 게을리하지 말라는 충고를 해줬다. 제1차 세계대전이 끝날 무렵 미국 유학을 떠났다."

시카고대학 물리학과에 입학한 예치쑨은 "과학은 경제의 산물"이라고 확신했다. 경제학과 수업도 빠뜨리지 않았다. 대학원은 하버드대학을 선택했다. 훗날 노벨 물리학상을 수상한 퍼시 브리지먼(Percy Williams Bridgman) 문하에서 박사과정을 밟았다. 미국의 저명한 학술지에 발표한 논문들이 학계의 주목을 받았다. 학위 논문도 마찬가지였다.

귀국한 예치쑨은 물리학과 설립을 준비하던 모교의 초빙을 받았다. "평생을 인재 육성과 중국의 과학 사업에 일관하겠다"는 일기를 남겼다. 27세, 청년티가 물씬 날 때였다.

북양정부에 예속된 칭화대학은 총장이 전권을 행사했다. 총장은 학문과 거리가 먼 관료나 정객이 대부분이었다. 정부에서 파견 나온 소수의 고위직원들이 대학을 좌지우지했다. 총장도 자주 바뀌다 보니 정상적인 대학 운영이 불가능했다.

예치쑨은 소장파 교수를 대표했다. 교수회의와 평의회를 무기로

중국을 떠나기 직전 선상에서 기념사진을 남긴 칭화대학 출신
미국 유학생 일행. 넷째 줄 왼쪽 첫째가 예치쑨.
1918년 8월, 상하이.

학내 관료들과 한바탕 치고받았다. 지금의 총장을 내쫓고 새로운 총장이 의장을 겸하는 교수회의를 최고의결기구로 하자고 제안했다. "과학과 학술이 뭔지도 모르는 관료들이 대학 교육을 침식하고 파괴한 지 오래다. 사상의 자유가 없는 곳에 창조를 기대하는 것은 무리"라며 '교수치교'(敎授治校)를 주장했다.

북벌(北伐)에 성공한 장제스가 난징에 국민정부를 수립한 후에도 칭화대학은 조용한 날이 없었다. 국민정부는 젊은 교수들의 신망이 두터운 예치쑨을 난징으로 청했다.

"총장 선임 문제를 함께 고민하자."

장제스는 예치쑨의 손을 들어줬다. 교수회의가 대학을 대표하는 교수치교를 승인했다. 더 이상 정부가 총장을 임명하지 않았다.

교수치교는 교수들의 수준이 중요했다. 예치쑨은 인재발굴에 나섰다. 물리학과도 확대시켰다. 이학원(理學院)을 설립하고 수학·물리·화학·생물·심리·지학 6개 학과를 신설했다. 물리학과 교수는 자신을 포함해 두 명이 다였다. 우유쉰(吳有訓), 저우페이위안(周培源) 등 일류 과학자들이 예치쑨의 손짓에 군말 없이 응했다.

저우페이위안이 부임하던 날, 저우의 부인에게 홀딱 반해버렸다. 예치쑨은 미혼이었다.

학력·경력 안 따지고 원폭 개발 인재 모시기

1960년대 중국의 원자폭탄과 수소폭탄 개발 공신 명단을 보면 칭화대학 물리학과 출신들이 줄줄이 등장한다. 뿌리를 추적해보면 맨 끝에 예치쑨이 있다.

칭화대학은 미국 유학 예비학교였다.
1912년, 뉴욕에서 열린 칭화대학 출신 미국 유학생 모임.

예치쑨은 인재를 발굴하고 양성하는 능력이 탁월했다. 우리의 장관급에 해당하는 중국과학원 학부 위원 55명이 예치쑨의 제자였고, 원자폭탄과 수소폭탄, 인공위성 개발에 거대한 공을 세운 과학자 70여 명도 예치쑨의 제자였다. 한 역사가의 평이 주목을 끈 적이 있었다.

"예치쑨은 이미 공자를 추월했다."

아무도 토를 달지 못했다.

예치쑨이 부임하기 전까지 칭화대학 물리학과는 황무지나 다름없었다. 예치쑨의 인재 양성관은 단순했다.
"우수한 교사가 우수한 학생을 만든다."
예치쑨은 서구의 과학계 동태에 무심치 않았다. 1923년 미국 시카고대학 물리학과 교수 콤프턴(Arther Holly Compton)이 훗날 '콤프턴 효과'로 알려진 양자역학의 기본법칙 하나를 발견했다. 세계를 진동시킨 대사건이었다. 중국인 유학생 우유쉰은 콤프턴의 제자였다. "콤프턴·우유쉰 효과가 맞다"는 물리학자들이 있을 정도로 그냥 제자가 아니었다.
콤프턴이 노벨 물리학상을 수상하기 1년 전인 1926년 가을, 학위를 취득한 우유쉰은 학계에서 공인받지 못한 콤프턴 효과를 입증하는 논문을 발표하고 귀국했다. 우유쉰은 일자리 구하기도 힘들었다. 이름 없는 대학을 떠돌았다. 가는 곳마다 촌놈들에게 이리

미국 유학을 마치고 둥난(東南)대학 물리학과 교수로 부임한
예치쑨(둘째 줄 왼쪽 여덟째).
1924년 3월, 난징.

칼텍(캘리포니아 공과대학)에 유학 중인
제자들을 방문한 예치쑨(앞줄 왼쪽 넷째).

채고 저리 채었다.

예치쑨은 우유쉰이 어떤 사람인지 꿰고 있었다. 인연을 맺기 위해 애썼다. 안부 주고받는 사이가 된 후에도 연락을 게을리하지 않았다. 1928년 8월, 물리학과 교수로 초빙한 후 우유쉰을 위해 중국 최초의 물리실험실을 건립했다.

예치쑨은 유가(儒家)의 풍을 갖춘 과학자였다. 자신을 낮추고 공손과 예의를 다해 인재를 구했다. 영입한 후에도 수중에 들어왔다며 오만하게 구는 얼치기가 아니었다. 우유쉰이 학위를 받기 2년 전에 하버드대학에서 학위를 취득했고, 우유쉰이 평범한 교수였을 때 이미 학내 교수들 중 군계일학(群鷄一鶴)이었지만 우유쉰의 월급을 자신이 받는 것보다 높게 책정했다.

학생들의 장점도 잘 식별했다. 중국 핵과학의 비조 자오중야오는 원래 화학과 지망생이었다. 예치쑨의 권유로 물리학을 전공하고 자비로 미국 유학을 마쳤다. 귀국 후 핵물리학 인재들을 손꼽기 힘들 정도로 배출해 스승의 기대에 부응했다.

왕진창과 스스위안(施士元)도 예치쑨의 도움으로 유학 생활을 마쳤다. '중국의 퀴리 부인'이라 일컫는 위안스카이(袁世凱)의 손자며느리 우젠슝의 스승이며, 퀴리 부인 밑에서 학위과정을 마친 스스위안은 프랑스의 라듐연구소에서 구매한 라듐을 자오중야오의 핵물리 실험실에 들고 온 장본인이었다. 이 라듐은 우유쉰과 자오중야오의 연구와 후진 양성에 결정적인 역할을 했다. 중국 최초의 인공위성을 날린 첸쉐썬(錢學森)도 대학 시절 전공은 기계공학이었다. 칭화대학에서 관비 미국 유학생 파견 업무를 담당하던 예

칭화대학은 예치쑨(오른쪽 셋째)의 영혼이나 다름없었다.
가족이 없던 예치쑨의 집은 당대 명교수들의 휴게실이었다.
1928년 봄, 칭화대학 예치쑨 집 문전.

치쑨이 항공 관련 유학생을 선발하는 바람에 방향을 바꿨다.

예치쑨은 인재 욕심이 많았다. 인재라는 판단이 들면 학력이나 경력 따위는 무시해버렸다. 만화 같은 실화 한 편을 소개한다. 예치쑨이 단골로 드나들던 서점에 똑똑해 보이는 점원이 있었다. 자주 다니다 보니 얘기 나눌 기회도 간혹 있었다. 접하면 접할수록 셈본에 능한 청년이라는 생각이 들었다. 중학교밖에 다니지 못한 청년을 수학과 직원으로 채용했다.

"직원 일하며 대학 수업을 청강해라."

얼마 후 일본에서 발간한 수학 관련 학술지를 뒤적이던 예치쑨은 중국인 필자의 글이 실린 것을 보고 깜짝 놀랐다. 화뤄겅(華羅庚), 몇 개월 전까지 서점 점원이던 바로 그 청년이었다. 한 자도 빼놓지 않고 꼼꼼히 읽었다. 세상 어디에 내놔도 손색없는 장편 논문이었다. 읽기를 마친 예치쑨은 자리에서 벌떡 일어났다. 날이 밝기가 무섭게 교수 평의회 개최를 제안했다. 화뤄겅에게 수학과 강의를 맡기자고 제안했다. 교수들의 반대가 빗발쳤다. 예치쑨을 존경하던 저명한 수학과 교수가 "나는 선생을 신뢰한다"며 화뤄겅을 신임교수로 추천했다.

화뤄겅은 언어와 수학의 천재였다. 영어·프랑스어·독일어·일본어로 논문 세 편을 발표해 예치쑨을 즐겁게 했다. 한 학기가 끝나자 예치쑨은 있는 돈 없는 돈을 털었다. 화뤄겅을 영국으로 보냈다.

"너는 일류 수학자들과 어깨를 나란히 하기에 충분하다. 나는 너를 믿고, 내 눈을 믿는다."

화뤄겅은 예치쑨의 기대 이상이었다.

세계적인 수학자 반열에 오른 화뤄경은 세상 떠나는 날까지 예치쑨을 그리워했다. 임종 몇 개월 전, 생애 마지막 편지도 예치쑨의 조카에게 보냈다.

"스승님 생각이 날 때마다 눈물을 주체할 방법이 없다. 나에 대한 보살핌은 표현이 불가능할 정도였다. 선생의 비극과 억울함을 풀어드리지 못한 나는 사람도 아니다."

예치쑨의 비극은 제자에 대한 사랑과 한 여인 때문이었다.

슝다전과 친했던 예치쑨, 호모 소문에 시달려
한동안 예치쑨이 호모(동성애자)였다는 말이 떠돌았다.

"슝다전(熊大縝)이라는 학생에게 지나칠 정도로 각별했다. 연인 사이가 아닌가 의아해하는 사람이 한둘이 아니었다. 평생 결혼을 안 한 것도, 말년에 구걸로 연명한 것도, 슝다전 때문이다."

구체적인 소문도 있었다.

"슝다전과 은밀한 관계였는지는 알 수 없지만, 한집에 살며 가족처럼 지낸 건 사실이다. 슝다전은 우수한 물리학도였다. 훌륭한 과학자 자질을 갖췄다고 다들 인정했다. 예치쑨은 슝다전이 항일전쟁에 참여하는 것을 반대했다. 뜻을 꺾지 않자 도움되는

학술회의에 참석해 첸쉐썬과 환담하는 우유쉰(왼쪽).

일이라면 물불을 가리지 않았다. 이상한 소리를 들을 만했다."

호모라는 말은 이해가 안 간다는 사람도 많았다.

"예치쑨은 같은 학과 교수 저우페이위안의 부인 왕디청(王蒂澂)을 좋아했다. 왕디청은 단정하고 총명했다. 뒷모습이 일품이었다. 예치쑨이 왕디청이라면 몰라도 다른 여자와는 결혼하기싫다는 말을 했다고 들었다."

과학구국(科學救國), 과학으로 나라를 구하기 위해 결혼까지 포기했다는 말도 한동안 있었다. 애들 교과서라면 모를까, 오래가지못했다.

1949년 1월, 중국인민해방군이 베이핑에 입성했다. 군사관리위원회가 칭화대학을 접수했다. 교무위원회 주석 예치쑨은 정치와거리가 멀었다. 현실 대처 능력이 신통치 못했다. "마르크스건 케인스(John Maynard Keynes)건 그 소리가 그 소리"라는 말을 자주했다. 국민당 따라 대만으로 가지 않은 이유도 단순했다.

"철학책 한 권만 읽으면, 마르크스나 레닌주의 받아들이는 건 일도 아니다."

사소한 말 한마디에 미운털이 박히던 시절이었다. 예치쑨은 대학 운영에서 점점 소외됐다.

정권 수립 3년 후, 신중국은 대학 조정을 단행했다. 예치쑨도 베이징대학으로 자리를 옮겼다. 교수치교의 신봉자였던 예치쑨은 되는 일이 없었다. 불평이 늘어나고 웃음이 사라졌다. 문혁이 발발하자 한동안 잊혀졌던 '슝다전 사건'(熊大縝案)이 예치쑨을 덮쳤다.

이야기는 1930년대로 되돌아간다. 상하이에서 태어난 슝다전은 1932년, 열아홉 살 때 칭화대학 물리학과에 입학했다. 예치쑨은 동향 출신인 슝다전을 총애했다. 밥도 같이 먹고, 산책도 함께할 때가 많았다. 졸업 논문도 직접 지도했다. 졸업 후에도 조교로 옆에 두며 애지중지했다. 가끔 다툴 때도 있었다고 한다.

"국수 사 먹으러 가던 중 벤치에서 둘이 다투는 것을 본 적이 있다. 상하이 방언으로 따발총처럼 서로 쏴대다 보니 무슨 내용인지는 알 수 없었지만 심각해 보였다. 배 채우고 오다 보니 여전히 같은 자리에 있었다. 언제 그랬냐는 듯이 다정해 보였다. 단순한 교수와 학생 사이 같지 않았다."

항일전쟁이 시작되자 전 중국에 전쟁의 열기가 넘쳤다. 중공은 도시의 지하당원들에게 지시했다.

"농촌으로 가라. 무장조직을 결성하고 유격전을 전개해라."

1937년 말, 중공은 허베이(河北) 성 중부에 첫 번째 항일 근거지를 마련했다. 허베이를 의미하는 지(冀)와 가운데 중(中)을 합쳐 '지중 근거지'라 불렀다.

근거지는 조건이 열악했다. 의약품·통신장비·무기·탄약 등이 제대로 있을 리가 없었다. 지중 군구(軍區)는 지하당원들을 채근했다.

저우페이위안과 왕디칭.

예치쑨(왼쪽 둘째)은 여행을 좋아했다. 슝다전(가운데)과
학생들을 데리고 모간산(莫干山)에 놀러간 예치쑨.
1935년 여름.

"도시의 지식인과 기술자들을 근거지로 보내라."

베이핑의 중공 지하당은 슝다전을 탐냈다. 온갖 꾀를 동원해 수락을 받아냈다. 슝다전의 독일 유학을 준비 중이던 예치쑨은 발끈했다.

"일본인 몇 명 죽일 사람은 너 아니라도 많다. 독일에 가서 내가 부를 때까지 실험실에 박혀 있어라."

슝다전은 고집이 셌다. 군구는 슝다전에게 인쇄창을 맡겼다. 워낙 대가들만 봐온지라 성이 차지 않았다. 군구 공급부장을 자청하고, 기술연구소 설립도 제안했다. 고성능 폭약과 지뢰를 순식간에 선보였다. 일본군의 대동맥이었던 베이핑에서 창저우(滄州)까지 철도를 단숨에 날려버렸다. 베이핑과 스좌장(石家庄) 간의 철로도 온전치 못했다. 단파 통신장비도 슝다전이 없었다면 구비가 불가능했다.

슝다전은 필요한 장비와 인력을 예치쑨에게 의지했다. 슝다전이 공을 세우면 세울수록 예치쑨은 흡족해했다. 칭화대학이 후난(湖南) 성 창사로 이전한 후에도 마음은 지중 근거지에 있었다. 홍콩에 달려가 쑹칭링(宋慶齡)과 함께 근거지에 보낼 자금을 모금했다.

슝다전의 공은 군구 지휘관 녜룽전(聶榮臻)도 인정했다. 그러나 일본군이 침투시킨 첩자를 색출하는 정보조직은 달랐다. 슝다전을 의심했다. 비밀리에 체포한 슝다전을 호흡이 멎을 때까지 벽돌로 내리쳤다. 베이핑과 톈진에서 온 지식인 100여 명의 최후도 비슷했다. 오죽 잔인했으면 마오쩌둥도 "무식하고 무지막지한 놈들"이라며 진노했다. 혁명에 지식인의 역할이 얼마나 중요한지를 강조하는 글을 발표할 정도였다.

중공은 뒷수습에 고심했다. 죽은 사람에게 책임을 돌려버렸다.

"슝다전은 우리 근거지에 잠복해 있던 국민당 특무요원이었다."

예치쑨은 슝다전의 억울한 죽음이 수십 년 후, 자신의 운명을 바꾸리라곤 상상도 못 했다.

국민당 스파이 혐의 받은 예치쑨

중공정권 수립 후, 예치쑨은 억울하게 죽은 제자 슝다전의 영혼을 달래기 위해 동분서주했다. 효과가 있을 즈음 문혁이 시작됐다. 예치쑨도 다른 교수들처럼 '반동학술 권위'로 몰렸다. 홍위병들에게 죽지 않을 정도로 얻어맞았다. 말 같지 않은 심문에 시달렸지만, 시작에 불과했다.

1968년 4월, 동북왕(東北王) 장쉐량(張學良)의 측근이었던 개국상장(上將) 뤼정차오(呂正操)를 조사하던 중공 중앙군사위원회가 예치쑨을 체포했다. '국민당 특무 두목 주자화(朱家驊)의 지시를 받던 국민당 스파이', 혐의가 어마어마했다.

지질학자 출신인 주자화는 나는 새도 떨어뜨릴 정도로 무시무시했던 정보기관 국민당 군사위원회 조사통계국(軍統)과 쌍벽을 이루던 중앙위원회 조사통계국(中統) 국장이었지만 권한은 없었다. 두 기관 모두 실권은 부국장이 쥐고 있었다.

예치쑨이 국민당 스파이라는 말에 제자들은 통탄했다.

"중국인들의 건망증은 당할 자가 없다. 예치쑨은 어느 당파건 참여한 적이 없는 사람이다. 1948년 말, 해방군이 칭화원(淸華園, 칭화대 사람들은 칭화원이라는 명칭을 애호했다)에 임박했을 때도 의연했다. 국민당이 일류 학자들을 베이핑에서 탈출시키기 위해 보낸 비행기도 타지 않았다. 선생은 공산당도 교육과 과학을 소홀히 하지 않을 거라는 믿음이 강했다. 국민당 스파이였다니, 말도 안 되는 소리다."

얘기는 국민당 통치시절로 되돌아간다. 장제스는 교수와 법조인들을 중용했다. 무책임하고, 패거리 짓기 좋아하고, 남에게 떠넘기기 잘하는 엉터리들일수록 발탁되기 위해 기를 썼다.

최고학술연구기관인 중앙연구원을 설립했을 때도 마찬가지였다. 82명으로 구성된 원사(院士) 자리를 차지하기 위해 각계의 권위자들이 꼴불견을 연출했다. 예치쑨은 흠 잡을 데 없는 과학자이며 순수한 교육자였다. 중국물리학회 회장이다 보니 원사 자리가 저절로 굴러 들어왔다.

예치쑨은 주자화가 중앙연구원 원장 시절 연구원 총간사(總幹事)를 지낸 적이 있었다. 중앙연구원 총간사는 명(命) 짧기로 유명했다. 한 명은 암살당하고, 다른 한 명은 연탄가스 중독으로 세상을 떠났다. 그래도 가고 싶어 하는 사람이 많았다. 연구원 산하 수십 개 연구소를 좌지우지하고, 엄청난 예산을 집행할 수 있다 보니 그럴 수밖에 없었다.

예치쑨에게 칭화대학은 인생의 전부였다. 칭화대학이라는 무대에서 과학자들을 양성하고 우수한 교수들을 영입했다. 주자화와도 미국 유학을 같이 떠난 것 외에는 특별한 인연이 없었다. 중공 중앙 군사위원회에서 조사받을 때 작성한 자술서를 소개한다.

"1918년 8월, 주자화와 같은 배를 타고 미국 유학을 떠났다. 주자화는 베이징대학을 다녔다. 칭화대학이 파견한 유학생이 아니다 보니 초면이었다. 목적지도 주자화는 뉴욕, 나는 시카고였다. 주자화는 미국에 오래 머무르지 않고 독일로 갔다. 같은 대학에 다닌 적이 없다 보니 그저 알기만 할 뿐, 편지도 주고받은 적이 없었다. 1924년 3월, 나는 6년간 유학 생활을 마치고 귀국했다. 난징 둥난대학 물리학과에 있을 때 주자화가 베이징대학 지질학과 교수로 부임했다는 소문을 들었다. 1934년, 중앙연구원 평의회에 참석했다가 지질조(地質組)에 속해 있던 주자화를 만났다. 본격적인 왕래는 항일전쟁이 한참이던 1941년 봄부터 시작됐다."

예치쑨이 중앙연구원 총간사직을 수락한 이유는 신임원장 주자화의 성의 때문이었다. 1941년 봄, 장제스는 주자화를 중앙연구원 원장에 임명했다. 국민당 조직부장을 겸하던 주자화는 연구원에 붙어 있을 시간이 없었다. 원장 대신 업무를 처리할 인물을 물색했다. 예치쑨은 어느 파벌에도 속하지 않은 유일한 원사였다. 연구 업적도 시비 대상이 못 될 정도로 탁월했다.

주자화는 오랜 기간 눈여겨본 예치쑨을 자유주의자로 단정했다. "자유·평등·정의를 모든 가치 위에 두는 사람. 재물보다 인간을

국민당 조직부장 시절의 주자화.

주자화(왼쪽)는 한국인들과도 교분이 두터웠다.

존중하지만, 재물이 인류의 교양과 복지 촉진에 적극적인 작용을 할 수 있다고 믿는 사람. 변덕이 심하다는 이유로 권력을 불신하는 사람. 권위가 허상이라는 것을 아는 사람. 진리·이성·사실을 존중하는 사람. 변화를 인정할 줄 아는 사람. 타협을 치욕이라고 생각하지 않는 사람. 비판 정신을 유지하는 것이 가장 중요하다고 여기는 사람. 질서를 존중하는 사람. 과학구국(科學救國)은 시간이 필요하다며 인재 양성을 가장 큰 명예로 여기는 사람"이라며 총간사 영입에 나섰다.

주자화는 예치쑨에게 총간사직을 수락해달라는 편지를 보냈다. 거절하는 답장이 왔다. 예상했던 대로였다. 이유도 분명했다.

"나는 칭화대학 소속이다. 칭화대학 총장과 의논해라. 총장이 수락하면, 그때 가서 생각해보겠다."

칭화대엔 휴가계 내고 무기 개발 몰두

인간에게 질병과 기아, 전쟁을 능가할 공포는 없다. 의료시설의 발달로 역술가와 구분하기 힘들었던, 용한 명의(名醫)들은 자취를 감춘 지 오래다. 굶주림도 일부 지역 외에는 별문제가 없지만, 전쟁의 공포는 여전하다. 준비할 시기를 놓친 나라들은 주변국 눈치 보며, 이리저리 끌려다니는 것 외에는 방법이 없다.

전쟁은 예고편이 있기 마련이다. 일본이 동북을 점령했을 때 중국 국민정부는 잠시 내준 셈 쳤다. 상하이와 허베이 지역을 집적거렸을 때도 마찬가지였다. "외부의 적과 싸워 승리하는 것이 우리의 목적이다. 목적을 이루려면 내부 안정이 필수"라며 양외필선안내 (攘外必先安內) 정책을 고수했다.

'내부 안정'은 장정(長征)으로 진이 빠진 공산당 소탕이었다. 누가 봐도 시비 걸 수 없는 정책이지만 국민당은 선전에 약했다. "왜적에게 국토를 헌납하고, 동족에게 총부리 겨누는 매국정권"이라는 공산당의 매도에 총으로 응수했다. 우여곡절 끝에 '국공합작'이라는 독배를 마셔버렸다. 억지로 성사시킨 합작이다 보니 세상은 더 복잡해졌다.

중국의 1세대 과학자 중에는 정치와 무관한 사람이 많았다. 예치쑨은 과학구국 외에는 관심이 없던 과학자들을 대표했다. 중앙연구원 원장 주자화가 제의한 연구원 총간사직을 선뜻 수락하지 못한 이유도 단순했다.

일본군이 중국을 저울질할 때 칭화대학은 농업·항공·무선전신 전문연구소를 설립했다. 일본과 전면전이 임박하자 대학은 윈난 (雲南) 성 쿤밍(昆明)으로 이전했다. 세상 돌아가는 일을 알기 위해 학내에 국정 조사와 전쟁 지원을 위한 금속관련 연구소를 따로 차렸다. 없는 돈에 다섯 개 연구소를 꾸려가기가 힘들었다. 통합시켜 특종연구사업위원회(特種硏究事業委員會)를 발족시켰다. 예치쑨은 특종연구소 주임이었다. 주자화의 청을 일단 거절하면서 총장 메이이치(梅貽琦)와 의논하라는 내용을 첨부했다.

메이이치도 교수치교의 신봉자였다. 주자화에게 간략한 편지를 보냈다.

"대학 사정상, 예치쑨이 충칭(重慶)에 머무르며 중앙연구원 일만 보는 것은 불가능하다. 칭화대학을 떠나지 않고 연구원 총간사직을 겸하는 것은 문제될 게 없다."

주자화는 답신을 보내지 않았다. 연구원 규정에 전임직은 겸임이 불가능했다. 행정원장을 역임한 중국 지질학의 태두 웡원하오(翁文灝), 훗날 대만대학 총장을 지내며 우리에게도 널리 알려진 푸쓰녠(傅斯年) 등과 머리를 맞댔다. 규정을 바꾸지 않는 한 묘책이 없었다. 웡원하오가 메이이치에게 편지를 보냈다.

"중앙연구원 총간사는 전국의 연구기관을 총괄하는 중책이다. 전 총간사도 베이징대학 교수직을 사임했다. 예치쑨을 교수직에서 해임시켜라. 명예교수 위촉은 무방하다."

메이이치는 패권주의에 물든 사람들이라며 발끈했다. 답장도 보내지 않았다. 출장차 충칭에 갔을 때 주자화와 웡원하오를 방문할 일이 여러 번 있었다. 만날 때마다 예치쑨 문제로 시간을 허비했다. 일기도 남겼다.

"저녁 무렵 웡원하오를 만났다. 예치쑨을 보내달라는 요청을 받고 난감했다."

"당 중앙조직부에 갔다가 화장실에서 나오는 부장과 마주쳤다. 예치쑨 외에는 중앙연구원 총간사를 감당할 사람이 없다며 하소연했다. 중앙당 조직부장의 정중한 청을 거절하느라 진땀을 뺐다."

푸쓰녠은 입원 중이었다. 편도선을 반 이상 절개하는 바람에 말을 못 했다. 종이에 예치쑨의 이름을 써서 메이이치에게 들이밀었다. 메이이치는 알겠다며 고개만 끄덕거렸다.

메이이치는 세 사람의 간절한 요구를 모른 체할 수 없었다. 동의나 다름없는 메모를 보냈다.

"예치쑨이 장기 휴가를 요청하면 허락하겠다. 휴가 기간에 무슨 일을 하건 관여하지 않겠다."

주자화와 웡원하오는 안도의 한숨을 내쉬었다. 푸쓰녠은 양손으로 목을 감싼 채 한동안 키득거렸다.

메이이치는 예치쑨에게도 편지를 보냈다.

"선생이 중앙연구원으로 가는 것은 칭화대학의 큰 손실이다. 서글픔을 금할 길이 없다. 중요한 학술기관의 발전을 보며 슬픔을 달래겠다. 정식으로 휴가원을 제출해주기 바란다."

중앙연구원은 충칭 시 한복판에 있었다. 부설 연구소들은 교외에 흩어져 있었다. 총간사에 부임한 예치쑨은 원장 주자화에게 유

중앙연구원 성립 20주년 기념식을 마친 중앙연구원 원사들.
셋째 줄 오른쪽 둘째가 예치쑨. 이들 모두가 중국과 대만의
교과서에 실린 인물들이다. 앞줄 정중앙이 주자화.
1947년 4월 난징.

일한 요구를 했다.

"원장은 국민당 조직부장을 겸하고 있다. 나는 경비가 삼엄한 조직부에 보고하러 가기 싫다. 정기적으로 연구원에 와서 보고받고 지시해주기 바란다."

주자화는 군말 없이 수락했다.

예치쑨은 젊은 연구원들과 보내는 시간이 많았다. 1년이 지나자 두각을 나타내는 연구원들이 속출했다. 과학자들에게는 직접 요구했다.

"과학자는 단순해야 한다. 머리가 복잡한 사람은 과학자 자격이 없다. 지금 우리나라는 전쟁 중이다. 모든 역량을 항일전쟁에 쏟아부어라. 적을 살상할 수 있는 무기와 탄약 개발 외에는 시간을 허비하지 마라."

예치쑨은 충칭 교외에 있는 미사일 연구소를 자주 찾아갔다. 한 번 가면 며칠씩 머물곤 했다. 연구원 대부분이 제자였다.

고독한 노인 예치쑨, 사후 9년 만에 명예 회복

신중국 수립을 선포한 중공은 대학 조정에 착수했다. 구미에 맞는 사람은 남겨두고, 맘에 안 드는 교수들은 "책 편집이나 하라"며 출판사로 보냈다. 교육부는 예치쑨의 공헌과 영향력에 인색하지 않았다. 칭화대학 교무위원회 주석에 임명했다.

예치쑨은 당이 요구하는 조정방안을 받아들이지 않았다. 학문의 자유와 대학의 민주화, 교수치교를 견지했다. 지식인들 대상으로 사상개조운동이 벌어졌을 때도 개조에 냉소적이었다. 상급기관이

중공정권 선포(1949년 10월 1일) 직후 제3야전군 사령관 천이(陳毅.
오른쪽 셋째)가 칭화대학을 방문했다. 교무위원들과 함께 천이를
맞이하는 교무위원회 주석 예치쑨(왼쪽 첫째).

대륙을 떠난 전 총장 메이이치를 적으로 규정했다. 메이이치 비판 운동으로 학계가 떠들썩했다. 예치쑨은 메이이치를 두둔했다. "적과 동지도 구분 못 하는 사람"이라며 바보 취급받았다. 동료 과학자가 비판대에 올랐을 때도 거꾸로 가기는 마찬가지였다. 중국 과학계에 기여한 공을 높이 평가하는 글을 발표했다. 결과는 격렬한 질책과 혹독한 비판으로 이어졌다.

교육부는 예치쑨을 베이징대학 물리학과로 전임시켰다. 예치쑨은 현실을 받아들였다. 조카에게 보낸 편지가 남아 있다.

"전통을 자랑하는 대학의 책임자에서 평교수로 전락했다. 나는 이미 낙오자다. 사상이 다른 사람들의 지시에 맞장구쳐야 된다는 것을 비로소 알았다. 교육과 연구에 주력하려면 맹종하는 수밖에 없다."

예치쑨은 교육과 독서, 인재 양성에만 몰두했다. 언쟁을 피하고 학술회의에도 모습을 드러내지 않았다. 전인대 대표에 선출됐지만 정치 문제에는 침묵을 유지했다. 그러다 보니, 문혁 초기만 해도 안정된 생활을 유지할 수 있었다. 홍위병들에게 끌려갔을 때도 다리 부러진 것 외에는 남들보다 덜 얻어맞고 풀려났다.

베이징대학은 학교로 돌아온 예치쑨을 내버려두지 않았다. "국민당 특무" 문제가 해결되지 않았다며 심문을 계속했다. 제자가 구술을 남겼다.

"반동학자의 소굴이었던 중앙연구원 총간사를 역임했고, 연구원 원장 주자화는 국민당 특무조직 중통(中統, 중앙조사통계국)의 책임자였다. 예치쑨이 온전할 리가 없었다."

대학 측은 가택수색과 월급 지불을 중지했다. 매달 소액의 생활비만 지급하고 거처도 학생 기숙사로 제한했다. 당시 베이징대학 인근에서 예치쑨을 봤다는 전 전국정치협상회의 부주석 첸창자오(錢昌照)도 기록을 남겼다.

"출옥한 예치쑨은 행동의 자유가 없었다. 병들고 허약한 고독한 노인이었다. 거리에 나갔다가 봐서는 안 될 모습을 목격한 적이 있다. 굽은 허리에 초라한 복장, 해진 신발을 신은 노인이 지팡이에 의지해 힘든 걸음을 하고 있었다. 자세히 보니 예치쑨 선생이었다. 말라비틀어진 사과를 우물거리며 두리번거리는 모습이 걸인과 다를 바 없었다. 젊은 학생이 지나가자 돈이 있으면 몇 푼만 달라며 손을 내밀었다. 시대가 시대인지라 물리학계의 대선배이며, 중국 물리학의 발전에 누구도 범접 못 할 공을 세운 선생의 비극을, 바라보는 것 외에는 방법이 없었다. 모욕을 견디지 못해 자살하는 학자들이 속출하던 때였다. 세월이 지나서야 안 사실이 있다. 예치쑨은 휘어질지언정 부러지지 않는, 강철 같은 사람이었다."

4년간 예치쑨을 조사한 베이징대학 측은 결론을 내렸다.

"예치쑨이 특무였다는 소문은 낭설이다. 중통은 칭화대학에 침투한 적이 없다."

예치쑨은 교수 자격을 회복했다. 숙소도 배정받았다. 문혁이 끝나자 칭화대학 시절 동료들이 찾아왔다. 허리가 굽어 침상에 눕지도 못하고, 의자에서 잠자는 예치쑨을 바라보며 분통을 터뜨렸다.

예치쑨의 건강은 하루가 달랐다. 전립선 비대증이 심각했다. 걷지도 못하고 소변도 가누지 못했다. 방 안에 악취가 진동했다. 의사들이 수술을 권해도 막무가내였다. 치료도 거절했다.

"내버려 둬라. 이제 나는 쓸모없는 사람이다. 몇 년 더 살아봤자 의미가 없다. 내게 관심 갖지 말고 문병도 오지 마라."

1977년 1월 10일, 예치쑨은 혼수상태에 빠졌다. 친구들이 수레에 태워 병원으로 달려갔다. 병원 측은 고약했다. 신분에 문제가 있는 사람이라며 들어오지도 못하게 했다. 반나절을 기다리다 아는 의사를 통해 뒷문으로, 그것도 몰래 들어가서 겨우 입원했다.

예치쑨은 입원 3일 만에 눈을 감았다. 당 선전부는 "평가가 끝나지 않았다"는 이유로 보도를 금지시켰다. 일주일 후, 초라한 추도회가 열렸다. 듣도 보도 못한 사람이 추도사를 읽었다. 중국 과학과 과학인재 양성에 거대한 공적을 남겼다는 언급이 없었다. 보다 못한 물리학자 우유쉰이 자리를 박차고 나갔다. 복도에 쭈그리고 앉아 이런 억울한 일이 있느냐며 통곡을 해댔다.

사망 9년 후, 예치쑨은 명예를 회복했다. 찬사가 쏟아졌다. 한 가지만 소개한다.

物理学家 叶企孙(1898—1977)

中国邮政 CHINA 1.20元

2016년 5월, 중국은 예치쑨의
업적을 기리는 우표를 발행했다.

"예치쑨은 도도히 흐르는 대하(大河)였다. 1925년 예치쑨이 과학인재 양성을 시작한 지 39년 만에 중국은 핵실험에 성공하고, 45년 만에 인공위성을 발사했다. 중국이 스스로 자신의 역사를 쓰기 시작한 것은 이때부터다."

1999년 9월, 중국은 양탄일성(兩彈一星, 원자폭탄·수소폭탄·인공위성) 공로자 23명의 명단을 발표했다. 거의가 예치쑨의 제자들이었다.

뜨거운 혁명도시 광저우

"재력과 무력을 겸비한 상인은
혁명의 장애물이다."

광둥상단 단장 천롄보, 무장세력 갖추고 치안 유지

광둥(廣東) 성 광저우(廣州)는 중국에서 가장 오래된 상업항이다. 돈을 만지다 보니 상인들의 영향력이 막강했다. 미치지 않는 곳이 없을 정도였다. 광둥 상인들은 해외 화교들과도 천 갈래 만 갈래 얽혀 있었다. 동향 출신 혁명가 쑨원(孫文)의 혁명자금도 아끼지 않고 지원했다.

상업이 발달한 지역의 주민들은 행동이나 사고가 다른 지역과 판이하다. 광저우의 시민계층도 현대화 과정에서 무시 못 할 작용을 했다. 청나라 말기, 입헌운동 제창자들의 목소리가 커졌다. 상회, 상단(商團), 공안유지회 같은 조직들이 우후죽순으로 간판을 내걸었다. 1911년 신해혁명이 발발하자 광둥 상인들도 상단을 발족시켰다.

새로운 권력자 위안스카이는 혁명세력의 돈줄을 막기 위해 대규모 옥사(獄事)를 일으켰다. 상인들을 닥치는 대로 잡아 가뒀다. 전국에 산재해 있던 상인조직들은 제 발로 해체를 선언했다. 그 와중에서도 광둥상단만은 건재했다. 지리적인 이점 외에 성숙한 시민의식과 강한 자생력이 이유였다.

광둥상단 초대 단장은 유명한 비단공장 경영자였다. 돈 버는 재주는 세상 어디 내놔도 부족함이 없었다. 꿍쳐놓기만 했지 쓸 줄은 몰랐다. 세상을 떠나자 단원이 줄어들었다. 두 번째 단장은 호방한 비단상인이었다. 매사를 원만하게 처리했다. 여자를 너무 밝히는 것 외에는 큰 흠이 없었다. 건강 상태는 엉망이었다. 민족 기업가 천치위안(陳啓沅)의 장남 천렌보(陳廉伯)가 후임을 노렸다.

천렌보는 중국인들에게도 잊힌 이름이다. 간단한 설명이 필요하다. 중국 방직업과 기계공업의 비조(鼻祖) 천치위안은 영국 여자라면 무조건 좋아했다. 에딘버러대학을 졸업한 예쁜 영국인 첩이 잘생긴 아들을 순산했다. 본부인은 자식이 없었다. 남편과 영국 여인 사이에 태어난 혼혈아를 친자식처럼 귀여워했다. 이름도 렌보(廉伯)라고 직접 지어줬다.

천렌보는 어릴 때부터 미국 초대 대통령 워싱턴(George Washington)을 숭배했다. 부친에게 "중국의 조지 워싱턴이 되겠다"고 했다가 꾸지람을 들었다.

"가산 지키고, 빈털터리 되지 않으려면 정치가나 혁명가를 멀리해야 한다. 어쩌다 네 혈액에 정치가의 피가 스며들었는지 걱정된다. 대중들 앞에서 진실을 말하면 바보 취급당하는 곳이 정치판이다."

부친 사후, 천렌보는 거대한 유산을 배경으로 광둥의 수출업을 쥐락펴락했다. 부친의 예언은 정확했다. 청나라 말기 세상이 어수선하자 천렌보는 상인의 무장을 구상했다. 눈치챈 광둥 총독의 제지를 받자 눈물 뿌리며 포기한 적이 있었다.

천롄보는 하고 싶은 일은 손해를 봐도 꼭 해야 직성이 풀리는 성격이었다. 청나라가 망하고, 광둥 휘이펑은행(匯豊銀行)의 중국 측 최고 경영자가 된 후에도 꿈을 버리지 않았다. 상단 단장을 거의 매일 환락가로 유인했다. 단장이 복상사하자 상단 단장에 취임했다. 단원 수가 급증했다.

상단을 장악한 천롄보는 거침이 없었다. 내부를 정돈하고 업무 범위를 넓혔다. 당시 광둥은 온갖 지방 잡군(雜軍)의 집결지였다. 치안이 열악하고, 사방에 토비(土匪)들이 들끓었다. 광둥인들은 공산당과 합작한 국민당이 광저우를 북벌 근거지로 채택하고, 황푸군관학교를 설립한 것도 탐탁해하지 않았다. 국민당을 지도하기 위해 광둥에 온 소련인 고문도 이 점을 내부 회의에서 인정했다.

"광둥 사람이라면 누구나 국민당과 쑨원을 적대시한다. 자신의 위망(位望)을 이용해 일부 군벌과 국민당만 비호하기 때문이다."

국민당이 북벌군을 일으킬 때마다 상인들은 부담을 느꼈다. 금전 지원도 부담이지만 군대 집결로 사회 분위기가 문란했다. 상인들의 불만이 나오기 시작했다. "정부가 국민을 보호할 능력이 없다. 관의 보호를 받는 것이 우리 스스로 자위책을 강구하느니만 못하다"며 정부 측에 상인들의 무장을 승인해달라고 요구했다.

광둥상단 단장 천롄보는 인근 도시 상단 대표들을 소집했다.

"연합체를 구성하고, 각자 살길을 찾자. 다른 지역 상단이 피해를 입으면 연합해서 지원을 아끼지 말자. 우리는 시장의 요구에 충실한 사람들이다. 정부는 우리에게 아무런 도움이 못 된다. 연합체

천렌보는 사진 찍기를 싫어했다.
1921년 훈장받은 기념으로 후세에
유일한 모습을 남겼다.

를 만들려면 자금과 의지만으론 안 된다. 혁명이라면 만사형통인 줄 아는 사람들이 광둥에 몰려 있다. 총에 의지하는 사람들은 혁명군이나 정부군이나 똑같은 것들이다. 지금은 난세다. 우리도 무장세력을 양성하자."

역사와 전통을 자랑하는 광둥 상인들은 간이 컸다. 다들 동의했다.

천롄보는 자비로 무기와 탄약을 구입했다. 건장한 청년들로 상단모범대(商團模範隊)를 출범시켰다. 영국인 교관도 초빙했다. 군사훈련을 매섭게 시켰다. 토비 소탕은 물론이고 도둑질한 사람은 끝까지 추적해 처벌했다. 소방서도 세우고 무료 급식소도 운영했다. 상업학교를 신설하고, 번듯한 체육시설도 마련했다.

천롄보에게 각계의 지지가 쏟아졌다. 무장병력도 하루가 다르게 늘어났다. 1924년 여름 2만 4,000명을 웃돌 정도였다. 혁명에 투신한 황푸군관학교 생도들과의 충돌은 시간 문제였다.

매판 자본가들의 도시 광저우

1757년 11월, 건륭제(乾隆帝)가 광저우를 대외무역 창구로 지정했다. 광저우가 아니면 외국과의 교역이 불가능해졌다. 서구의 거상들이 광저우로 몰려들었다. 돈이라면 우선 먹고 보는 조정 고관들도 팔짱만 끼고 있지 않았다. 직접 나설 수 없다 보니 대리인을 파견했다. 대리인은 광둥 상인이 많았다.

외상(外商)과의 거래는 돈벌이가 잘됐다. 세월이 흐르자 변화가 생겼다. 대리인의 자손이나 타고난 사업의 귀재들이 재능을 발휘하기 시작했다. 먹을 만큼 먹은 조정 고관과 그 후예들은 손을 털었다.

외국 상인과 결탁해 거부를 축적한 자본가들이 출현했다. 민족 자본가와 구분하기 위해 매판 자본가라 불렀다. 부르기 편하게 매판(買辦)이라고도 불렀다. 부자서열 매기듯이 10대 매판, 60대 매판 같은 용어들이 생겨났다.

10대 매판 중 네 명이 광둥 출신이었다. 매판들은 국내외 정세에 밝았다. 청(淸) 제국의 몰락을 일찍 예견했다. 천렌보를 제외한 나머지 세 명은 쑨원과 태어난 마을이 같았다. 혁명자금 지원을 아끼지 않았다. 다른 매판들도 보험료 내는 셈 치고 할 만큼은 했다.

1911년 10월, 신해혁명이 발발했다. 청나라는 몰락했지만 세상은 더 복잡해졌다. 군벌들이 깃발을 날리고, 툭하면 총질이었다. 광저우 상인들은 불만이 많았다. 특유의 결속력을 발휘했다. 상단을 조직하고, 자치제를 주장하던 광둥 군벌 천중밍(陳炯明)을 지지했다. 천중밍도 상단을 끼고돌았다. 무장을 요구하자 허락했다.

쑨원은 군대가 없었다. 총 가진 사람들 회유하기에 분주했다. 천중밍이 보기에 쑨원은 쓸모가 있었다. 광저우로 영입했다. 있어 보니 되지도 않을 북벌 타령만 하는 꼴이 광둥을 결딴낼 사람 같았다. 없애버리기 위해 군을 동원했지만 실패했다.

떠돌이 신세가 된 쑨원을 윈난(雲南)과 광시(廣西) 지역 군벌들이 지지했다. 병력을 몰고 광저우에 입성, 천중밍을 축출했다. 쑨원을 추대했지만 군벌 부대는 어쩔 수 없었다. 추태란 추태는 다 부렸다. 멋대로 세금 거둬들이고, 떼거리로 윤락가를 몰려다니며 돈도 안 냈다. 쑨원이 "나 팔고 다니며 우리 고향 사람들 유린하지 마라"고 야단쳐도 막무가내였다.

붉은 표어들이 거리에 난무하다

쑨원은 공산당과 손을 잡았다. 광저우에 육해군 대원수 대본영을 설치했다. 사실상 혁명정부였다. 소련인 고문을 초빙해 국민당 간부 훈련을 맡기고 군관학교를 세웠다. 혁명을 지지하는 청년들이 광저우로 향했다. 국·공합작이 실현되자 광저우는 혁명 근거지로 변했다.

도시 분위기도 달라졌다. 노동운동과 농민운동이 합법화된 유일한 도시이다 보니 평소 상상도 못 하던 일들이 벌어졌다. 붉은 표어들이 거리에 난무했다. 시위도 그치지 않았다. 구호가 살벌했다. 여학생들까지 거리에 나와 "사창가 철폐"를 외쳐댔다. 「인류의 가장 오래된 직업 중 하나. 국제도시라면 꼭 있어야 할 장소」라는 글을 게재한 신문사 유리창은 남아나지 못했다.

상인들은 긴장했다. 광저우는 상업도시였다. 상인의 사회적 지위가 다른 지역과 달랐다. 문화 수준도 높았다. 청나라 말기, 혁명 자금 지원을 아끼지 않은 것도 목숨과 재산 보호 외에는 특별한 이유가 없었다. 단장 천롄보가 '상인정부' 수립을 제안하자 귀를 기울였다. 쑨원의 소련 접근을 경계하던 영국도 상인들을 부추겼다.

1924년 5월, 광저우상단과 광저우정부의 충돌이 시작됐다. 광저우정부는 자금 결핍에 시달렸다. 도로포장 의연금을 걷기로 결정했다. 트집거리 기다리던 광저우상단은 파시(罷市)와 시위를 의결

사창(私娼) 폐지를 주장하는 여학생 시위.
1924년 광둥 성 광저우.

했다. 무장병력 8,000여 명이 시위를 벌였다. 쑨원이 직접 조정에 나섰다. 의연금 징수 취소를 통보했다.

행실은 엉망이지만 입 무겁기로 소문난 예쁜 과부 집에 광둥 성 상단 대표들이 모였다. 전 성의 상단 무장병력을 통솔할 연방총부(聯邦總部)를 설립하고 총장에 천롄보를 선출했다. 과부는 머리가 잘 돌아가고 동작도 빨랐다. 용한 점쟁이를 찾아가 연방총부 설립 기념일까지 받아왔다. 이 맹랑한 여인은 쑨원의 정보원이었다.

홍콩의 영국총독은 광저우상단의 총기 1만여 정과 실탄 330여 만 발 구입을 눈감아줬다. 쑨원은 황푸군관학교 소재지인 창저우(長洲) 요새사령관에게 노르웨이 선박을 압류하라고 지시했다. 요새사령관은 황푸군관학교 교장 장제스가 겸직하고 있었다.

장제스는 황푸군관학교 1기생들을 동원했다. 30년 후 한국전쟁에 중공군 부사령관으로 참전한 천겅(陳賡)이 선두에 섰다. 배 안에 있던 총기 운반책들을 생포하고 총기와 실탄을 군관학교 창고에 안치했다. 생도들이 연명으로 장제스에게 호소했다.

"군관학교와 교장의 안전을 위해 압류한 무기를 우리가 사용하자."

장제스가 생도 전원을 소집했다.

"광저우상단이 사적으로 구매한 군수물자가 본교에 있다. 멋대로 사용하면 우리는 혁명가 자격이 없다."

생도들은 감동했다. 이날 훈시를 계기로 황푸군관학교는 장제스의 완전한 사유물이 됐다.

무기를 압류당한 광저우상단 대표들은 국민당 우파를 상대로 내

광저우 중심가를 봉쇄한 상단 부대.
1924년 여름, 광저우 시관(西關).

통과 매수를 시작했다.

닭 한 마리 죽여서 원숭이 기겁하게 만드는 전략

무슨 일이건 득 보는 사람이 있기 마련이다. 제1차 국·공합작 초기, 전국을 떠들썩하게 했던 광저우상단 반란사건의 수혜자는 장제스였다. 진압 과정에서 1석3조(一石三鳥)의 능력을 만천하에 과시했다.

광저우상단 회장 천롄보는 광둥 성 상인무장조직의 실질적인 영수였다. 사업수단이 남다르고 조직력도 뛰어났다. 홍콩의 영국인들과 친분이 두텁고, 금융계에서 인정을 받았다. 중국 공산당과 합작에 성공한 쑨원이 광저우에 세운 혁명정부를 달가워하지 않았다. 천롄보는 상인정부 수립을 주장하며 도전장을 내밀었다. 무장을 강화하기 위해 영국의 묵인하에 다량의 신무기를 덴마크 상선 하버드 호를 통해 광저우로 운반했다.

쑨원의 명령을 받은 황푸군관학교 교장 장제스는 하버드 호를 억류하고 무기를 군관학교 창고로 옮겼다. 천롄보는 만만한 상대가 아니었다. 일을 더 크게 만들었다. 상단 무장병력 2,000명을 동원해 시위를 벌였다.

"하버드 호를 풀어주고 무기를 반환해라."

시위를 마친 상단 부대는 쑨원의 집무실이 있는 대원수부(大元帥府)를 에워쌌다. 쑨원은 혁명 과정에서 상인들에게 손을 많이 내밀었다. 그러다 보니 약점도 많이 잡혔다. 우선 상단 대표들을 진정시켰다.

"배 안에 탑재된 물품을 조사한 후에 적절한 조치를 취하겠다."

상단 대표들은 좋은 교육을 받은 사람이 대부분이었다. '적절'이 무슨 의미인지를 잘 알았다. 포위를 풀지 않았다.

상선을 수색한 결과 무기 외에는 대단한 물건이 없었다. 쑨원은 합당한 조치를 취했다. 장제스에게 배를 풀어주고 무기 외에는 반환하라고 지시했다. 장제스가 반발하자 국제법까지 거론했다. 명령을 집행한 장제스는 일기에 속내를 드러냈다.

"재력과 무력을 겸비한 상인은 혁명의 장애물이다. 일거에 제압하지 않으면 무슨 재앙이 닥칠지 모른다."

천롄보는 방향이 분명한 사람이었다. 다시 파시를 획책했다. 광저우의 금융계는 천롄보의 손아귀에 있었다. 은행들이 문을 닫았다. 쑨원은 긴장했다. 상단 총부(總部)에 친필 서신을 보냈다. 천롄보의 이름을 거론하며 권고했다.

"천롄보는 상단을 이용해 정부 전복을 꾀하지 마라. 상단도 요언(謠言)에 부화뇌동해 반역 대열에 합류하는 잘못을 자제하기 바란다."

상단은 쑨원의 권고를 거부했다.

혁명정부는 상단 전체를 적으로 삼을 생각이 없었다. 살계경후 (殺鷄儆猴), 닭 한 마리 죽여서 원숭이 기겁하게 만드는 전략을 썼

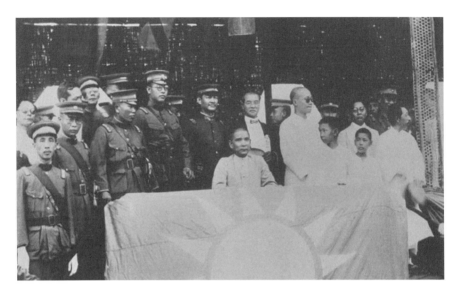

파시를 선언한 상단을 향해 성명을 발표하는 쑨원.
1924년, 광저우 대원수부(大元帥府).

다. 천렌보 한 사람에게만 수배령을 내렸다. 영국은 천렌보 보호에 나섰다. 군함 아홉 척을 광저우 만에 집결시켰다. 쑨원도 가만있지 않았다. 영국 정부에 정식으로 항의했다. 사태가 진정될 기미를 보였다.

북벌로 돌아서는 쑨원

쑨원은 광저우가 싫어졌다. 이때 북방에서 군벌들 사이에 전운(戰雲)이 감돌았다. 북벌군을 일으킬 기회라고 판단했다. 광저우를 포기하고 광둥 성 북부 도시 사오관(韶關)에 지휘부를 차릴 생각이었다. 상단 문제는 최측근 후한민(胡漢民)과 왕징웨이(汪精衛)에게 맡기고 광저우를 떠났다.

군벌전쟁이 폭발하자 쑨원도 북벌을 선언했다. 광저우에 고립된 황푸군관학교와 장제스의 안전에 신경을 썼다. 사오관에서 장제스에게 비밀 전문을 보냈다.

"황푸를 포기해라. 미련 버리고 사오관으로 와라."

장제스의 생각은 쑨원과 달랐다. 광저우로 돌아오라고 건의했다. 내용이 간곡했다.

"혁명하려면 근거지가 있어야 한다. 중국 역사상 근거지 없이 성공한 혁명은 없었다. 광저우는 온갖 고초를 겪으며 마련한 근거지다. 쉽게 포기할 수 없다. 북벌보다 상단 반란 진압이 시급하다."

광저우의 혁명세력도 상단과 접촉을 게을리하지 않았다.
황푸군관학교 교관들과 광저우 주변 도시 상단대표들과 회합한
정치부 주임 저우언라이(앞줄 가운데).

장제스의 예측은 정확했다. 쑨원이 북벌을 하겠다며 북상하자 광저우상단은 쾌재를 불렀다. 광둥 성 전역에 파시와 파업을 선동했다. 쑨원이 임명한 대리 대원수 후한민은 상단과 타협에 나섰다. 현금 20만 위안(元)과 장제스가 압류한 무기를 교환하기로 합의했다.

10월 10일, 황푸군관학교에서 쌍십절 기념행사가 열렸다. 보슬비 맞으며 열병식을 마친 생도와 각계 인사 5,000여 명이 시가행진에 나섰다. 강변을 지날 무렵, 상단 무장부대가 생도들에게 총격을 가했다. 20여 명이 현장에서 즉사했다. 부상자도 부지기수였다.

상단 부대는 광저우정부와 자웅을 겨룰 기세였다. 포대를 설치하고 광저우를 봉쇄했다. 시내 곳곳에 구호도 내걸었다.

"쑨원정부 타도하고 쑨원을 내쫓자."

장제스는 사오관의 쑨원에게 "상단을 엄하게 단속하자"는 급전을 세 차례 보냈다. 내용도 한결같았다.

"역도들이 사오관을 공격할 날이 머지않았다. 다시 남쪽으로 내려와 역도들을 멸하지 않으면 북벌도 성공을 기약하기 힘들다. 본인은 우리의 근거지를 끝까지 사수하며 직분을 다하겠다. 현명한 결단 있기를 고대한다."

국민당 좌파와 중공도 쑨원을 부추겼다. 쑨원은 병력 3,000명을 광저우로 파견했다. 상단 평정의 전권을 장제스에게 위임한다는 문서에 직접 서명했다. 항공대와 장갑차부대, 농민자위군, 경호부대도 장제스의 지휘를 받도록 했다.

명분 제조기 장제스, 광저우를 사수하라

무슨 일이건 명분(名分)이 중요하다. 인간이라는 동물은 허술한 구석이 많다. 명분과 핑계를 혼동하는 경우가 허다하다. 인류 역사도 마찬가지다. 핑계를 명분으로 둔갑시킬 줄 아는 사람에게 후한 점수를 줬다. 난세의 지도자들은 명분 만들어내는 기술이 탁월했다. 중국도 그랬다. 쑨원, 장제스, 마오쩌둥 할 것 없이 모두가 명분 제조기였다.

광저우에서 벌어진 상인 반란사건은 혁명정부에 좋은 핑곗거리였다. 1924년 10월 10일, 상단 무장병력이 쌍십절 기념행렬에 참가한 황푸군관학교 학생들에게 총격을 가했다. 20여 명이 목숨을 잃었다. 상단 하급 지휘관들은 무지막지했다. 군중들 보는 앞에서 시신을 발로 차고, 잔혹한 행위도 서슴지 않았다. 일이 이쯤 되자, 광저우를 포기하고 북벌 준비에 한창이던 쑨원도 모른 체할 수 없었다. 지원군 3,000명을 광저우로 급파하며 황푸군관학교 교장 장제스에게 전권을 부여했다.

요직을 차지한 장제스는 머리 회전이 빨랐다. 행동도 민첩했다. 군관학교 업무를 대신할 사람을 물색했다. 술과 여자라면 시도 때도 가리지 않는 소련인 고문이 떠올랐다. 돈 한 뭉치 쥐여주며 부탁했다.

"나는 학생 400명 데리고 광저우로 간다. 아무 일 하지 말고 내 방에 앉아만 있어라."

장제스는 경무장한 학생 400명을 광저우에 파견했다. 학생들은 교장이 시키는 대로 했다. 확성기를 들고 거리와 골목을 누볐다.

"오늘 밤 야간 훈련을 실시한다. 시민들은 놀라거나 동요하지 말기 바란다."

해 질 무렵, 완전무장한 생도들이 바다를 건넜다. 황푸 1기 출신인 전 중공 원수 한 사람이 회고를 남겼다.

"군관학교는 광저우가 코앞인 작은 섬에 있었다. 우리가 학교 연락사무소가 있는 부두에 상륙할 무렵 비가 많이 내렸다. 앞이 안 보일 정도였지만 학생들은 아랑곳하지 않았다. 발걸음이 힘차고 일사불란했다. 찻집과 음식점, 상가 인근에 몰려 있던 시민들은 멋있다며 탄성을 질렀다. 여기저기서 굴러 들어온 잡군(雜軍)에 눈살 찌푸린 지 오래다 보니 그럴 만도 했다."

생도들은 성(省) 정부 청사에 대기하며 명령을 기다렸다. 훈련은 심야에 시작됐다. 지휘관의 입에서 첫 번째 명령이 떨어졌다.

"상단 반란군을 포위해라. 상단 측이 공격해도 명령 있을 때까지 응사하지 마라. 교장의 명령이다."

상단 측도 부대를 출동시켰다. 소규모 충돌이 벌어졌다. 부상자는 있어도 사망자는 없었다. 핑곗거리를 찾던 장제스는 실망했다. 새벽 네 시 무렵, 학수고대하던 사망자가 발생했다. 장제스가 직접 명령을 내렸다.

광저우상단 반란 진압 후, 황푸군관학교 1기생과
교관들이 한자리에 모였다.
1924년 11월, 광저우.

상단부대와의 전투를 일선에서 지휘한 황푸군관학교 교관들.
1925년 1월, 황푸군관학교 교도단(敎導團) 문전.

"군사훈련 중인 학생들에게 상단부대가 공격을 가했다. 훈련을 중단한다. 반란군을 섬멸해라."

쑨원이 파견한 정부군과 학생군의 반격이 시작됐다. 크고 작은 거리에서 대규모 전투가 벌어졌다. 분할 포위된 상단부대는 용병이나 다름없었다. 속속 무기를 버리고 투항했다.

저항이 심했던 상단 주력부대도 반나절 만에 백기를 들었다. 광저우상단 단장 천롄보는 대세를 파악했다. 단골 양복점에 쑨원의 대원수 복장과 똑같이 만들어달라고 해서 입고 다니던 이상한 복장을 집어 던지고 조계(租界)로 도망쳤다. 영국은 천롄보를 내버려두지 않았다. 몰래 홍콩으로 빼돌렸다. 이틀 후, 상단 부단장이 황푸군관학교로 장제스를 찾아왔다. 정식으로 화해를 간청했다. 혁명정부도 상단의 요청을 수락했다. 천롄보 등 아홉 명에게 수배령을 내리고 상단의 무장을 해제하는 선에서 끝내버렸다.

장제스의 목숨을 살린 천경

에피소드도 있었다. 전투 과정에서 천경은 학생군 열네 명으로 구성된 기관총부대에 배속됐다. 도망치던 상단부대 중견지휘관을 붙잡았다. 예쁜 군도(軍刀)를 차고 있는 잘생긴 청년이었다. 천경은 노고를 치하하러 온 장제스에게 군도를 바쳤다. 정교한 군도를 본 장제스는 흡족했다. 받는 순간 괴성 소리와 함께 군도의 주인이 학생군을 밀치고 달려 나왔다. 어찌나 몸이 날래던지 동작이 번갯불 같았다. 순식간에 장제스가 탄 말 앞까지 내달았다. 천경이 들고 있던 군도의 손잡이를 낚아챘다. 시퍼런 칼날이 장제스의 목을 향하는 순간 천경이 몸을 날렸다. 칼을 쥔 반란군 지휘관의 손목을 움켜쥐고 비틀어버렸다. 말도 놀랐다. 앞발을 들고 몸이 치솟았다. 그 바람에 장제스는 말에서 떨어졌다. 몸을 일으킨 장제스는 식은땀이 흘렀다.

옷에 묻은 흙을 털어내며 천경에게 손짓했다. 부동자세를 취한 생명의 은인 바라보며 씩 웃었다. 엉덩이 두드리며 한마디 했다.

"장군감이다."

31년이 흘렀다. 그간 별일이 다 있었다. 1955년 9월 27일 오후, 베이징에서 중화인민공화국 인민해방군 계급장 수여식이 열렸다. 천경은 종신직인 대장 계급장을 받았다. 대만의 장제스도 소식을 들었다. 천경이 대장이 됐다며 흡족해했다.

최근 "천롄보는 아쉬울 게 없는 사람이었다. 광저우상단 반란은 쑨원의 북벌을 저지하기 위해 영국이 천롄보를 부추겨 일어난 일"이라는 설이 제기됐다. 그럴듯한 얘기지만, 워낙 복잡했던 시대 일이라 확인할 방법은 없다.

둔황의 수호신

> "호랑이 굴에 들어가지 않으면
> 호랑이 새끼를 얻을 방법이 없다."

영혼의 단짝 천즈슈와 함께한 파리 유학

1981년 봄, 최고실권자 덩샤오핑이 둔황(敦煌)을 찾았다. 동갑인 둔황문물연구소 소장 창수훙(常書鴻)의 업적과 공로를 찬양했다. 워낙 건조한 지역이라 입에 침이 마를 정도였지만, 찬사가 그치지 않았다. 연신 물을 들이켜며 "이제 그만 베이징에 안착하라"고 권했다. 간곡하기가 이루 말할 수 없었다.

이듬해 3월, 창수훙은 반세기에 걸친 영욕과 애정, 온갖 원망을 사막의 동굴 속에 묻고 베이징으로 이주했다. 1993년 여름, 회고록 『둔황 50년』을 완성하고 몇 개월 후 세상을 떠났다. 국학대사 지센린(季羨林)이 창수훙의 일생을 몇 자로 정리했다.

> "회화대사(繪畵大師)이며 둔황의 수호신(守護神). 대명(大名)을 우주에 드리웠다."

당연한 찬사였다. 창수훙은 명승지 항저우(杭州)에 주둔하는 만주 팔기군 장교 집안에서 태어났다. 어릴 때부터 혼자 그림 그리기를 좋아했다. 부친은 아들이 기술자가 되기를 바랐다. 창수훙은 효자였다. 공업학교에 진학했다. 전기과에 합격했지만, 회화와 관련 있는 염직(染織)과 수업만 들었다. 틈만 나면 스케치북을 끼고 시후(西湖) 주변을 떠돌았다.

친한 친구 아버지가 창수훙의 그림을 좋아했다. "돈은 내가 대겠다, 내 아들과 함께 일본 유학을 떠나라"고 권할 정도였다. 창수훙은 완곡히 거절했다.

"집안 경제 상황이 심각하다. 생존 문제가 시급하다."

친구가 일본 유학을 떠나는 날, 작심했다.

"언젠가는 미술 공부하러 프랑스로 가겠다. 화가가 되려면 일본은 프랑스만 못하다. 소 아홉 마리가 잡아끌어도 이 결심은 바꾸지 않겠다."

울적함을 달래러 고모 집에 갔다. 고모부의 조카뻘되는 여자애가 놀러 와 있었다. 창수훙은 눈이 번쩍했다. 천즈슈(陳芝秀), 훗날 창수훙의 교처(嬌妻)로 명성을 떨치고, 사막 한복판에서 창수훙을 버리고 떠난 여인이었다. 젊은 남녀는 언제, 어디서, 누구를 만나느냐가 중요하다. 기분 나쁜 날 만난 상대는 서로의 호감을 끌기에 부족하고, 천하 미인도 만난 장소가 개떡 같으면 마찬가지다. 모든 조건이 그럴듯하면, 서로 인연 맺고 싶다는 생각이 들기까지 10초도 걸리지 않는다. 천즈슈와 창수훙도 그랬다.

천즈슈는 강남의 부잣집 딸이었다. 남자라면 누구나 좋아할 조건을 갖추고 있었다. 곱게 단장할 줄 알고 교태가 넘쳤다. 발목이 가늘고 신발도 예뻤다. 염직에도 관심이 많았다. 천즈슈도 단정하고 예술적인 창수홍에게 끌려 들어갔다. 두 사람은 눈만 뜨면 시후를 산책했다. 자신의 초상화를 선물 받은 천즈슈는 젊은 천재 예술가의 팔에 매달렸다.

1927년 여름, 23세 생일을 마친 창수홍은 프랑스행 배를 탔다. 선표는 친구 아버지가 사줬다. 한 달간 배 안에서 승객들에게 그림 그려주며 돈을 모았다. 회고록 한 구절을 소개한다.

"야밤에 파리에 도착했다. 날이 밝자 루브르 박물관으로 달려갔다. 아침에 빵 한 쪽 먹은 게 다였지만 온종일 배고픈 줄 몰랐다. 다음 날도 그랬고, 그다음 날도 그랬다. 이집트와 그리스·로마의 예술품을 바라보며 시간 가는 줄 몰랐다. 나는 서양 문화에 경도됐다. 마치 그리스나 로마에서 온 예술가가 된 기분이었다. 몽파르나스의 화가로 자처했다. 조국의 저급한 문화에 자괴감을 느꼈다. 조상들의 위대한 예술혼을 몰랐던 무지의 극치였다."

창수홍은 일과 그림 공부를 병행했다. 부지런한 성격과 건강 덕에 굶지는 않았다. 리옹 미술학원 예과에 무난히 합격했다. 1년 후 본과 진학시험에서 소묘 부문 최고 성적을 받았다. 유화에 재능 있는 화가 소리를 듣기 시작했다. 파리 고등미술학원도 창수홍의 입학을 거부하지 않았다. 미술전에서 금상과 은상을 네 번 차지하자 파리 미술가협회에서 가입신청서를 보내왔다.

천즈슈가 파리에 나타났다. 두 사람은 결혼식을 올렸다. 신혼집엔 파리에 와 있는 중국 화가들의 발길이 그치지 않았다. 항상 북적

프랑스 유학 시절, 유학 온 중국 예술가들과 어울린
창수훙(왼쪽 첫째)과 천즈슈(왼쪽 둘째).
1932년, 리옹.

거렸다. 중국 화단의 대부 쉬베이훙(徐悲鴻)과 미모의 부인 장비웨이(蔣碧薇)는 프랑스 유학 시절 제3자가 끼어들 틈이 있었지만, 창수훙과 천즈슈는 모범부부였다. 천즈슈는 조각에 열중하고, 창수훙은 그림에만 전념했다. 천즈슈는 창수훙의 영혼이나 다름없었다. 모든 그림의 주인공 대부분이 천즈슈였다.

창수훙은 센(Seine) 강변 산책을 즐겼다. 딸이 태어나자 사나(沙娜)라는 이름을 지어줬다. 중국인들이 센을 '沙娜'로 표기할 때였다. 둔황과의 해후도 센 강변에서 시작됐다. 1935년 여름 어느 날, 루브르 박물관을 나온 창수훙은 시내를 산책했다. 센 강변에 도달하자 자주 가던 고서점으로 들어갔다. 이 책 저 책 뒤지던 중 여섯 권짜리 작은 도록에 눈길이 갔다. 제목이 『둔황도록』(敦煌圖錄)이었다.

『둔황도록』은 1907년 프랑스 출신 동양학자 펠리오(Paul Pelliot)가 둔황석굴에서 촬영한 사진첩이었다. 서구 미술에 경탄해왔던 창수훙은 조상들의 생동력에 전율했다. 얼굴이 화끈거렸다. 넋 나간 사람처럼 멍하니 서 있자 책방 주인이 말을 걸었다.

천즈슈를 두고 둔황으로 떠나다

『둔황도록』을 보며 넋을 잃은 창수훙에게 책방 주인이 한 말은 이랬다.

"기메 박물관에 가봐라. 둔황 문물이 많다."

그날 밤 창수훙은 잠자리에 들지 못했다. 도록만 뒤적거렸다. 둔황 천불동(千佛洞)의 벽화와 찰흙으로 빚은 소상(塑像)을 보며 "맘

프랑스 유학 시절 서구 미술에 심취했던 시절의
창수홍(오른쪽)과 천즈슈.
1933년, 파리.

소사"를 연발했다. 훗날 회고록에 그날 밤의 감동을 빠뜨리지 않았다.

"어디에 이런 보물들이 있는지 어처구니가 없었다. 간쑤(甘肅) 둔황 천불동이라고 쓰여 있었다. 대영 박물관과 루브르에 갈 때마다 기독교 회화에 경탄하곤 했다. 천불동 벽화에 등장하는 신(神)과 군상(群像)의 생동력은 그간 내가 심취했던 서구의 작품들을 능가했다. 목록 서문에 5세기의 작품이라고 쓰여 있었다. 1,000년 하고도 500년 전이라니! 믿기지 않았다. 이튿날 나는 기메 박물관의 첫 번째 관람객이었다."

프랑스 동양학자 펠리오가 둔황에서 훔쳐온 거나 다름없는, 당대(唐代)의 대형 견화(絹畵)들이 창수홍을 기다리고 있었다. 7세기 무렵, 둔황의 불교도들이 둔황 사원에 헌납한 『부모은중경』(父母恩重經)은 걸작 중에 걸작이었다. 창수홍은 경악했다.

"피렌체 화파의 창시자 조토(Giotto Di Bondone)보다 700년 전, 유화의 창시자 반 에이크(Jan Van Eyck) 그림보다 800년 전의 작품들이었다. 시대는 물론이고, 기법이나 수준도 둔황석굴의 작품들이 더 선진적이었다."

부인 천즈슈도 "둔황은 들어본 적도 없는 지명"이라며 열린 입을 다물지 못했다.

창수홍은 귀신에 홀린 사람 같았다. 둔황을 입에 달고 다녔다. 눈만 뜨면 기메로 달려갔다. 천즈슈에게 하루에도 몇 번씩 같은 말을 했다.

"파리는 더 있을 곳이 못 된다. 둔황으로 가겠다. 앞으로 내가 살 곳은 둔황이다. 살아도 둔황에서 살고, 죽어도 둔황에서 죽겠다. 나와 함께 조국으로 돌아가자."

창수홍의 뚱딴지같은 제안에 천즈슈는 머리가 복잡했다. 학업을 마치지 못했다고 둘러댔지만, 파리를 떠날 생각이 없었다. 창수홍의 결심은 철벽같았다. 천즈슈를 달랬다.

"나 먼저 귀국할 테니 학업을 계속해라. 내가 안정되면 돌아와라."

보물창고 지킴이가 된 창수홍

창수홍이 둔황에 안착하기까지는 곡절이 많았다. 1936년 가을, 귀국 열차에 올랐다. 그날따라 보슬비가 내렸다. 목적지는 둔황이었다. 베를린, 바르샤바를 거쳐 만저우리(滿洲里)에 도착했다. 동북은 일본의 식민지나 다름없었다. 일본 헌병이 짐을 수색했다. 그림과 지도들을 바닥에 집어던졌다. 창수홍은 혈압이 올랐다. "나는 예술가다. 조국에 돌아왔다"며 항의했다. 첫날을 헌병대 철창에서 보내며 몇 대 얻어터졌다.

베이핑의 일간지가 창수홍의 귀국을 큼직하게 보도했다.

"프랑스에서 인정받은 화가 창수홍이 안락하고 여유 있는 생활을 포기하고 조국으로 돌아왔다. 쉬베이훙, 장다첸(張大千)과 함께 중국을 대표하는 화가의 최종 목적지가 둔황이라는 말에 모두가 놀랐다. 서북의 끝자락인 둔황 일대는 정세가 불안정한 지역이다. 한동안 베이핑국립예술전문학교(北平國立藝專)에서 젊은 예술가들을 지도할 예정이다."

베이핑에 도착하는 날 창수훙은 예전 교수와 학생들의 박수와 꽃다발에 당황했다. 에워싼 학생들에게 한 첫 질문이 가관이었다.

"너희들은 언제 둔황에 갈 생각이냐?"
"역시 소문대로"라며 폭소가 터졌다.
이듬해 7월 중일전쟁이 발발했다. 창수훙은 작품 50여 점을 들고 수도 난징(南京)으로 갔다. 딸 데리고 귀국한 천즈슈와 여관방을 전전했다. 옛 친구들과 전시수도 충칭(重慶)에 가기까지 별꼴을 다 겪었다. 국민당 선전부장이 국민당 입당을 요구했다. 창수훙은 한마디로 거절했다.
"나는 정치에 문외한이다. 둔황 외에는 관심이 없다."
창수훙은 도둑들과 인연이 많았다. 둔황에 대한 관심은 둔황 문물을 도둑질해간 펠리오 덕분이었고, 전쟁 시절 둔황에 갈 수 있었던 것도 도둑놈 덕이었다. 1942년 봄, 허난(河南) 성 뤄양(洛陽) 용문석굴의 대형 부조(浮雕)「황후예불도」(皇后禮佛圖)가 흔적도 없이 사라졌다. 여론이 물 끓듯 했다.

"정부는 인간쓰레기 창고다. 엉뚱한 기관 만들어서 생사람 잡지 말고, 도둑놈들이나 제대로 단속해라. 이러다간 둔황 문물도 남아나지 않을까 우려된다."

압력을 느낀 국민당정부는 둔황 문물 보호에 나섰다. 교육부에 '둔황문물연구소'를 설립하라고 지시했다. 교육부장이 주임을 겸했다. 감찰원장 위유런(于右任)이 창수훙을 부주임에 천거했다.

창수훙은 제 귀를 의심했다. 생면부지(生面不知)인 위유런을 찾아갔다. 위유런이 간곡하게 당부했다.

"둔황은 우리 민족의 보물창고다. 4세기에서 14세기까지 1,000년간의 보물이 굴 안에 있다. 세계에 이런 곳은 둔황뿐이다. 지금 우리는 전쟁 중이다. 언제 잿더미가 될지 모른다. 너 같은 사람이 아니면 보호가 불가능하다. 네 손으로 국보를 지키고 복원시켜라."

돈은 한 푼도 안 줬다.

창수훙은 연구소 조직을 서둘렀다. 문제는 자금이었다. 근심이 태산 같았다.

천신만고 끝에 도착한 둔황

국민당정부 교육부는 여론에 밀려 둔황문물연구소 설립을 결정했다. 일본과 전쟁 중이라 배정할 예산이 없었다. 교육부 부장이 소장을 겸했지만 실질적인 업무는 부소장 창수훙의 몫이었다. 인원 선발 등 준비 작업에 착수한 창수훙은 돈 때문에 안절부절못했다. 중국 현대미술의 대부 쉬베이훙을 찾아갔다.

쉬베이훙은 격려만 해줬다.

단란했던 시절의 창수훙과 천즈슈. 가운데가 딸 사나.
1939년, 윈난 성 쿤밍(昆明).

"예술 공작자들은 고행승(苦行僧) 같아야 한다. 온갖 환난을 견디며 불경 들고 온 삼장법사(三藏法師) 현장(玄奬)의 정신을 배워라."

현실적인 도움은 안 됐지만 창수홍은 이를 악물었다. 회고록에 당시 결심을 남겼다.

"쉬베이홍 선생의 말이 맞았다. 나는 민족 예술의 보고(寶庫) 둔황을 보호하고, 정리와 연구에 평생을 바치기로 작정했다. 호랑이 굴에 들어가지 않으면 호랑이 새끼를 얻을 방법이 없다."

창수홍은 자금 마련에 골몰했다. 죽으라는 법은 없었다. 하루는 오랜 친구의 방문을 받았다.

"내가 아는 돈 많은 사람이 네 그림을 사고 싶어 한다. 네게 잘 말해달라고 간곡히 부탁했다. 네 그림 소장하고 싶어 하는 사람들이 많다."

창수홍은 정신이 번쩍 들었다. 전시회를 하면 돈을 만들 수 있다는 생각이 들었다. 전시수도 충칭에서 부인 천즈슈와 부부 전시회를 열었다. 전시회는 대성공이었다. 목돈이 들어왔다. 천즈슈는 싱글벙글했다. 창수홍이 둔황 갈 준비를 하자 눈물까지 흘리며 만류했다. 창수홍이 "나 먼저 갈 테니 나중에 오라"고 하자 동의했다.

둔황에 가려면 란저우(蘭州)를 거쳐야 했다. 연구소 첫 번째 주비(籌備)위원회 회의가 란저우에서 열렸다. 회의에 참석한 창수홍은 현실을 직감했다. 둔황에 가겠다고 나서는 사람이 단 한 명도 없었다. 실망한 창수훙에게 베이핑국립예술전문학교 출신 두 명이 둔황행을 자청했다. 노기를 삭힌 창수훙이 한마디 했다.

"주먹만 한 참새도 오장육부는 다 갖추고 있다. 우리가 그 꼴이다."

한바탕 웃음이 터졌다. 둔황까지는 낙타로 이동했다. 1개월 하고도 4일이 걸렸다. 그간 겪은 고생은 말로 표현하기 힘들 정도였다.

둔황의 대문을 연 장다첸

목적지에 도착한 일행은 화가 장다첸이 와 있는 것을 보고 깜짝 놀랐다. 장다첸은 중국이 세계에 자랑하는 대화가였다. 본인은 달랐다. 푸념을 입에 달고 다녔다.

"만족감을 느껴본 적이 없다."

장다첸도 둔황에 온 이유가 분명했다. 지난날 장다첸은 중일전쟁이 발발하자 항일 선전에 뛰어들었다. 부족할 것 없는 안락한 생활도 걷어치웠다. 일본군이 베이핑을 점령하기 직전, 친한 기녀(妓女)의 도움으로 겨우 호랑이 굴에서 탈출했다. 홀몸으로 톈진(天津)과 상하이를 거쳐 홍콩에 도착한 후에야 세 명의 부인과 합류했다.

광시(廣西) 성 구이린(桂林)에 진보적 예술가들이 집결했다는 소문이 나돌았다. 장다첸은 "쉬베이훙이 와 있을지 모른다"며 구이린으로 갔다. 예측은 틀리지 않았다. 지우(摯友)와 술 한잔 제대로 나누지 못하고, 며칠 만에 헤어졌다. 쉬베이훙은 항일 선전 서화전을 열겠다며 싱가포르로 떠났다. 장다첸은 정부가 있는 충칭으로 갔다.

장다첸은 충칭에서 둘째 형 장산쯔(張善孖)와 상봉했다. 형제는 시국과 개인의 심사를 한탄하며 날 새는 줄 몰랐다. "나라 꼴이 어쩌다 이 모양이 됐느냐"며 통곡했다. 형이 그림 한 폭을 보여줬다. 호랑이 스물여덟 마리가 포효하는 거대한 그림이었다. 사람은 한 명도 없었다. 제목이 「노한 중국의 부르짖음」이었다. 장다첸은 호랑이 스물여덟 마리가 무슨 의미인지 한눈에 알았다. 당시 중국은 28개 성(省)이 있을 때였다.

장다첸은 형과 함께 중국 고대 영웅들을 소재로 한 그림 100점을 완성, 합동전시회를 열었다. 후지 산 정상을 노(怒)한 사자 네 마리가 짓밟는 초대형 그림을 비롯해, 한결같이 항일을 소재로 한 작품들이었다. 그림은 한 점도 팔지 않았다. 입장료도 받지 않았다. 누구나 와서 보게 했다. 애국적인 행동에 각계의 찬사가 쏟아졌다.

장산쯔는 작품을 들고 미국으로 갔다. 전시장에 화교들이 몰려들었다. 저마다 항일 성금을 놓고 갔다. 중국에 혼자 남은 장다첸은 고독을 가누기 힘들었다. 젊은 시절, 둔황에서 유출된 그림을 모방해서 팔아먹던 생각이 났다. 갑자기 둔황의 대문을 열고 싶었다. 부인들과 의논했다.

"고대 벽화를 임모(臨摸)하러 둔황에 가겠다. 다들 같이 가자. 2개월이면 족하다."

첫째 부인과 둘째 부인은 안 가겠다며 손사래를 쳤다. 셋째 부인은 호기심이 많은 여인이었다. 장다첸이 눈길을 주자 고개를 살짝

둔황 벽화를 임모하는 장다첸.
1942년 가을, 둔황 막고굴(莫高窟).

끄덕였다.

장다첸은 2개월은커녕, 2년 7개월간 둔황에 머물렀다. 황금 5,000여 냥을 소비하며 막고굴 벽화 276폭을 임모했다. 창수훙은 장다첸이 기지개를 켤 무렵 둔황에 도착했다. 장다첸은 둔황을 떠나는 날, 창수훙에게 충고했다.

"무기징역 사는 기분으로 있으면 모를까, 여기는 사람 있을 곳이 못 된다."

창수훙은 "그러기 위해 왔다"며 웃기만 했다.

팍팍한 사막 생활

둔황에 온 창수훙은 처음 막고굴을 접한 감회를 회고록에 남겼다.

"굴 앞은 양 떼들의 방목지였다. 천하의 보물이 가득한 동굴은 가관이었다. 해만 지면 떠돌이 상인들의 노숙지로 변했다. 벽화도 성한 곳이 없었다. 어느 동굴이나 그랬다. 감격을 가누기 힘들었다. 앞으로 할 일을 생각하니 어깨가 무거웠다."

부인 천즈슈의 실망은 말할 것도 없었다. 창수훙과 따로 귀국해 둔황에 오기까지 죽을 고비를 여러 번 넘겼다. 일본군의 공습으로 피범벅이 된 적도 있었다. 둔황에 도착한 후 한동안은 잘 왔다는 생각이 들었다. 프랑스에서 조각을 공부한 사람답게 석굴 속의 조각에 도취했다. 창수훙과 함께 수년간 파리·런던·암스테르담·피렌

둔황 도착 첫날, 제자와 함께
석굴을 답사하는 창수훙.
1943년 3월 24일, 둔황 막고굴.

체의 교회와 박물관을 다니며 본 부지기수의 조소(彫塑)들은 모두 단색이고, 조형(造型)도 그게 그거였다.

천즈슈의 눈앞에 펼쳐진, 당(唐) 왕조 전성기의 채색 조소들은 서구의 것들과 차원이 달랐다. 1,000여 년의 세월을 거치며 변색을 피할 수 없었지만, 본 모습은 여전했다. 신체 비율이나 생동감 넘치는 용모, 유려하게 흘러내리는 선과 문양은 보면 볼수록 황홀했다.

천즈슈는 높은 사다리에 앉아 부지런히 손을 놀렸다. 내려오면 온몸이 진흙투성이였다. 생활 조건도 열악했다. 주식과 땔감은 물론 식용유와 소금 구하기도 어려웠다. 양고기 먹기도 힘들었다. 사오는 도중에 부패해버렸다.

허구한 날 부부싸움이 벌어졌다. 딸 사나가 중간 역할을 잘했다. 대디자이너로 성장한 사나가 팔순을 앞두고 부모의 성격을 말한 적이 있다.

"엄마는 강남의 유서 깊은 부잣집 딸이었다. 유럽 생활을 잊지 못했다. 외출할 때 치파오(旗袍)와 굽 높은 신발, 얼굴 손질은 필수였다. 루즈도 고급만 썼다. 음식도 아무거나 입에 대지 않았다. 아버지는 정반대였다. 아무 옷이나 입고, 한데에서도 잘 잤다. 피곤이 최고의 잠자리라는 말을 자주 했다. 배고플 때 먹는 밥이 제일 맛있다는 말을 했다가 엄마에게 핀잔받은 적이 많았다. 엄마는 성격이 불같았다. 화나면 아버지 안경도 집어던졌다. 아버지는 지독한 근시였다. 허둥대는 모습이 어린 내가 보기에도 안쓰러웠다. 우리 집에는 먹을 만한 것이 거의 없었다. 가끔 작은 봉

둔황 초기 시절의 창수훙 가족.
1946년 가을, 둔황 막고굴, 린인로(林陰路).

지에서 사탕 꺼내준 기억은 난다. 위낙 오래된 물건이라 딱딱하지가 않았다. 씹으면 금방 부스러졌다. 빨리 삼킬 수밖에 없었다. 더 달라고 하면 야단을 쳤다. 씹지 말고 물고 있어라. 빨리 먹으면 배탈 나고 치아도 상한다. 어처구니없는 이유지만, 아버지는 그런 사람이었다. 엄마와는 거의 매일 싸웠지만 내가 보채면 언제 그랬냐는 듯이 그치곤 했다."

둔황의 겨울은 무미건조하고 추웠다. 천즈슈의 마음도 얼어붙었다. 창수훙은 집안일에 관심이 없었다. 눈만 뜨면 동굴로 달려가고 오밤중에 돌아왔다. 딸이 중학교에 들어가건 말건 신경도 안 썼다. 며칠 후에 계란빵 한 개를 선물하며 미안해했다.

바람처럼 떠나버린 여인

봄이 되자 새로운 총무주임이 부임했다. 젊고 잘생긴 항저우 출신이었다. 창수훙은 "우리 집사람도 항저우 사람"이라며 집으로 초대했다. 총무주임은 사냥이 취미였다. 직접 잡았다는 양 한 마리를 끌고 소장 집을 방문했다.

천즈슈는 고향 사람 만났다며 좋아했다. 술이 몇 순배 돌자 진한 농담이 오갔다. 총무주임이 "객지에서 고향 남녀가 만나면 편하다. 베개도 한 개만 있으면 된다"고 하자 천즈슈의 눈빛이 묘해졌다. 눈치 없는 창수훙은 둘이서 무슨 말을 하건 말건 제 할 일만 했다.

연구소 내에 요상한 소문이 퍼졌다. 제일 늦게 안 창수훙은 격노했다. 엉뚱한 소리 하고 다니는 놈이라며 총무주임을 내쫓았다. 총

리청셴 (李承仙·왼쪽)은 창수훙의 성실한 조력자였다.
1947년 둔황에서 창수훙과 결혼했다. 1993년 겨울, 창수훙은
병문안 온 국가 주석 장쩌민에게 자신이 못 한 일을
리청셴이 대신하게 해달라고 부탁했다.

무주임은 씩 웃으며 둔황을 떠났다. 며칠이 지났다. 천즈슈가 중병을 호소했다. 란저우에 가서 치료받겠다고 고집을 부렸다. 창수훙은 몸보신하고 가라며 양 한 마리를 잡았다.

제자 둥시원(董希文, 신중국을 대표하는 화가. 1949년 10월 1일 천안문 광장에서 열린 중화인민공화국 선포식을 유화로 남겼다)이 편지한 통을 들고 창수훙을 찾아왔다. 천즈슈가 총무주임에게 보낸 편지였다. 누가 봐도 둘 사이를 알 수 있는 내용이었다.

창수훙은 사막을 질주했다. 천즈슈를 만나기만 하면 달랠 자신이 있었다. 란저우로 가려면 안시(安西)를 거쳐야 했다. 안시의 여관을 깡그리 뒤졌다. 아무나 붙잡고 "예쁘게 생긴 여자 봤느냐"고 물었다. 소득이 없었다. 낯선 사람이 창수훙에게 말했다.

"천즈슈가 어떤 남자와 함께 위먼(玉門) 쪽으로 가는 걸 봤다."

위먼은 란저우와 반대 방향이었다. 창수훙은 제정신이 아니었다. 위먼 쪽으로 말을 몰았다. 위먼을 코앞에 두고 낙마했다. 석유 탐사 중이던 지질학자들이 발견하는 바람에 사경에서 헤어났다. 농장에서 3일간 휴식을 마친 창수훙에게 농장주인이 란저우에서 발행되는 신문을 내밀었다. 천즈슈 명의로 된 두부 한 모만 한 성명이 실려 있었다.

"나 천즈슈는 창수훙과의 모든 관계를 단절한다."

장제스 마음속 두 기둥 5

"징궈에게 어려운 임무를 맡겼다.
후회할 날이 올지 모른다.
심지어 앞길을 막을 수도 있다.
그래도 그 애를 보낼 수밖에 없다.
가슴이 답답하다."

민주주의 신봉자 우궈전

"총성과 대포소리는 쉽게 잊힌다.
가장 곤혹스러운 것은 생이별과 엉뚱한 재회다."

승리한 마오쩌둥, 하야하는 장제스

1945년 8월, 8년에 걸친 중국의 항일전쟁이 끝났다. 외부의 적이 물러나자 지들끼리 치고받았다. 국·공내전이 벌어졌다. 평화가 온 줄 착각했던 중국인들은 전쟁이라면 넌덜머리가 났다. 원로 작가의 일기에서 이런 구절을 본 적이 있다.

"두 눈과 코, 양쪽 귀가 얄팍한 이성과 따로 논 지 오래다. 거리에 시신이 널려 있어도 예사롭게 지나치곤 한다. 꽃향기보다 화약 냄새가 더 익숙해졌다. 나는 바스락 소리에 움찔하는 들고양이만도 못하다. 총성이 울려도 놀라지 않는다. 이래도 사람 축에 드는지 모르겠다. 모였다 하면 평화를 논한다. 당장 평화가 온다 치자. 다들 감당할 수 있을지 의문이다. 나는 자신 없다. 인간은 전쟁동물인가보다."

1948년 겨울, 중공은 승리를 확신했다. 12월 24일, 성탄절 전야, 국민정부 화중(華中)지구 사령관이 총통 장제스에게 전문을 보냈

항일전쟁 승리 기념식에서 건배하는 장제스(맨 오른쪽) 총통과 마오쩌둥.
뒷날 마오쩌둥은 우궈전(오른쪽 둘째)을
상하이 시장에 유임시키려고 했다.
1945년 9월, 충칭.

다. 민심을 강조하며 하야를 촉구했다.

"민심은 군심이다. 민심이 우리를 떠났다. 군사행동 중지와 평
화협상을 갈망한다. 중공은 총통과의 협상을 바라지 않는다. 국
가에 불충하고, 민족에 불효하는 우를 범하지 말라는 것 외에는
달리 표현할 방법이 없다. 영단을 간청한다."

그날 밤 장제스는 "이 해가 가기 전까지 심사숙고하겠다"는 일
기를 남겼다. 국민정부 안에 중공 비밀당원들이 널려 있을 때였다.
중공 중앙 소재지 시바이포(西柏坡)의 무전실은 암호 해독으로 분
주했다.

마오쩌둥도 장제스에게 보낼 성탄절 선물을 준비했다. 국민당
중요인물 명단을 작성하라고 지시했다. 추리고 추린 44명의 이름
을 살피던 중, 한곳에 눈길이 멈췄다. 당황한 기색이 역력했다. 황
급히 붓을 들었다. 위유런(于右任) 석 자를 삭제했다. 옆에 있던 저
우언라이에게 한마디 했다.

"감히 위유런 선생을 거론하다니. 특급전범 43명의 명단이다. 발
표해라."

장제스는 하야 준비를 서둘렀다. 측근들을 최전선에 배치했다.
대만 성 주석도 측근 중의 측근으로 교체하고, 장남 장징궈(蔣經國)
를 국민당 대만 성 주임위원으로 임명했다.

31일 오전, 부총통 리쭝런(李宗仁)과 마주했다.

"의논할 일이 있다. 하야를 결심했다. 시간을 끌기 위해 스스로

내린 결정이다. 총통 업무를 이양하고 국민당 총재직에 충실하겠다. 총통대리 자격으로 중공과 평화협상을 진행하되 실무는 행정원이 주재하도록 해라. 발표는 당분간 보류해라."

리쭝런은 입도 뻥긋 못 했다. 의견을 냈다가는 말대답질 한다고 찻잔이라도 집어 던질 기세였다.

그날 밤 장제스는 당과 정부요원 40여 명을 관저로 불렀다. 참석자 거의가 용퇴를 건의했다. 장제스가 수용하자 구정강(谷正綱)이 주먹으로 탁자를 치며 방성대곡했다. 장제스는 눈에 넣어도 아프지 않을 반공주의자의 통곡을 뒤로했다. 이 와중에도 새해는 어김없이 인간세상을 찾아왔다.

양쯔강 도하 준비를 마친 마오쩌둥은 평화 공세를 폈다. 1949년 1월 14일, 시국성명을 발표했다. "전쟁의 신속한 종결, 진정한 평화의 실현, 인민의 고통 감소를 위해 남방의 국민정부와 협상할 용의가 있다"며 8개 안건을 제시했다. 전범 처리를 필두로 헌법 폐지, 반동군대 개편, 관료자본 몰수, 토지 개혁, 매국조약 폐지 등 단호한 내용이었다.

수도 난징이 들썩거렸다. 민주세력들이 총통 장제스를 압박했다.

"중공이 제의한 평화협상안을 수용해라. 거부할 이유가 없다."

장제스는 인퇴(引退)를 선언하고 난징을 떠났다.

총통대리 리쭝런은 담판을 통해 중공의 도강(渡江)작전을 저지할 심산이었다. 중공 고위층과 친분이 있거나 장제스의 정책에 반대로 일관한 사람들을 만나기 위해 상하이로 갔다. 장제스가 제안한 입법원장직을 거절했던 옌후이칭(顔惠慶)에게 중공과 다리를 놓아달라고 부탁했다.

원로 중의 원로 옌후이칭이 추천한 우궈전

옌후이칭은 상하이 인민대표단을 이끌고 중공 중앙 소재지를 방문했다. 마오쩌둥과 저우언라이의 환대를 받았다. 리쭝런의 평화담판 요구도 거부하지 않았다. 저우언라이가 마오에게 다가갔다.

"옌후이칭이 단독으로 만나고 싶어한다."

마오쩌둥을 만난 옌후이칭은 엉뚱한 말을 했다.

"이미 끝난 전쟁, 빨리 끝내라. 평화회담은 부질없는 짓이다. 승리자 자격 누리려면 아군 적군 가리지 말고 기용해라. 상하이 시장 우궈전(吳國楨)은 큰 재목이다. 중국을 떠나지 못하게 해라."

마오가 고개를 끄덕였다.

"4년 전 충칭에서 만난 적이 있다. 상하이 시장을 계속하라고 권하겠다."

배석해 있던 저우언라이의 얼굴이 활짝 펴졌다. 그럴 만한 이유가 있었다.

같은 말도 누가 하느냐가 중요하다. 금과옥조 같은 내용도 가볍게 보던 사람이 하면 효과가 없다. 마오쩌둥은 상하이 시장 우궈전을 유임시키라는 옌후이칭의 의견에 토를 달지 않았다. 옌후이칭의 경륜을 인정했기 때문이다.

옌후이칭은 1895년 자비로 미국 유학길에 올랐다. 버지니아대학에서 학위를 마친 중국 최초의 외국 유학생이었다. 귀국 후 영국

소련 대사 시절 경극배우 메이란팡(梅蘭芳·왼쪽 첫째) 환영 만찬에
참석한 옌후이칭(오른쪽 둘째).
1935년 2월 23일, 모스크바.

성공회가 상하이에 설립한 '세인트 요한(聖約翰)대학'의 가장 젊은 중국인 교수로 부임했다.

청나라정부는 외국 유학생 상대로 시험을 보게 했다. 1등을 한 옌후이칭은 서태후 앞에서 『시경』과 셰익스피어의 『소네트』를 암송했다. 한 자도 틀리지 않았다. 서태후는 천하의 기재(奇才)라며 영한사전(英漢辭典) 편찬 주간(主幹)직을 맡겼다.

"아무 간섭받지 말고, 네 뜻대로 해라."

옌후이칭은 6년 만에 『영한쌍해표준대사전』(英漢雙解標準大辭典)을 완성했다. 중국인 손으로 만든 최초의 대형 영한사전이었다.

청나라 멸망 후에는 외교계에 투신했다. 독일, 스웨덴, 미국, 소련 등 주요 국가의 대사를 역임하며 중요한 국제회의에 빠진 적이 없었다. 합법정부였던 베이징정부 외교부장과 국무총리를 거쳐 총통직도 잠시 수행한 원로 중의 원로였다.

옌후이칭은 중공이 발표한 특급전범 명단을 마오쩌둥에게 내밀었다.

"명단에 우궈전이 있다. 이 사람은 전쟁과 아무 상관이 없다. 대도시 시장 역임하며 실책을 범하지 않았다. 미국 언론도 민주시장이라며 높은 점수를 줬다. 중공은 국익만 강조하다 보니 민심을 얻었다. 우궈전 같은 인재를 중용은 못 할망정, 전범으로 몰아치는 이유가 궁금하다. 중국을 떠나라는 것과 같다."

듣기만 하던 마오쩌둥이 입을 열었다.

"형식도 중요하다. 전쟁 막바지가 되다 보니 그냥 만들어본 거다. 구애받을 필요 없다. 명단에 들어 있는 사람 중 우리 쪽으로 넘

옌후이칭(오른쪽 둘째)이 인솔한 상하이 인민대표단을 맞이한 중공
군사위원회 부주석 저우언라이(가운데)와 비서장 양상쿤(맨 왼쪽).
1949년 2월 22일, 중공 중앙 소재지 시바이포.

어온 사람도 있다. 미국 코쟁이들이 우궈전 이름 앞에 민주시장 소리 붙인 거 안다. 민주처럼 애매한 것도 없지만, 민주라는 말은 나도 좋아한다. 우궈전은 저우언라이와 어릴 때부터 친구 사이다. 우리가 재주껏 할 테니 안심해라."

저우언라이가 상하이 지하당 책임자에게 전문을 보냈다. 우궈전을 만난 저우언라이의 밀사는 반공교육만 받고 돌아왔다. 2개월 후인 1949년 4월, 우궈전은 장제스와 함께 대만으로 떠났다. 저우언라이는 예상대로라며 입맛을 다셨다.

당돌한 청년 우궈전

얘기는 21년 전으로 돌아간다. 1928년 2월, 후베이(湖北) 성에 근무하는 청년이 성 군정장관 리쭝런에게 건의 서신을 보냈다. 재정수입 증가를 위한 세제개혁을 건의했다. 반응이 없었다. 다시 편지를 보냈다. "한 지역의 군사와 행정을 책임진 사람이 젊은 관원의 건의에 답변이 없다. 오만함이 극에 달했다"며 질책하는 내용이었다. 바다에 돌 던지기였다.

우궈전은 세 번째 편지를 보냈다.

"당신 같은 사람이 고위직에 있다 보니 나라꼴이 엉망이다."

리쭝런은 별놈 다 보겠다며 건의서를 꼼꼼히 읽었다. 청년에 관한 자료를 상세히 보고하라고 지시했다. 코넬대학과 프린스턴대학에서 경제학과 정치학 석·박사 학위를 마치고 귀국한 우궈전이라는 젊은이였다. 직접 만나겠다며 청년을 불렀다.

리쭝런은 국민당 광시(廣西)파의 거두다웠다. 집무실에 불려온 우궈전을 보자 싱글벙글했다. 날벼락 떨어질 줄 알았던 우궈전이 당황할 정도였다. 리쭝런이 큼지막한 종이 한 장을 내밀었다. 성 정부 재정청장 임명장이었다.

"이게 내 답장이다. 나 그만 들볶고 네가 직접 해라."

당부도 잊지 않았다.

"그놈의 성질 좀 죽여라."

우궈전은 자리에 붙어 있는 법이 없었다. 후베이 성을 샅샅이 훑었다. 1년 만에 세수가 네 배로 불어났다. 사치품과 고급담배, 술, 화장품 등에 중과세를 부과했다. 틈만 나면 거리로 나갔다. 상인들을 격려하고, 끼니도 시장 바닥에서 해결했다.

1931년 9월, 일본 관동군이 동북3성을 점령했다. 국제연맹이 조사단을 파견했다. 단장 리튼(Lytton)은 인도총독을 역임한 까다로운 영국 신사였다. 동북을 한 바퀴 돌고 우한(武漢)을 경유했다. 장제스는 리튼조사단에 신경을 썼다. 성 주석에게 신신당부했다.

"의전에 만전을 기해라. 실수해도 내색 안 하고 뒤로 흉보는 사람들이다."

후베이 성 주석은 영어에 정통하고, 프랑스어와 독일어도 능통한 우궈전에게 중책을 맡겼다. 리튼은 중국을 떠나면서 한마디 했다.

"우한 체류기간이 가장 행복했다."

리튼이 떠나자 장제스가 우한에 공산당 토벌 지휘부를 차렸다.

현지 사정에 익숙한 비서를 물색했다. 우궈전 외에는 마땅한 사람이 없었다. 우궈전과 장제스의 인연이 시작됐다.

우궈전의 인연 황줘췬

일단 써보고 신통치 않으면 내치는 지도자가 있는가 하면, 온갖 조사를 철저히 한 후에 기용하는 사람이 있다. 장제스는 전자에 속했다.

1932년 8월, 군사위원회 위원장 장제스가 후베이 성 재정청장 우궈전을 호출했다.

"몇 살이냐?"

"스물아홉입니다."

"시종실에 근무해라."

3개월이 지났다. 쑹메이링(宋美齡)에게 이런 말을 했다.

"우궈전은 인재다. 영어 문서 뒤적거리며 잔심부름을 하기에는 아깝다. 우한 시장으로 내보낼 생각이다."

우궈전의 부인 얘기도 빠뜨리지 않았다.

"20대 초반이지만 시장 부인으로 손색이 없다."

7년 전, 길 가던 장제스가 소변보러 쑹쯔원(宋子文) 집에 갔다가 쑹메이링을 보고 반한 것처럼, 우궈전과 황줘췬(黃卓群)의 만남도 희극적이었다. 재정청장 시절 우궈전은 거리에 있는 시간이 많았다. 하루는 사진관에 걸린 소녀 사진을 보고 누군지 궁금했다. 옆에 걸린, 평판이 그렇고 그런 여배우의 사진을 보자 머리가 반짝했다. 주인에게 따지듯이 물었다.

"명망가의 딸을 여배우와 함께 걸어놓고 호객행위를 하다니, 누구 집 천금(千金)인지나 알고 그랬느냐?"

사진관 주인은 청년의 가슴에 붙은 공무원 배지를 보자 황급히 입을 열었다.

"철도청장 큰딸이다. 상하이 여학교 졸업반이다. 방학 때 왔다가 찍었다."

철도청장은 우궈전의 형 친구였다. 형 소개로 황쥐췬을 만났다. 철도청장이 결혼을 서둘렀다.

황쥐췬은 재주덩어리였다. 미국인 여교수의 구술을 소개한다.

"황쥐췬은 예쁘고 현명했다. 문장이 빼어나고 그림에도 능했다. 재봉 솜씨도 뛰어났다. 우궈전은 황쥐췬이 만든 양복을 입고 다녔다."

묘한 말도 했다.

"장제스도 황쥐췬을 좋아하는 것 같았다. 볼 때마다 쑹메이링 몰래 곁눈질을 했다. 쑹메이링은 예의 바르고 영어에 막힘없는 우궈전에게 호감을 느꼈다. 민망한 소문이 나돈 적도 있었다. 나이는 쑹메이링이 다섯 살 위였다. 쑹메이링과 황쥐췬은 용모나 분위기가 비슷했다."

우궈전의 부인 황줴친은 서화에 능했다.
항일의연금 모금 위해 많은 작품을 남겼다.

상하이 시장에서 충칭 시장으로

장제스의 머릿속에 우한은 전략적으로 중요한 도시였다. 중국인들 사이에 떠도는 말이 있다. 장제스가 군사위원회 부위원장 펑위샹(馮玉祥)과 온천에 간 적이 있었다. 평소 으르렁거리는 사이였지만 탕 안에 벌거벗고 있다 보니 긴장이 풀렸다. 장제스가 무의식중에 말했다.

"만약 베이징, 광둥, 상하이, 우한 네 곳을 손아귀에 넣는 사람이 나온다면, 전 중국은 그놈의 천하나 다름없다."

젊고 경력도 보잘것없는 우궈전을 우한 시장에 임명한 것은 능력 하나 때문이었다.

시장 우궈전은 일반 국민당 관료들과 달랐다. 홍수가 나건, 산사태가 나건 현장을 떠나지 않았다. 날이 갈수록 칭송이 자자했다. 1935년 여름, 폭우가 쏟아졌다. 제방이 아슬아슬했다. 우궈전은 제방 인근에 지휘본부를 설치했다. 공무원을 인솔하고 제방 위에 올랐다. 2,000여 명과 함께 삽 들고 제방 위에 흙을 날랐다. 장쉐량(張學良)도 병력을 동원해 거들었다. 감격한 부호들이 돈을 걸었다.

그 해 12월 9일, 베이징에서 대규모 반일 시위가 벌어졌다. 우한도 들썩거렸다. 학생 수천 명이 거리로 나왔다. 우궈전도 시위 행렬에 합세했다. 주먹 쥐고 "친일파 타도"를 외쳤다. 시위대가 해산한 후에 시장 집무실로 향했다. 항일을 외쳐대던 국민당 고급관원 중에 유일한 시위 참가자였다.

침략자 일본에 대항하기 위해 국민당과 공산당이 연합했다. 국민정부는 충칭으로 천도했다. 옌안에 항일 근거지를 차린 공산당

우한 시장 집무실의 우궈전.
1937년 12월.

은 충칭에 연락사무소를 차렸다. 저우언라이에게 중책을 맡겼다.

충칭은 산과 강에 둘러싸여, 사람 살 곳이 못 됐다. 꼬불꼬불하고 울퉁불퉁한 골목에 집들이 계단처럼 늘어선 이상한 도시였다. 일본군의 공습으로 가옥과 인명 손실이 하루가 달랐다. 제대로 된 공원도 없었다. 장제스는 우궈전이 떠올랐다. 충칭 시장을 맡겼다.

충칭에서 우궈전은 소년 시절 밀우(密友), 저우언라이와 상봉했다. 프랑스로 떠나는 저우와 톈진(天津) 부두에서 헤어진 지 16년 만이었다. 주장과 신앙이 달라진 두 사람은 만날 때마다 논쟁을 일삼았다. 하루는 모교 난카이(南開)중학 설립자가 대화에 끼어들었다.

"그간 중국이 언제 제대로 될지 고민 많이 했다. 이제야 답을 찾았다. 간단하다. 너희 둘이 다투지 않아도 될, 바로 그날이다."

우궈전과 저우언라이가 동시에 말을 받았다.

"사사롭게 다툴 일은 없습니다. 우리 개인의 문제가 아니기 때문입니다."

저우언라이는 통일전선 전문가다웠다. 우궈전을 공산당에 끌어들이기 위해 팔을 걷어붙였다.

"아버지 둘째 아들은 천재다"

전쟁은 묘한 속성이 있다. 사상이 서로 충돌하고, 뺏고 빼앗기가 반복된다. 평상시라면 상상도 못 할 온갖 일이 벌어진다. 총성과 대포소리는 쉽게 잊힌다. 가장 곤혹스러운 것은 생이별과 엉뚱한 재회다. 우궈전과 저우언라이도 예외가 아니었다.

전시수도 충칭을 방문한 국부 쑨원의 부인 쑹칭링(왼쪽 셋째)을
영접 나온 우궈전(중절모 쓴 사람).
1941년 1월.

우귀전의 부친은 교육열이 남달랐다. 신식 교육 체제가 일천하다 보니 좋은 학교가 드물었다. 전국을 헤맸다. 1907년 젊은 교육자 장보링(張伯齡)이 톈진에 난카이중학을 설립하자 큰아들을 입학시켰다. 장보링은 미국 유학 시절 존 듀이(John Dewey)의 직계 제자였다. 학계에 명성이 높았다. 3년 후 대학 간판도 내걸었다.

난카이대학에 진학한 형은 첫 번째 방학을 고향에서 보냈다. 심심풀이로 우귀전에게 영어를 가르쳤다. 방학이 끝날 무렵 동생의 영어 문장을 보고 깜짝 놀랐다. 아버지에게 간청했다.

"동생과 함께 톈진에 가겠다."

한마디로 거절당했다. 이유가 분명했다.

"너무 어리다."

당시 우귀전은 소학교(초등학교) 2학년이었다. 형은 고집을 꺾지 않았다.

"아버지 둘째 아들은 천재다. 자식이 어떤지 부모가 잘 안다는 말은 새빨간 거짓말이다. 내가 빌어먹는 한이 있어도 큰 도시에서 공부시키겠다."

형 손잡고 톈진에 온 우귀전은 난카이중학에 응시했다. 우수한 성적으로 합격했다. 신입생 500명 중 나이도 가장 어렸다. 교장 장보링은 우귀전을 친자식처럼 총애했다. 매일 밤 기숙사를 찾아가 차낸 이불을 덮어줬다. 장보링은 엄한 스승이었다. 잘하면 칭찬하고, 실수하면 엄하게 질책했다. 격려도 잊지 않았다. 1951년 2월, 장보링의 장례식에 참석한 대만 성 주석 우귀전이 장징궈에게 이런 말을 했다.

"성장기에 가장 많은 도움을 준 분이다. 지금은 선생 같은 교장이 너무 적다. 나의 유일한 유감이다."

내 친구 저우언라이

저우언라이와의 첫 만남은 입학식 일주일 후였다. 워낙 일찍 중학생이 되다 보니 저우가 다섯 살 많았다. 학년은 1년 위였다. 하루는 저우를 따라 극장에 갔다. 더글러스 페어뱅크스(Douglas Fairbanks)가 다르타냥으로 나오는 「삼검객」(삼총사)을 보며 배꼽을 잡았다. 이날을 계기로 저우와 우궈전은 붙어 다녔다. 밥도 같이 먹고 산책도 함께했다.

저우언라이는 과외활동에 적극적이었다. 학생회 회장을 하며 잡지도 만들었다. 극단도 조직했다. 보이스카우트를 본뜬 동자부(童子部) 결성도 주도했다. 우궈전이 부장을 맡았다. 어리다고 반대하는 부원들이 있었다. 저우가 나섰다. "동감한다"며 잔디밭에 나가 회의를 하자고 제의했다. 몇십 분 후 다들 싱글벙글하며 돌아왔다. 저우가 선물한 모자를 쓰고 기념사진도 찍었다. 무슨 일이건 의견이 일치했다.

남녀공학이 없던 시절이었다. 연극할 때마다 여자 주연은 저우언라이 몫이었다. 저우의 연기는 일품이었다. 목소리나 몸놀림이 누가 봐도 여자였다. 우궈전은 무대에 어울리지 않았다. 연기력이 빵점에 가까웠다. 가장(假裝)을 싫어했기 때문이다.

저우언라이는 달랐다. 우궈전의 구술을 소개한다.

난카이중학 시절의 우궈전(오른쪽)과 저우언라이(왼쪽).

난카이중학 연극반 시절의 저우언라이(앞줄 왼쪽 첫째).
1916년 봄, 톈진.

"난카이중학 시절 내 눈에 비친 저우언라이는 유교 신봉자였다. 장차 공산주의자가 될 것이라고 말하는 사람이 있으면 목숨을 걸어도 좋다며 부인했을 것이다. 사실은 정반대였다. 저우는 중국뿐 아니라 전 세계에 영향을 끼친 공산주의자로 변했다. 귀국 후 상하이 거리에서 본 적이 있다. 수염을 기르고 변장한 모습이었지만 내 친구 저우언라이가 분명했다. 저우는 나를 모른 체했다. 내가 우궈전이라고 몇 번 말해도 자기는 저우언라이라는 사람이 아니라며 잡아뗐다. 1938년 우한에서 공적으로 만났다. 상하이에서 나를 만나지 않았느냐고 묻자 그런 일 없었다며 의아하다는 표정을 지었다. 저우언라이에 관한 비밀문서를 본 적이 있었다. 상하이에서 만났을 때 저우는 비밀조직을 관장하던 테러리스트였다. 두 살짜리 어린애를 포함, 배신자 가족 20명을 암매장한 암살자 혐의로 도망 다니던 중이었다. 나를 보고 얼마나 당황했을지 짐작이 간다."

1937년 7월 7일, 중일전쟁이 발발했다. 홍군은 국민당 군에 편입됐다. 군사위원회 위원장 장제스는 현상금까지 걸었던 지명수배자 저우언라이를 군사위원회 정치부 부부장에 임명했다. 중장 계급도 수여했다. 저우의 비공식 직함은 특구(特區)정부와 8로군 대표였다.

같은 해 11월, 일본군이 상하이를 점령했다. 수도 난징 공격도 시간 문제였다. 충칭을 전시수도로 정한 국민정부는 한동안 우한에 집결했다. 저우언라이는 충칭과 우한을 부지런히 오갔다.

중공대표 자격으로
우한에 도착한 저우언라이.
1937년 12월.

상하이에서 모른 체하던 저우언라이가 우한 시장 우궈전을 먼저 찾아갔다. 부재중이자 명함을 놓고 갔다. 귀가한 우궈전에게 부인 황쥐췬이 명함을 건넸다.

"네 공산당 친구가 다녀갔다."

우궈전이 저우언라이의 사무실로 갔다. 저우의 화려한 연기가 시작됐다.

타고난 연기자, 전형적인 위선자

중국 공산당은 스스로 만든 가장 효율적인 두 가지 무기, 조직과 선전이 완벽하다고 믿었다. 개인의 풍격이나 독특한 매력을 만들기 위해 노력하는 당원이 거의 없었다.

우궈전은 국·공합작 시절 우한, 충칭, 상하이 시장과 외교부 차장, 당 선전부장을 역임했다. 국민당 내에서 공산당 고위층을 가장 많이 접해본 사람이었다. 공산당원에는 네 가지 유형이 있다는 구술을 남겼다. 첫째가 침묵과언(沈默寡言)형이라며 마오쩌둥과 장제스를 비교했다.

"장제스는 상대방의 말을 듣기만 했다. 나는 장제스와 마오쩌둥이 함께한 모습을 여러 번 봤다. 장제스는 말수가 적었다. 마오는 장제스보다 더 적었다."

둘째가 질풍노도(疾風怒濤)형이었다. 누구라고 집어 말하지는 않았다.

"공산당원이 아니거나, 공산당 사업에 동조하지 않으면 적으로 대하는 사람을 많이 봤다. 회의나 담판에서 별것 아닌 일로 논쟁 벌이기를 좋아한다. 악독한 장편 연설로 시작해 흉악한 협박으로 끝을 맺는다."

셋째는 대지약우(大智若愚)형이다.

"단순해 보이지만 속은 꽉 차고, 정교하기가 말로 표현하기 힘들 정도다. 변명도 하는 법이 없다. 당 선전부장 거의가 이런 유형이다."

마지막이 긴장불안(緊張不安)형이다.

"무슨 일이건 재촉하기 일쑤고 빈틈이 없어 보인다. 고위직에 오르는 경우가 드물다."

저우언라이는 예외였다.

"어느 유형에도 속하지 않았다. 당을 위해서라면 물불을 가리지 않았지만, 다른 점이 있었다. 타고난 연기자였다. 학생 시절 여자역으로 분장해 관중을 우롱했던 것처럼 전형적인 위선자였다."

우귀전의 분석은 정확했다. 저우언라이는 자신이 공평하다는 확신을 상대방의 머리에 쑤셔 넣을 줄 알았다. 회의나 만찬 자리는 주장보다 설득의 무대였다. 언론의 자유와 인간의 기본 권리를 말할 때는 듣는 사람이 넋을 잃을 정도였다. 우귀전은 저우의 그런 모습을 볼 때마다 섬뜩했다고 한다.

"저우언라이는 영원한 배우였다. 온화한 눈빛 뒤에 냉혹한 살기(殺氣)가 담겨 있었다."

18년 만의 재회

1937년 겨울, 저우언라이가 중공 중앙대표단을 이끌고 우한에 도착했다. 제일 먼저 방문한 곳이 시장 우귀전의 관저였다. 귀가한 우귀전은 저우가 놓고 간 명함을 들고 중공 대표단 숙소를 찾아갔다. 18년 만에 만난 두 사람은 한동안 서로 바라보기만 했다. 우귀전은 저우의 입이 떨어지기만 기다렸다. 저우는 웃기만 했다. 성질 급한 우귀전이 침묵을 깼다.

"건강은 어떤가? 거처는 있을 만한가? 필요한 것 있으면 말해라. 내가 도와주겠다."

저우는 여전히 말이 없었다. 학창 시절 형제 같은 사이였지만, 지금은 가는 길이 달랐다. 보이지 않는 거리감을 숨길 수 없었다.

우귀전이 분위기를 바꿨다.

"우리 집에서 동창들과 저녁이나 함께하자."

저우언라이가 함박웃음을 지으며 고개를 끄덕였다. 관저로 돌아온 우귀전은 부인 황쥐췬과 의논했다. 황쥐췬은 음식점 사정에 밝왔다.

"은행회관 주방장의 요리가 먹을 만하다. 한 테이블에 36원이다. 일반 음식점의 두 배다."

우궈전이 답변을 하기도 전에 황급히 말을 바꿨다.

"네 친구는 보통 사람이 아니다. '국민당은 탐관오리가 들끓는 곳'이라고 규탄하는 공산당원이다. 16원짜리로 하자."

저우언라이는 약속 시간에 도착했다. 동창들과 학창 시절 얘기로 꽃을 피웠다. 만찬이 끝날 무렵 제의했다.

"다음엔 내가 초청하겠다. 내 거처는 손님 초대하기에 불편하다. 여기서 또 만나자. 한 가지 조건이 있다. 오늘 모인 사람 중 한 명도 빠지면 안 된다. 술과 요리는 내가 준비하겠다."

두 번째 만찬 날 우궈전은 평소보다 일찍 퇴근했다. 황줘췬의 표정이 심상치 않았다.

"저우언라이가 은행회관 요리사를 불렀다. 주방장이 직접 왔다. 일전에 우리가 잘못했다."

만찬이 시작되자 다들 눈이 휘둥그레졌다. 술도 최고급이었다. 취기가 돌자 어색함이 사라졌다. 왁자지껄 싱거운 말들이 오갔다. 저우언라이에게 질문이 쏟아졌다.

"야 저우언라이 매달 받는 돈이 얼마냐?"

"5원 받는다."

"너무 적다. 오늘 만찬 비용은 누가 내냐?"

"당에서 지급한다."

"네 가죽코트 멋있다. 그것도 당에서 준 거냐?"

"물론이다. 우리는 개인소유가 없다. 필요한 물건은 당에서 제공한다."

"사실이면 나도 공산당에 입당하겠다."

박장대소가 터졌다.

그날 이후 저우언라이는 해만 지면 우궈전의 관저로 달려왔다.

"저녁 먹으러 왔다."

늦은 시간까지 온갖 얘기를 나누다 돌아갔다. 정치 얘기는 한마디도 꺼내지 않았다.

"포탄에 몸을 맡길지언정 공산당과 함께하지 않겠다"

남녀 관계만 때와 장소가 중요한 게 아니다. 무슨 일이건 다 그렇다. 우궈전과 저우언라이는 청년 시절 친형제나 다름없었다. 18년 만에 다시 만났지만 어색함은 오래가지 않았다. 시점이 기가 막혔다. 항일전쟁을 위한 국민당과 공산당의 밀월 시기였다. 우궈전은 국민당 지휘부가 몰려 있던 우한의 시장, 저우언라이는 공산당이 우한에 설치한 중공 연락사무소 대표였다. 오랜 세월 다른 길을 걸었지만 옛 감정이 되살아나기까지 복잡한 절차가 필요 없었다. 번갈아 베푼 두 차례 만찬으로 족했다.

저우언라이는 해만 지면 시장 관저로 갔다. 우궈전과 저녁하며 밤늦게까지 소일했다. 하루도 빠지지 않았다. 국·공 양당 간의 문제는 서로 피했다.

일본군이 우한을 압박했다. 정부는 철수를 서둘렀다. 우한을 떠나기 하루 전날 밤, 저우언라이가 포도주와 예쁘게 만든 찐빵을 들고 우궈전을 찾아왔다.

"우한에서의 마지막 저녁을 먹으러 왔다."

우궈전은 영문을 몰랐다.

"우한 시장 오늘로 끝났다. 위로라면 몰라도 축하받을 일은 없다."

저우가 너털웃음을 지었다.

"바쁘다 보니 생일도 까먹었구나. 오늘이 네 생일이다."

우궈전은 경악했다.

"맞다. 오늘이 음력 9월 초이틀, 내 생일이다. 그걸 기억하다니."

두 사람은 20년 전 결의형제 맺으며 사주(四柱)를 교환한 적이 있었다.

저우언라이가 입을 열었다.

"장제스 위원장이 어제 우한을 떠났다. 너는 언제 떠날 예정이냐?"

우궈전은 담담했다.

"머물 수 있을 때까지 머물겠다."

저우가 본론을 꺼냈다. 표정이 평소답지 않았다.

"나와 함께 가자. 차편을 준비해놨다."

공산당과 함께 가자는 의미였다. 우궈전은 총명했다. 정중히 거절했다.

"한 치 앞도 예측할 수 없는 상황이지만 같이 갈 수는 없다. 각자 안전한 길을 택하자."

저우언라이는 우궈전을 포기하지 않았다. 이튿날 새벽, 교외에 포탄소리가 요란하자 수화기를 들었다.

"빨리 떠나지 않으면 위험하다. 네가 올 때까지 기다리겠다. 같이 가자."

우귀전은 단호했다.

"내 생각은 변함없다. 일본군의 포탄에 몸을 맡길지언정 공산당과 함께하지는 않겠다."

저우는 친구의 선택을 존중했다.

수화기를 내려놓은 저우언라이가 옆에 있던 둥비우에게 한마디 했다.

"하늘에서 거대한 별을 따고 싶었다. 우귀전을 쟁취하기는 틀렸다. 우리 사이에 영원히 허물어지지 않을 장벽이 생겼다."

기운이 하나도 없어 보였다. 저우의 판단은 정확했다. 우귀전은 국민당이 배출한 탁월한 행정가였다.

전시수도 충칭에 정좌한 장제스는 시장감을 물색했다. 우귀전 외에는 적합한 사람이 없었다. 저우언라이도 국민정부 정치부 부주임과 중공 충칭 주재 대표단 단장 자격으로 같은 도시에 머물고 있었다. 우귀전은 저우와 개인적인 접촉을 피했다. 국·공간에 담판할 일이 있을 때마다 두 사람은 한치도 양보하지 않았다. 명절 때 전화는 주고받았다. 안부나 묻는 정도였다.

우귀전은 미국 정계와 언론계에 절친한 사람이 많았다. 국민정부는 미국의 원조가 시급했다. 외교부장 쑹쯔원은 미국에 상주하다시피 했다. 쑹쯔원 대신 외교부를 관장할 인물로 우귀전을 낙점했다.

우귀전은 비서 한 명을 데리고 부임했다. 부원들이 웅성거렸다.

외교부 차장 시절 외교부장 쑹쯔원(앞줄 가운데),
주미 대사 구웨이쥔(顧維鈞, 앞줄 왼쪽 첫째)과 함께 중·영평등조약
체결을 마친 우궈전(앞줄 오른쪽 첫째).
1943년 1월 11일, 전시수도 충칭.

중공 대표단 주최 만찬에 참석한 국민당 중앙 선전부장 우궈전(오른쪽 첫째)을
즐겁게 맞이하는 대표단 단장 저우언라이(오른쪽 둘째).
왼쪽 첫째와 둘째는 훗날 전인대 위원장을 역임한 예젠잉(葉劍英)과 둥비우(董必武).
1946년 1월 7일, 충칭 승리빌딩.

"차장이 외교부 사정을 모른다. 문턱에도 와본 적 없는 사람을 비서로 채용했다. 차장은 성격도 급하다고 들었다. 급한 성격은 외교에 금물이다."

몇 주일이 지나자 우궈전은 비서를 외교부에서 내보냈다. 중국의 쉰들러(Oscar Schindler)로 국제사회에 널리 알려진 외교관 허평산(何鳳山)의 회고록 한 구절을 소개한다.

"우궈전은 부원들에게 사과했다. '생소한 곳에 차장으로 오다 보니 중년에 출가한 승려처럼 서툰 짓을 했다. 계통과 조직이 엄밀한 외교부의 위대한 전통을 내 손으로 파괴했다. 그간 중국 외교는 국제사회에서 실수가 많았다. 나 같은 사람 때문이다. 다시는 외교와 상관없는 사람을 데리고 오지 않겠다. 나의 오만에 유감을 표한다.' 우궈전은 외교부를 떠나는 날까지 약속을 지켰다. 매사에 민첩했지 급하지 않았다. 대답만 잘하고 느려터진 사람을 제일 싫어했다. 훈수 두기 즐겨도 듣기는 싫어하는 인재가 많아야 진정한 외교부라는 말을 자주 했다. 중앙당 선전부장으로 간 후에도 외교부 일에는 간섭하지 않았다."

일본과의 전쟁이 끝나자 국·공내전이 발발했다. 장제스는 경제 중심지 상하이 시장에 우궈전을 임명했다. 1950년대 중반, 세계를 떠들썩하게 한 장징궈와의 악연도 상하이에서 시작됐다.

386

특이한 독재자 장징궈

"궁지에 몰리면 무슨 말을
할지 모른다. 진실은 무섭다."

장징궈의 수습책에 반기를 들다

1946년 5월, 장제스는 국민당 선전부장 우궈전을 상하이에 투입했다. 시장 취임 첫날 우궈전은 기자들에게 호언했다.

"누적된 폐정(弊政)을 개혁하고, 깨어 있는 정치를 실현하겠다."

중국에선 씨도 안 먹힐 소리였다. 미국 언론들은 찬사를 보냈다.

"중국에서 보기 드문 민주주의 신봉자다."

뉴욕 시장을 세 차례 역임한 피오렐로 라과디아(Fiorello H. La Guardia)에 비유하기도 했다.

"동방의 라과디아가 상하이에 출현했다."

1개월 후, 국·공 양당의 군대가 무력 충돌했다. 3년간 계속될 국·공내전의 막이 올랐다. 중공은 총질 못지않게 도시에 신경을 썼다.

상하이는 국민당 통치구역(國統區)이었다. 중국 최대의 기업과 대형 공장들이 몰려 있었다. 노동자도 80만 명을 웃돌았다. 그중 50여만 명이 노조 가입자였다. 내전이 발발하자 국·공합작 시절 잠복해 있던 중공 지하당원들이 기지개를 켰다. 대기업과 공장

상하이 시장 시절, 회의를 주재하는 우궈전(왼쪽 둘째).
1947년 봄, 상하이 시 정부 회의실.

가족들과 소일하는 우궈전.
1948년 봄, 상하이 시장 관저.

에 당 지부를 설립했다. 침투하지 않은 곳이 없었다. 상하이 세관에
도 지하당 조직이 있을 정도였다. 타협에 반대하고 투쟁에 불을 질
렀다. 분규와 파업이 그치지 않았다. 대학도 요동쳤다. 수업 거부와
시위가 잇달았다. 주동자 거의가 중공 당원이었다. 목표가 명확했
다. 공산당의 이익과 전쟁 승리였다.

중공 통치구역(解放區)은 극좌를 경계했다. 파업을 엄금했다. 기
관지『해방일보』는 연일 상하이 관련 보도를 내보냈다.

"자본주의가 저지른 온갖 죄악의 소굴이다. 인민이 향유할 수
있는 것은 찾아볼 수 없다."

사회주의 우월성을 강조했다.『아라비안 나이트』에나 나옴직한
얘기가 빠지는 법이 없었다.

"해방구 기업과 노동자들은 위대하다. 공장을 조화의 공간으
로 변모시켰다. 서로를 배려하다 보니 파업할 이유가 없다."

상하이 물가는 하늘 높은 줄 몰랐다. 전쟁 2년 차에 접어들자 법
폐(法幣)가 구매력을 상실했다. 미국 AP통신이 생동감 넘치는 기
사를 배포했다.

"1937년 법폐 100위안(元)은 소 두 마리 값이었다. 1년 후 한
마리로 줄어들었다. 41년에는 돼지 한 마리를 살 수 있었다. 43년

이 되자 닭 한 마리, 45년에는 생선 한 마리, 46년에는 계란 두 개, 47년에는 성냥 세 갑이 고작이다."

발행 총액도 가관이었다. 항일전쟁 8년간 국민정부는 5,569억을 발행했다. 내전 막바지인 1948년 8월이 되자 604조로 증가했다. 이쯤 되면 망한 정권이나 다름없었다. 국민당은 극비리에 해결책을 모색했다.

1948년 8월 19일 오후, 중앙은행 총재 위홍쥔(俞鴻鈞)이 우궈전에게 전화했다.

"방금 상하이에 도착했다. 장징궈도 함께 왔다. 저녁 함께하자. 의논할 일이 있다. 아주 중요한 일이다."

약속 장소에 간 우궈전은 깜짝 놀랐다. 소수의 국민당 중요인물과 상하이 시 주임, 시의회 의장 등이 수군거리고 있었다. 분위기가 심상치 않았다. 위홍쥔이 문서 한 장을 내밀었다.

"재정경제 긴급 처분에 관한 정부 공문이다. 잘 읽어봐라. 내일 반포한다."

엄청난 내용이었다.

"금원권(金圓券)으로 법폐를 대체한다. 구(舊)법폐와 황금, 외환 소지자는 은행에서 금원권과 태환(兌換)해야 한다. 모든 물가를 반포 당일 가격으로 동결시킨다. 반포와 동시에 시행한다."

열람을 마친 우궈전이 식은땀을 흘렸다. 위홍쥔에게 요구했다.

장징귀가 상하이에서 금원권 개혁을 지휘할 때,
우궈전은 상하이 시장직을 제대로 수행하지 못했다.
1948년 10월 초, 학질에 시달리던 무렵의 우궈전.

"상하이는 국제도시다. 봉쇄된 도시가 아니다. 물가동결은 불가능하다. 재삼 고려해달라고 장제스 위원장에게 고해라."

위홍쥔은 장징궈를 힐끗 쳐다봤다. 단호한 모습에 기가 죽었다. "이미 정해졌다. 돌이킬 수 없다"며 짜증을 냈다.

우궈전의 눈길이 장징궈를 향했다.

"중국은 소련이 아니다. 상하이는 장시(江西) 성 같은 벽촌도 아니다. 정부가 경제를 억압하면 국가에 재앙이 미친다."

장징궈가 발끈했다. 12년간 소련에서 온갖 신산(辛酸)을 겪었고, 귀국 후 장시 성 남부 현장(縣長) 시절 "서민 정치가" 자질을 인정받은 "철혈(鐵血)의 장징궈"였다. 스탈린식 통치에 익숙하다 보니 허구한 날 민주 타령이나 해대는 우궈전과는 체질이 맞지 않았다. 견해를 분명히 밝혔다. 대자본가를 호랑이에, 영세상인을 파리에 비유했다.

"이 일은 정치 문제다. 경제 문제가 아니다. 나는 호랑이를 때려잡으러 왔다. 서민과 영세상인은 나의 보호대상이다. 협조를 구하기 위해 시장을 보자고 했다. 의견을 듣기 위해서가 아니다."

우궈전은 장제스의 뜻이라는 생각이 들었다. 수도 난징으로 달려갔다. 장제스에게 사직을 허락해달라고 간청했다.

우궈전을 믿지 않은 장징궈

상하이는 중국의 경제와 금융 중심지였다. 중국과 서구의 온갖 것이 뒤섞인 복잡한 도시였다. 인간관계의 얽히고설킴도 상상을 초월했다. 자본가, 매판, 비밀결사, 투기꾼들은 수도 난징의 고관들

소련식 교육을 받은 29세의 시골 현장 장징궈는 아동들에게 손을
깨끗이 하라고 강조하며 이런 광경을 자주 연출했다.
1939년 7월, 장시 성 간난(贛南).

과 줄을 대고 있었다. 변칙이 상식이었다. 대형 사건도 적당히 넘어가곤 했다. 원칙대로 했다간 어느 귀신에게 물려갈지 몰랐다.

물가동결과 화폐개혁은 정권의 운명이 걸린 문제였다. 내로라하는 고관들 거의가 개혁 반대세력과 동업자 비슷한 사이였다. 장징귀는 달랐다. 12년 만에 소련에서 귀국했다. 당력(黨歷)이 일천했지만 장제스의 아들이었다. 국민당 내 어느 계파에도 속할 이유가 없었다. 귀국 후 짚신 신고 벽촌만 다니다 보니 상하이와도 아무런 인연이 없었다. 상하이의 물가동결과 금원권 화폐개혁을 밀어붙일 사람은 장징귀 외엔 대안이 없었다. ·

상하이 시장 우궈전은 불안했다. 장제스에게 사직을 요청하며 이유를 설명했다. 우궈전의 우려는 조리가 있었다. 장제스도 동의했다.

"듣고 보니 네 말이 맞다. 하지만 재경긴급처분령은 이미 발표했다. 거두어들일 수 없다. 보완할 방법이 있으면 말해라."

우궈전은 주저하지 않았다.

"금원권은 배경이 약하다. 중국은 전통적으로 은본위국가다. 미국 은행에서 백은(白銀)을 대출받자."

장제스는 솔깃했다.

"알았다. 행정원장과 부원장의 의중도 중요하다. 점심 먹고 다시 와라."

다시 만난 장제스는 오전과 딴판이었다.

"원장과 부원장, 두 사람 모두 네 의견에 동의하지 않았다. 네 사직을 허락하면 민심이 요동친다. 상하이에 돌아가라. 부속기관에 경제 문제는 장징궈의 명령에 따르라고 일러라."

1948년 8월 21일, 장제스는 중앙은행 총재 위훙쥔을 지휘관 격인 독도원(督導員)에 임명하고 경찰권을 부여했다. 이어서 장징궈에게 부독도원 임명장을 줬다. 위훙쥔은 미국 미시간대학을 마친 상하이의 부잣집 출신이었다. 이름만 독도원일 뿐, 진정한 독도원은 장징궈였다. 그날 밤 장제스의 일기 일부를 소개한다.

"징궈에게 어려운 임무를 맡겼다. 후회할 날이 올지 모른다. 심지어 앞길을 막을 수도 있다. 그래도 그 애를 보낼 수밖에 없다. 가슴이 답답하다."

장징궈는 교수들에게 자문을 구했다. 말만 그럴듯했지 쓸 만한 내용은 한마디도 없었다. 취재 경험이 풍부한 젊은 기자들을 엄선했다. 상하이의 정치와 경제환경을 귀담아들으며 연구에 몰두했다. 결론을 일기에 적었다.

"상하이는 중국 최대의 도시다. 경제관제의 성패는 전국의 성패와 연관이 있다. 상하이의 상인들은 상도덕을 망각한 지 오래다. 그들에게 가장 중요한 것을 꼽으라면 첫째가 돈이다. 둘째 셋째도 모두 돈이다. 남이 애써 만든 물건을 제 것으로 둔갑시키고, 탐관오리와 결탁하는 재주에 정부는 흔들리고 민심은 동요한다."

상하이 경제관제 부독도원 시절의 장징궈(왼쪽).
1948년 9월.

장징궈는 상하이 중앙은행에 경제관제독도판공실(經濟管制督導辦公室)을 차렸다. 국민당 기관지의 사설이 주목을 끌었다.

"사회개혁은 다수의 이익을 중시하고 소수의 특권을 억제하기 위함이다. 화폐개혁은 곪은 맹장을 도려내는 것과 같다. 잘 잘라내는 순간 건강이 회복된다. 잘못 도려내면 죽음에 이른다. 장징궈가 중임을 맡았다. 간악한 상인과 탐관오리를 박멸하고, 부패하고 악한 세력을 숙청해서 신(新)경제정책을 관철하기 바란다."

홍콩의 유력 경제지는 실망을 표명했다.

"고의로 그러는지, 무지 때문인지 판단하기 힘들다. 경제는 내버려두면 저절로 굴러간다. 경제관제는 임시 진정제에 불과하다. 빈혈증을 완화시킬 수는 있어도 장기적인 효과는 불가능하다. 장징궈는 소련 공산당이 배양한 국민당원이다. 언제 중공 쪽으로 돌아설지 모른다."

장징궈는 우궈전을 믿지 않았다. 상하이 시의 관리나 경찰도 마찬가지였다. 시 경찰국과 철도경찰 등 치안기관의 업무를 중지시켰다. 소련 유학 동기들을 초빙해 참모부를 구성하고 경제경찰 1,200명을 편성했다. "쓰레기 청소에 필요한 물건"이라며 권총과 실탄 100발씩을 나눠줬다. 대상해청년복무총대(大上海靑年服務總

장징궈는 경제경찰 1,200명을 편성하고 "쓰레기 청소에
필요한 물건"이라며 권총과 실탄을 나눠줬다.
상인의 창고를 수색하는 경제경찰.
1948년 가을, 상하이.

隊)도 조직했다. 순식간에 1만 2,000명을 긁어모았다.

"전진은 있어도 후퇴는 없다"

상하이 경제관제 부독도원 장징궈는 자신이 넘쳤다. 전진은 있어도 후퇴는 없었다. "대상인과 국가의 화근거리를 박멸하자"는 장징궈의 열정은 친위대나 다름없는 경제경찰과 대상해청년복무총대를 고무시켰다. 시장을 휘젓고 창고를 이 잡듯 수색했다. 거리에 건의함도 설치했다. 시내 곳곳에 공고문이 나붙었다.

"금괴와 외환을 은닉하고, 금원권과 태환하지 않은 경제관제 위반자를 신고해라. 몰수한 황금과 외환의 30퍼센트를 포상금으로 지급한다."

건의함에 밀고가 쏟아졌다. 청춘 남녀들이 경제경찰에 자원했다.

경제경찰이 난징 중앙정부 재정부 비서 한 명을 직권남용과 경제공작 기밀누설 혐의로 체포했다. 유흥가에서 정기적으로 상납받은 상하이 경비 사령부 고급간부도 걸려들었다. 장징궈가 직접 심문했다. 잘못했다고 통곡하는 두 사람에게 "계속 통곡만 하면 된다"며 총살에 처했다. 소식이 퍼지자 시민들은 환호했다. 술 한잔 들어가면 "장징궈 만세"를 불렀다. 상인과 관리들은 공포에 떨었다.

시장 우궈전이 원로 위유런(于右任)에게 편지를 보냈다.

"상하이는 경제개혁이 한창입니다. 시장인 저는 허공에 뜬 존재로 전락했습니다. 역사는 실패한 개혁가의 비극으로 가득합니다. 개혁이 성급한 정치가나 혁명가의 무덤이 아니길 바랄 뿐입니다."

평소 위유런은 우궈전과 장징궈를 "국가의 동량(棟梁)"이라며 높이 평가했다. 우궈전의 편지를 불사르며 대성통곡했다.
"두 기둥에 금이 갔다. 국상(國喪)이 멀지 않았다."
식음을 전폐하고 두문불출했다.
법폐 300만 위안이 금원권 1위안이었다. 기업인과 돈 많은 상인들은 금원권을 믿지 않았다. 금괴와 외환을 금원권과 바꾸려 하지 않았다. 석탄과 성냥으로 거부를 축적한 류훙성(劉鴻生)이 구술을 남겼다. 길지만 인용한다.

"장 태자(蔣太子)는 무서웠다. 만면에 살기가 가득했다. 무슨 일 저지를지 예측불가였다. 피할 방법은 한 가지밖에 없었다. 급한 대로 10량(兩)짜리 금괴 800개와 미화 230만 불, 은 덩어리 수천 개를 들고 독도원 사무실로 달려갔다. 문전에서 평소 알고 지내던 전당포 주인과 충돌했다. 나는 직원 일곱 명과 함께였지만 늙은 전당포 주인은 혼자였다. 부축해줄 사람이 없었다. 뒤로 나가떨어지며 몸에서 분리된 보따리 쪽으로 기어갔다. 달려가 일으키며 보따리 틈새를 힐끔 봤다. 미국 지폐가 가득했다. 114만 불 들고 왔다며 헐떡이는 모습이 얼빠진 사람 같았다."

장제스 의형제 두웨성의 아들도 체포한 장징궈

문제는 자본가나 상인이 아니었다. 최고지도자 장제스의 처가쪽이 사고를 쳤다. 퍼스트레이디 쑹메이링은 큰언니와 쿵샹시(孔祥熙) 사이에서 태어난 조카들을 총애했다. 큰조카 쿵링칸(孔令侃)은 상하이의 거상이었다. 비밀결사 청방(靑幇)의 수령 두웨성(杜月笙)과도 끈끈한 사이였다.

상하이의 은행과 증권시장을 쥐고 흔들던 두웨성은 한때 장제스와 의형제 맺은 사이였다. 장징궈는 천하의 두웨성도 안중에 없었다. 저녁 초대를 거절해버렸다. 남에게 거절당해본 적 없는 두웨성은 난감했지만 지혜로웠다. 납작 엎드렸다. 문밖에 얼씬도 안 했다.

장징궈가 부하들에게 지시했다.

"두웨성의 아들을 체포해라. 쿵링칸이 경영하는 양쯔(揚子)공사를 수색해라. 모두 투기꾼이다."

좌파 언론이 대서특필했다.

"희망이 보인다."

비판도 그치지 않았다.

"관의 통제가 도를 넘었다. 공장문 닫으라는 것과 같다."

장징궈는 발끈했다.

"돈 있는 사람은 향수도 맘대로 사고 돼지고기도 남보다 많이 먹

쑹메이링(가운데)은 조카 가운데
쿵링칸(오른쪽 둘째)을 특히 총애했다.
스물다섯 살 연상 유부녀와 결혼할 때도
너만 좋으면 된다며 말리지 않았다.
태평양전쟁 말기 장제스 대신
미국을 국빈방문할 때도 데리고 갔다.
1943년 3월, 로스앤젤레스.

을 수 있다. 소시민은 배만 주리지 않으면 행복하다. 백화점이나 대형음식점 없어도 나라는 돌아간다. 중국은 자원이 풍부하고 우수한 인력이 넘친다. 능력 있는 지도자가 통솔하면 강대국은 물론이고 세계를 이끌 수도 있다."

장징궈가 장제스에게 전문을 보냈다.

"두웨성의 아들을 체포했습니다. 처형할 생각입니다."

장제스는 당황했다. 부관을 상하이로 급파했다.
"징궈의 경제관제에 협조해주면 방법이 있다."
두웨성은 부하들을 소집했다.
"매점매석을 일삼던 상인·자본가·투기꾼들의 자산과 황금, 외환 보유 상황을 샅샅이 조사해라."
두웨성이 장징궈를 찾아갔다. 두툼한 봉투를 건넸다. 불법 물자를 숨겨놓은 기업 명단이 적혀 있었다. 쿵링칸이 경영하는 양쯔공사의 비행이 가장 상세했다. 두웨성은 석방된 아들과 상하이를 떠났다. "국민당은 망했다. 다시는 돌아오지 않겠다"며 홍콩에 정착했다.
두웨성의 아들 얘기가 잠잠해지자 쿵링칸의 이름이 세간에 오르내렸다. 쑹메이링은 당황했다.

장징궈, 이종사촌의 비리를 겨누고 계모와 마주하다

1948년 9월 30일, 장징궈가 무장경찰을 이끌고 양쯔공사에 나타

장징궈는 부친 장제스에게 상하이 상황을
보고하기 위해 수시로 난징을 오갔다.
1948년 11월, 난징.

낫다. 불법 물품이 산더미처럼 쌓여 있었다. 양쯔공사의 실질적인 주인은 장제스의 손윗동서 쿵샹시의 장남 쿵링칸이었다.

제보자 두웨성은 장징궈의 행동에 한기를 느꼈다. 쿵링칸에게 전문을 보냈다.

"네 이모 쑹메이링에게 매달리는 것 외에는 방법이 없다."

쑹메이링이 직접 상하이로 갔다. 장징궈는 버거운 상대였다. 시장 우궈전을 먼저 만났다.

"네 생각을 말해봐라."

우궈전이 소감을 털어놨다.

"장징궈는 권력 업고 부(富)를 축적한 사람들을 경멸한다. 그들의 부와 화려한 주택은 인민의 골육을 보는 듯하다며 40여 일간 상하이를 뒤집어엎었다. 억울한 자본가가 속출했다. 경제경찰이 상하이 최대의 방직공장 경영주 룽훙위안(榮鴻元)을 체포했다. 이집트에서 외환으로 면화를 구입한 혐의였다. 국민당에 우호적인 저장(浙江)실업은행장도 예외일 수 없었다. 부인 세 명과 한 방에서 코 골던 중 팬티만 겨우 걸친 채 끌려갔다. 미화 3,000만 불을 은닉했다며 두들겨 맞고 염라대왕 만나러 갈 판이다. 자본 500만 불과 은행 금고에 있는 예금 총액을 미화로 환산해도 3,000만 불은 어림없는 액수다. 룽훙위안은 외환을 해외에 빼돌리지 않았다. 공장 돌릴 원료 구입에 사용했을 뿐이다. 저장실업은행장의 억울함은 말할 필요도 없다."

이런 말도 했다.

"장징궈는 여지가 없는 사람이다. 한마디로 극좌 반공주의자다. 경제관제 포고 이틀 후, 이발소 갔다가 서민들의 불만 듣고 금원권 개혁이 실패할지 모른다는 생각이 들었다고 한다. 사심 없이 열심히 하는 것 외에는 대안이 없다며 하루도 쉬는 날이 없다. 마르크스와 레닌의 서적도 열심히 읽는다. 구호 만들기도 좋아한다. 권력과 부를 겸비한 '호문자본(豪門資本) 타도'를 구호로 내걸었다. 중공 이론가 천보다(陳伯達)가 타도 대상으로 규정한 장(蔣)·쑹(宋)·쿵(孔)·천(陳) 4대 가족이 맘에 걸렸던지, '관료자본 타도'로 바꿔버렸다. 한결같이 좌파들이 즐겨 쓰는 용어다."

듣고만 있던 쑹메이링이 "너는 뭐 하고 있었느냐"며 눈을 흘겼다. 우궈전은 담담했다.
"위원장에게 서면으로 직언한 적은 있다. 인간세상에 쉬운 일은 없다며 극복할 방법을 찾으라는 답을 들었다. 아직도 무슨 뜻인지 모르겠다."
장징궈에게 같이 가자고 해도 우궈전은 완곡히 거절했다.
"나는 발언권이 없다."
답답하기는 우궈전도 마찬가지였다. 『시카고트리뷴』(Chicago Tribune) 사장 맥코믹(Robert Rutherford McCormick)에게 편지를 보냈다.

"거액의 외환과 황금이 조롱 안으로 들어왔다. 말 잘 듣는 소상인과 서민들 덕분이다. 경제 상식이 결핍된 혁명가는 물가가 안정되고 투기와 암시장이 자취를 감췄다며 성공을 노래한다. 정작 없어져야 할 사람들은 납작 엎드린 고양이와 진배없다. 어두운 곳에서 두 눈 반짝이며 폭풍 그치기만 기다린다. 잠복된 위기가 도래할 날이 머지않았다. 불안을 호소할 곳이 없다."

맥코믹은 우궈전의 평생 지기(知己)였다.
쑹메이링이 장징궈를 만났다.
"양쯔공사 수사를 중지해라."
장징궈는 계모에게 예의를 갖췄지만 단호했다.
"부친의 명을 받았습니다. 복종할 의무가 있습니다. 양쯔공사 수사를 철회하면 부친의 체면이 손상됩니다."
쑹메이링은 마음이 급했다.
"쿵링칸을 건드리지 마라. 네 아버지에겐 내가 설명하겠다. 잡아온 사람들 풀어줘라."
장징궈는 굽히지 않았다.
"부친에게 설명할 일이 아닙니다. 당과 국가의 앞날에 관한 문제입니다. 국민 모두와 상하이 시민들을 납득시킬 방법이 없습니다."
쑹메이링의 얼굴이 일그러졌다. 불쾌감을 숨기지 않았다.
"내 체면은 중요하지 않구나. 알았다. 이 일은 네 부친이 처리하도록 하자. 지시 올 때까지 경거망동하지 마라."
장징궈도 약한 모습을 보이지 않았다.

"부친의 엄명을 집행할 뿐입니다. 부친이 제게 무리한 요구를 할 리가 없습니다."

장징궈의 집무실에서 나온 쑹메이링은 안절부절, 회의차 베이핑에 체류 중인 장제스에게 전화를 걸었다.

"상하이에 가서 쿵링칸에 관한 일을 처리해라. 장(蔣)·쿵(孔) 두 집안의 관계를 악화시키고도 남을 일이다. 쿵링칸은 너무 많은 것을 알고 있다. 궁지에 몰리면 무슨 말을 할지 모른다. 진실은 무섭다."

장제스의 안색이 엉망이 됐다. 부관에게 지시했다.

"상하이로 갈 준비해라. 시간이 없다. 서둘러라."

부친 압력에 쿵링칸 풀어준 장징궈, 술 마시고 대성통곡

베이핑에서 긴급 군사회의를 주재하던 장제스는 쑹메이링의 전화 한 통에 판단을 그르쳤다. 수화기를 놓는 순간 회의장을 떠났다. 동북에서 국민당 군대와 중공 동북야전군의 전투가 치열할 때였다.

장제스가 상하이로 떠날 준비하자 베이핑 주둔 최고사령관(北平行營主任) 푸쭤이(傅作義)가 만류했다.

"동북이 심상치 않다. 동북이 무너지면 화북과 베이핑도 위험하다."

장제스는 한번 결심하면 바꾸는 사람이 아니었다.

장제스의 전용기가 상하이 공항에 도착했다. 쑹메이링 혼자 기내에 올랐다. 장제스에게 쿵링칸이 보낸 전보를 내밀었다.

쑹메이링(앞줄 가운데)이 가는 곳에는 어디건 쿵링칸(앞줄 왼쪽)이 있었다.
1943년 4월 4일 오후 3시, 미국 할리우드.

"이모부와 이모 두 분께 올립니다. 징궈 형은 육친도 안중에 없습니다. 핍박이 심합니다. 저는 부친께 두 분의 해외 재산 목록을 공포해달라고 청할 생각입니다."

쿵링칸의 부친 쿵샹시는 쑹메이링이 미국에 소유한 재산 관리인이었다. 장제스의 얼굴이 일그러졌다. 사실 여부는 중요하지 않았다. 미국과의 관계 악화를 우려했다.

20여 분 후 우궈전과 장징궈, 상하이 경비사령관에게 함께 들어오라는 지시가 떨어졌다. 세 사람을 본 장제스는 말 한마디 없었다. 쑹메이링의 손을 잡고 전용기에서 내렸다.

장징궈와 우궈전은 총통 숙소로 갔다. 1층에서 부르기를 기다렸다. 뜬눈으로 밤을 새웠다. 날이 밝자 장징궈가 부친의 방을 노크했다. 상하이의 상황과 쿵링칸의 불법 행위를 설명했다. 쑹메이링이 장징궈를 달랬다.

"너와 쿵링칸은 골육지간(骨肉之間)이다. 모든 비난이 네 부친을 향한다."

장제스가 쑹메이링을 거들었다.

"쿵링칸을 석방해라. 양쯔공사 창고에 자동차가 많다고 들었다. 자동차는 생활필수품이 아니다. 봉쇄를 풀어라."

장징궈는 항변했다.

"쿵링칸을 내버려두면 경제관제는 실패합니다."

장제스가 결론을 내렸다.

"역사상 진정으로 공명무사(公明無私)한 공직자는 단 한 놈도 없었다. 그게 인간세상이다."

집무실로 돌아온 장징귀는 사람 몰골이 아니었다. 최측근 자이빈(賈亦斌)에게 진심을 털어놨다.

"효(孝)를 다한 후에 국가에 충성하겠다. 쿵링칸을 석방해라."

"제1부인의 뜻이냐?"

장징귀는 대답 대신 책상에 있던 화병을 집어던졌다.

자이빈은 발끈했다.

"너는 내 희망이었다. 국민당은 부패했다. 망할 날이 멀지 않았다. 새로운 길을 찾겠다."

며칠 후 자취를 감춘 자이빈은 중공에 투항했다. 훗날 대륙의 국민당혁명위원회 부주석을 지냈다. 장징귀는 죽는 날까지 왕년의 측근에 대한 비난을 한마디도 하지 않았다.

쿵링칸의 양쯔공사가 영업을 재개했다. 감찰원장 위유런이 발끈했다. 수도 난징으로 돌아온 장제스에게 따졌다.

"쿵샹시 부자는 돈만 아는 쓰레기다. 우궈전을 망쳐놓고 장징귀에게 상처를 입혔다. 감찰위원들은 허깨비가 아니다."

장제스가 우궈전에게 비밀 전문을 보냈다.

"위유런에게 쿵링칸을 변호해라."

방법까지 알려줬다. 쿵링칸을 만난 우궈전은 긴말하지 않았다.

"중국을 떠나라. 다시는 돌아오지 마라."

소식을 들은 위유런은 더 이상 쿵링칸 문제를 거론하지 않았다.

장징궈는 매사를 체념한 사람 같았다. 허구한 날 술만 마셔댔다. 하루에도 몇 번씩 대성통곡했다. 위유런의 편지를 받고 정신이 들었다. 상하이 시민들에게 보내는 사과문을 발표했다.

"나의 임무는 철저히 실패했다. 시민들에게 고통만 가중시켰다. 고개 숙여 사죄한다. 상하이 시민들은 자신의 힘으로 다시는 투기꾼과 관료, 정객들의 농간에 넘어가지 마라."

1948년 11월 6일, 장징궈는 상하이를 떠났다. 경제 부독도원 부임 76일 만이었다. 2개월 후 장제스도 총통직에서 하야했다. 하야 이틀 전 우궈전을 난징으로 불렀다.
"상하이 시장직에 충실해라. 중공의 양쯔강 도강이 멀지 않았다. 막을 사람은 너밖에 없다."
상하이로 돌아온 우궈전은 악성 학질이 재발했다. 낙향한 장제스에게 사직을 요청했다.
장제스는 의심이 많았다. 국민당 원로 주자화(朱家驊)를 상하이로 파견했다. 공항에서 우궈전을 만나고 돌아온 주자화가 보고했다.
"학질이 분명하다."
장제스는 장징궈도 보냈다. 장징궈의 보고도 마찬가지였다. 장제스는 여전히 의문이 풀리지 않았다. 직접 보겠다며 우궈전에게 비행기를 보냈다. 우궈전의 병세를 확인한 후에야 사직을 허락했다.

국민당 원로 주자화(오른쪽)를
영접하는 우궈전.
1949년 1월 28일, 상하이 공항.

"대만에 가서 병을 다스려라."

1949년 4월 17일, 우궈전은 가족과 함께 대만 땅을 밟았다. 4일 후 양쯔강 도하에 성공한 중국 인민해방군은 5월 26일, 상하이에 입성했다.

민주주의 신봉자 vs 최후의 독재자

1949년 12월 9일, 국민정부 윈난(雲南) 성 주석 루한(盧漢)이 중공에 투항했다. 시캉(西康) 성 주석 류원후이(劉文輝)도 마오쩌둥 만세를 불렀다. 시캉 성에 이웃한 쓰촨(四川) 성 중심도시 청두(成都)가 술렁거렸다.

국민당 총재 장제스는 청두의 중앙군관학교에 머물며 청두 방어전을 지휘하고 있었다. 10일 오전, 루한이 류원후이에게 전보를 보냈다.

"쓰촨의 군 지휘관들과 연합해 장제스를 잡아 가둬라."

장제스의 정보기관도 전문을 입수했다. 경호대장이 장제스에게 건의했다.

"숙소 주변에 수상한 자들이 어슬렁거립니다. 후문에 차를 대기시켰습니다."

장제스는 고개를 저었다.

"나는 정문으로 들어왔다. 들어온 곳으로 나가겠다."

이날 장징궈의 일기를 소개한다.

"부친은 오찬을 들고 서서히 몸을 일으켰다. 오후 두 시 평황산(鳳凰山) 공항에 도착했다. 먼 산과 하늘에 몇 차례 눈길을 주고 비행기에 올랐다. 6시 30분, 대만에 도착했다."

8개월 전 대만에 온 우궈전은 섬 구석구석을 여행했다. 『시카고 트리뷴』 발행인 맥코믹에게 편지를 보냈다.

"대만은 대륙과 격리된 안전한 곳이다. 반공(反攻)기지로 손색이 없다. 일본통치 50년간 대만 사람들의 조국 사랑은 식지 않았다. 101차례에 걸친 무장폭동이 그 증거다. 일본 패망 후 장제스 위원장이 군인을 성 주석으로 파견하는 바람에 대륙인에 대한 악감이 싹트기 시작했다. 경제 문제도 심각하다. 7개월간 화폐 발행량이 17배 증가했다. 트루먼(Harry S. Truman) 정부는 대만을 포기했다. 우리는 미국의 원조가 절실하다."

장제스는 대만 도착 이튿날 전 외교부장을 불렀다.
"우궈전을 만나라. 내 뜻이라며 대만 성 주석직을 제의해라."
우궈전은 완곡히 사양했다. 장제스가 직접 우궈전을 호출했다. 성 주석을 맡으라며 이유를 곁들였다.
"다들 패배주의에 빠져 있다. 대만을 빠져나갈 궁리에 여념이 없다. 너는 집을 지었다고 들었다. 너야말로 고독한 낙관주의자다. 보안사령관도 겸해라."
우궈전이 재차 거절하자 문건 한 장을 내밀었다.

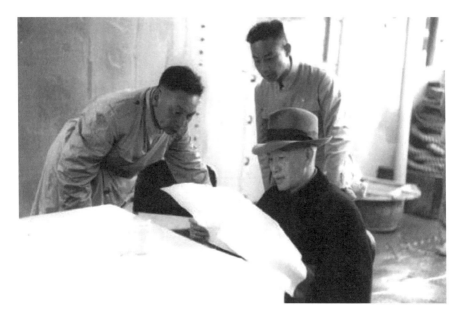

대만 안착 후, 장제스(오른쪽)와 장징궈(왼쪽) 부자는 대륙에
인접한 도서(島嶼) 지역을 자주 둘러봤다.
1949년 가을, 저장(浙江) 성 다천다오(大陳島) 인근.

"미국정부가 보낸 비밀 전문 번역본이다."

간단한 문건이었다. 대만정부를 혹독히 비판하며, 성 주석을 군인이 아닌 문관으로 기용하라는 내용이었다. 건의가 채택되면, 미국정부가 제공할 군사 및 경제원조 내역도 상세히 적혀 있었다.

우궈전은 문건 말미에 서명이 없다며 영문 원본을 보자고 했다. 장제스는 수중에 없다며 웃었다.

"보낸 사람이 누군지 안다. 자신이 누구인지 밝히지 말아달라고 간곡히 부탁했다. 수많은 문관이 있지만, 너보다 적합한 사람은 없다. 너는 미국 언론의 호평을 받는 유일한 문관이다. 거절하지 마라. 무슨 일이건 하고 싶은 대로 해라."

장제스는 장징궈에게 군 정치부를 맡겼다. 참모총장은 눈치가 남달랐다. 육·해·공 3군의 정치공작을 장징궈에게 일임했다. 계엄령 시대이다 보니 장징궈의 권력은 총정치부 주임과 구국단 주임이라는 공개된 직함을 초월했다. 총통부 내에 자료실을 신설해 전국의 특무조직을 장악해버렸다. 우궈전이 겸직한 보안사령관은 있으나 마나, 부사령관 펑멍지(彭孟緝)가 실권자였다. 펑멍지는 장징궈의 수족이었다. 장징궈 외에는 누구 말도 안 들었다.

장징궈가 이끄는 비밀경찰은 공포의 상징이었다. 1949년 말에서 1950년 6월 한반도에 전쟁이 일어나기 전까지 1만여 명을 간첩 혐의로 체포했다. 그중 1,000명 이상을 총살시켰다. 그 후에도 한동안 매년 300명 정도는 간단한 재판만 받고 형장으로 끌려갔다. 법치주의자 우궈전과 사사건건 충돌했다. 장제스가 중재에 나선 적이 한두 번이 아니었다.

국방부장 시절 사토 에이사쿠 일본 총리와 환담하는 장징궈(오른쪽 둘째).
오른쪽 셋째는 당시 주일 대사 펑멍지.
1969년 4월, 도쿄.

『타임』지 표지를 장식한 우궈전.
1950년 8월 7일.

우궈전은 성격이 급하고 자존심이 강했다. 원칙론자이며 미국식 민주주의 신봉자였다. 대중 앞에 나서기도 좋아했다. 장징궈는 민주라는 말을 입에 올린 적이 없었다. 스스로 독재자를 자임한, 특이한 독재자였다.

"나는 내가 독재자라고 인정한다. 단, 나는 독재로 독재를 종식시키려 한다. 나는 최후의 독재자가 되기를 소망한다."

빈말이 아니었다. 계엄령도 제 손으로 해제하고, 법으로 금지시킨 야당 창당도 모른 체했다. 총 맞아 죽거나, 비참하게 쫓겨난 독재자와는 격이 달랐다.

한국전쟁이 발발하자 미국의 지원이 대만에 넘쳐났다. 역할이 없어진 우궈전은 실총(失寵)했다. 쑹메이링이 미국행을 권했다. 미국에서 장씨 부자의 전횡을 비판하는 바람에 한동안 세계의 주목을 받았다. 말년에 옛 친구 저우언라이의 부인이 보낸 초청장을 받았다. 대륙행 여장을 꾸리던 중 심장마비로 사망했다.